凝煉知識品味閱讀

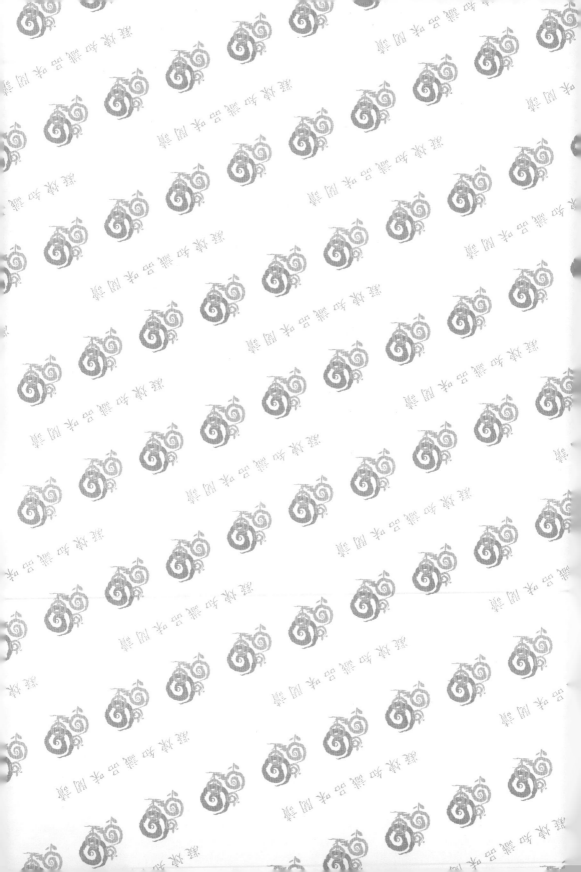

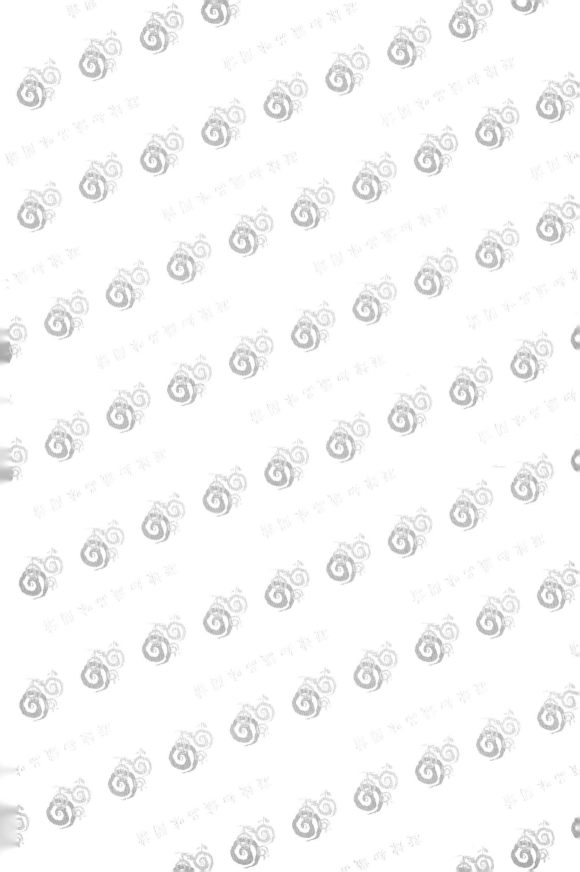

張高評解析經史二

左傳之文學價值

【修訂重版】

戊戌臘冬 東寧逸士

張高評 著

五南圖書出版公司 印行

目次

第一章

第十二章

描繪神貌之逸品／313

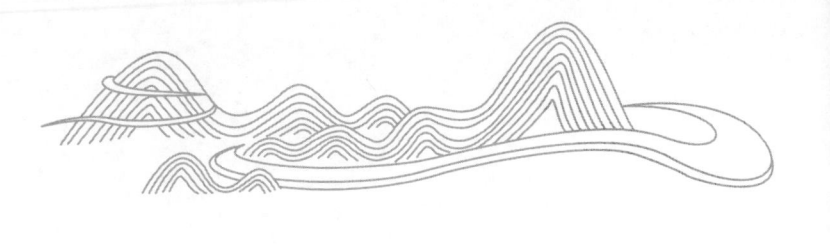

推薦序

黃永武

做一門學問，肯從紮實的根基做起，把要研究的範疇，先作總攬通觀的普遍認識，然後深入探索，百折不回，備嘗治學的寂寞辛勞。這樣覃思冥想了多年，往往能創發見解，釐成條例，爲某一門學問開闢出新天地。

張高評先生研究《左傳》，確實肯下最笨的工夫，走最艱辛的道路。他不以取巧而自喜，不獵虛聲以自惑。他要研究《左傳》的文學，先把《春秋三傳》作廣泛的了解，然後就有關《左傳》的歷史外緣作研究，考據是他入門的基石，再從《春秋》經文的微言大義，進而去認識《左傳》的思想背景。通過這考據與義理的層次，最後才凸出所要研究的《左傳》辭章問題。環視這深厚的根基，然後語語有其依據，事事知所通貫。這和表面浮淺地論辭章不相同，稍加品味，就能察覺深濃郁烈，有著極其厚重的趣味。

這三部書（《左傳導讀》、《左傳之文學價值》、《左傳文章義法撢微》），論及文學價值和文章義法，分析力求細密，所以細密不是它的缺點，而是它的特色。至於分章立目，是網羅了全部傳統的名目，融合最新的修辭法門與文學批評理論。如何在舊的寶藏裏發現新的價值；在新的方法下重整舊的寶藏，經過新舊互激兼融後，重新展現一個全新的面貌和肯定的位置，這是本書的貢獻所在。

我在國立高雄師範學院時，創設了國文研究所，張高評先生是成立時第一屆的畢業生，後來繼續進入國立臺灣師範大學的博士班。而那時我的《中國詩學》四冊正陸續完成，正在計畫寫中國散文學。高評對中國詩學深深喜愛，也願向中國散文學的研究方面發展，我希望他從散文的根源《左傳》做起，以《左傳》的文學研究為博士論文的題目，現在證明我似乎可以省略寫中國散文學的計畫了。後起有人，為此，我高興地為他寫這篇序。

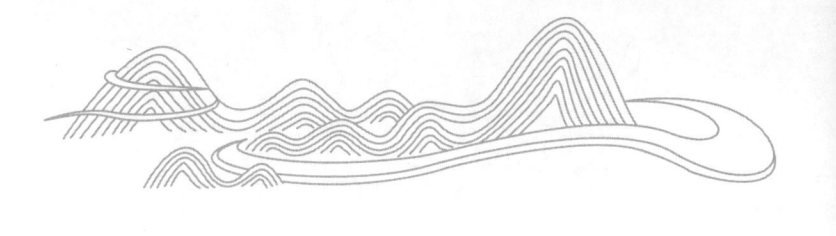

自序

十年前大三，負笈師大時，嘗從程師旨雲、劉師正浩習讀《左氏傳》，每苦曆法之枯澀，卻喜文章之有味，於是朝夕諷詠，自以為有得。六十五年秋，再入師大博士班肄業，奉黃師永武之命，以《左傳》之文學研究為專題，撰作博士論文。此命也，深獲我心！然喜懼之情，則不異遊子之返故鄉也。五年以來，夙夜僶勉，寢饋於斯，譬若五穀，昔者但知其可食而已，今則既食而嗜之，且又享而樂之矣。於是草就論文三編，總名曰《左傳之文學研究》，分二十有四章，都四十二萬言。夫然後知方苞所謂：「義法最精備者，莫如《左傳》。」洵不我欺也！

自漢儒治《春秋》，純守家法師說；晉杜預注《春秋經傳》，採用集解；唐啖、趙、陸不信《三傳》，直究遺經；宋儒疑經成風，而以會通兼取為能。下逮元明清，治《春秋》經傳者，亦多循會通之緒，《通志堂經解》，《皇清經解》正續編可覩也。兩千年來，《左傳》已由爭立學官，成爲《春秋》顯學。然環繞《左傳》之問題，盤根錯節，尚未釐清：如《左傳》之作者與時代問題，《左傳》與《國語》之關係問題，《左傳》之解經與緣飾增續問題；是是非非，莫衷一是。本書上編舊案重提，備列諸說，案以己意；雖未必即成定讞，然藉問題之提出，苟能激發方家碩彥之討論解決，亦著者之宏願也。外此，則嘗試探究《左傳》之學術價值，以爲研治斯學之要刪焉。林林總總，都爲一編，命曰《左傳導讀》。玆將各編之篇章重點，紹介如後，以醒眉目：

《左傳》以史解經，本爲《春秋》之傳，此自荀卿、《呂覽》、韓非、虞卿引《傳》，張蒼、賈誼、史遷、劉安著書，昭然足爲明證。而西漢博士爲利祿之途，譽言「《左氏》不傳《春秋》」，《公羊》學者不求其端，不訊其末，望風而附和之，道術將爲天下裂！爲實事求是，本書乃作追本溯源之計：於是概說《春秋》三傳之源流授受，比較《三傳》之得失優劣，進而論述《左傳》之作者及其與《國語》之關係；搜討梳理，辨析正誤，而知《三傳》各有得有失，治《春秋》當據《左氏》事實，而參以《公》、《穀》大義，比觀而會通之，然後爲得。更推定《左傳》之作者，殆爲與孔聖同恥之左丘明，且

《左》、《國》非一人所作，亦非一書之化分。此由二書宗旨異趣、體裁殊類、文風迥別、記載乖違、文法不一、曆正異數、名稱不同、卜筮存闕、《史記》據依，可以知之也。

章學誠《文史通義．文德》謂：「不知古人之世，不可妄論古人文辭也；知其世矣，不知古人之身處，亦不可遽論其文也。」左氏果爲與孔子同恥之丘明邪？此當論其世，始能知其人！春秋之時，陪臣竊命，禮制壞替，蠻夷猾夏，是以倡尊王重霸，主寢兵息民；雖然，時猶以道義相支持，天人相交替，於是賦《詩》見志，文章豐潤，周德之化未盡泯也。此一代之風尚，而《左傳》之實錄也。後之人雖夢寐想像，其能及此乎？且《左傳》之引《詩》、《書》、《易》、《禮》，知其必爲春秋文字；載述地理、職官、思想、詞彙，更明示《左傳》成書於戰國前。而曆具三正、文兼奇偶，與夫賦《詩》引《詩》之僅見，神話小說之原始，歌謠諺語之樸質，議論詞命之渾厚，種種氣息，固春秋所獨具，而戰國所無有者也，遑論秦漢？由此推之，《左傳》成書蓋於春秋末季，故近莊、列詭譎之風，下啓戰國縱橫之習。班彪〈史記論〉以爲：「左丘明蓋定、哀時人」，此說得之矣！

《左氏》固《春秋》之傳也，而學者以爲「《左氏》不傳《春秋》」！考其以爲不傳者，其論有八：曰名稱不符，曰傳體不同，曰經闕傳存，曰經有傳無，曰說乖諸家，曰緣飾增續，曰詳近略遠，曰史記不敘。夷考其實，說並不足採信：《左氏》自釋《春秋》，不在其名傳與否也。傳體之不一，固因書而異，不可強同也。經闕傳存，或爲經義之旁證，或因割傳以附年也。經有傳無者，或是文直意明，或是簡牘散落也。說乖諸家者，特異《公羊》、《穀梁》耳，敘事與大義相乖而已。緣飾增續者，續經容或出於左氏弟子，而所謂緣飾附益、改竄論贊，則必非劉歆所爲，固《左氏》之舊也。若夫詳近略遠，則史書通例，非獨《左傳》爲然也。至如《史記》不敘云云，非不敘也，未兩見耳。〈十二諸侯年表·序〉稱：左丘明成《左氏春秋》；且〈曆書〉、〈吳世家〉直以《春秋》稱《左氏》。可見《左氏》不傳《春秋》云云，非大道之公論也。於是本書復申明十事，以證《左氏》之解正《春秋》：曰書法義例，曰據事直書，曰屬辭比事，曰顯微闡幽，曰文緩旨遠，曰勸善懲惡，曰界嚴華夷，曰正名辨實，曰表裏《論語》，曰歸本於禮，此皆《春秋》微言大義之所寄，亦《左氏》所以傳《春秋》者也。

《左傳》之爲書，義經、體史，而用文，且亦周秦兩漢諸子學之淵藪與左券也。因略論《左傳》之學術價值：《左傳》引《詩》一百五十六，援引逸詩十，足可弼補闕誤，考鏡淵流：〈周頌〉次第，不與今本《毛詩》一律；歌詩篇次，卻與今本近似；其他據《左》可駁〈詩序〉之附會，足徵詩與樂相表裏也。《左傳》引《書》十有七，引逸《書》二十九，又有逸篇二，清儒曾據以訂《古文尚書》之贋。且《左氏》引《書》，可補〈周書〉〈夏紀〉之疏漏，而〈虞書〉稱夏書，〈洪範〉屬商書；又知《左傳》成編時，《書》完全無闕，備受推重，然未名經也。《左傳》引《易》凡十六：以義理說之者七，以象說之者九，別有不以《周易》占者三，所謂逸易也。由《左傳》引易觀之，《周易》成於春秋之前，《易傳》成於尊《周易》爲經之後。而〈說卦〉、〈雜卦〉之本原，《易傳》互體之先聲，〈文言傳〉之異文，重卦之不始於文王，《周易》於《春秋》之為占筮書，皆可自《左傳》之引《易》窺知也。《左氏》發明經旨，皆所以維周禮也。左氏作傳時，《三禮》尚未成書。雖《左氏》引經不及《三禮》，然彼此可相印證者不少。若夫《左氏》以史傳《經》，羽翮聖文，厥功至偉，此又夫人而知之者。故曰：《左傳》者，聖學之階梯，五經之鈐鍵也。

左氏以史傳經，兼才、學、識、德，擅屬辭比事，誠史著之良模也。後世史體如編年、紀傳、紀事本末、詔令奏議、傳記、地理、職官、政書、史評，多胎具於此。魏禧《左傳經世鈔》稱《左傳》為史之大宗；古今御天下之變，盡於《左傳》，豈虛言哉！

左傳於諸子學，則兵家、儒家、墨家、名家、縱橫家、陰陽家、讖緯學、形法學之濫觴也。且與秦漢諸子學，相發明、資考證之處亦夥：或證經義，或息邪說，或匡經論，或補經文，或解經旨，所謂他山之石，可以攻錯者也。

夫《左傳》之文，百家文字之星宿海，萬世古文之祖也：《國策》《三史》之所法，秦漢諸子之所師，韓、柳、歐、曾、蘇王之矩度，王源、方苞、劉大櫆、林紓、吳闓生之義法，與夫凌稚隆、金聖歎、馮李驊、周大璋、陳震、姜炳璋之評點，皆究心於是。學者欲曉鍊法、鍊篇、鍊調、鍊句、鍊字，誠以《左傳》為圭臬，自然深造有得，久而入妙。故曰：「讀古文而不精求于《左氏》，是溯流而忘其源也。」

中編論《左傳》之文學價值，凡十有三目：一曰文章體裁之集林，闡述後世文章體裁如論辯、詔令、奏議、書說、傳狀、箴銘、頌贊、辭賦、哀祭、敘記、典志諸體，皆濫觴於《左傳》也。二曰語文研究之珍藪，論《左傳》徵存春秋時代之語彙、語音、語法，具古文字、聲韻、訓詁學之價值，實研治上古語文學之武庫也。三曰古文家法之宗師，論《左傳》之文，爲百代取則，乃古文辭之嚆矢，且爲《史》、《漢》、唐宋八大家、桐城、湘鄉諸古文家之祖庭也。四曰駢儷文章之先河，論《左傳》文章奇偶相生、駢散兼行；其駢行語氣，則後世駢文家所祖法者也。五曰歌詩致用之珠澤，論《左傳》賦詩或禪情意之曲達，或資典禮之祝頌，或觀政俗之興衰，或見詩史之類通；引《詩》則或以言志，或以斷事，或以證說，或以辯論，或以闡釋，或以褒贊，或以訓戒，或以譬況，或以歎惋，或以質疑，而要皆歸於致用也。六曰神話小說之原始，論《左傳》爲太古自然神話、神怪神話、動植神話、歷史神話、風俗神話之劫餘；且《左傳》記夢以著其幻，預言以神其說，述奇以妙其情，實後世志怪小說之濫觴也。七曰通俗文學之遠源，論後世所謂俗文學，如歌謠、諺語、廋詞，《左傳》已肇其端；且《左傳》敘事，又有可供後世通俗文學如變文、鼓詞、戲劇等之資材者。八曰傳記文學之祖庭，論《左氏》以史傳經，具史學之純眞，備文學之華美，饒勸懲之至善，乃史著而有文采，傳記而富文學性之佳構也。

九曰敘事文學之軌範，論《左傳》爲中國敘事傳統之祖庭，尤工於敘戰。因列舉《左傳》敘事法三十餘：如正敘、順敘、原敘、逆敘、追敘、平敘、虛敘、暗敘、預敘、補敘、類敘、側敘、串敘、連敘、對敘、語敘、突敘、錯敘、插敘、帶敘、搭敘、陪敘、瑣敘、拖敘、複敘、夾敘、意敘、駕敘、提敘、結敘、滾敘、總敘、分敘、補敘、借敘、特敘、閒敘、直敘、婉敘、實敘、明敘之倫，各援例以明之。十日說話藝術之指南，論《左傳》以詞命爲敘事，溫潤婉麗，從容不迫。進而言其談說之術：或折之以理，或動之以情，或懼之以勢，或服之以巧，或挫之以術，或就其詞而入之，或反其詞而折之；雖然，與戰國之尚詐、棄信，終不可同日語也。十一日戰國縱橫之肇端，論《左傳》議論從容溫雅，濃鍊堅緻，折衷聖言，風格淳厚；視戰國之文，縱橫捭闔、譎誑傾奪、煒曄詭奇、賊害忠信，迥不相侔。所謂「近《莊》、《列》、詭譎之風，啓戰國縱橫之習」云者，蓋緣後之襲前，非前之取後，風會所趨乃爾也。復考《左傳》論說之方式七：曰駁論，曰辯論，曰推論，曰評論，曰理論，曰敘論，曰諫論，皆足爲後世論說文之先導云。十二日描繪神貌之逸品，論《左傳》以敘事爲描寫，善於表現事情，描繪人情，摹擬物情，皆色色精絕。求其所以獨到，蓋妙用描寫藝術，如特寫法、借映法、夾寫法、閃現法、明喻法、工筆法、略筆法、人物自述法、借乙口敘甲事法、雜糅情感法，與夫排比對照，旁筆襯托之法，洵圖貌寫神之聖手也。十三日修辭作文之津梁，下編推衍論證之《左傳》義法皆屬焉。以牽涉層面較爲廣大，已另成一專書，名曰《左傳文章義法撢微》，相互參閱可也。

《左傳》之文，閎麗鉅衍，曲暢精深，《三史》、八家得其一體，皆足以名世；桐城、湘鄉得其義法，皆足以不朽，誠文章之冠冕，而詞林之宗師也。故特撰《左傳文章義法撢微》一書，以示微詞妙旨所在，并以爲作文修辭之津梁焉。是篇分爲六章：文以意爲主，意在筆先，法隨意生，清方苞說義法，所謂「義以爲經，而法緯之」。故首論命意之特色：載道、徵聖、宗經、寢兵、美刺、報應、愛奇、寄慨，此《左傳》全書之旨趣也。脈注、詭辭、微辭、措辭、托辭、諷喻、借事、象徵、深曲、迴護、翻空、因勢，此《左傳》命意之概況也。

次論《左傳》謀篇之義例：前驅、履端、中權、關捩、後勁、餘波、收煞、論贊，此其篇什架構之安排也。映襯、賓主、虛實、明暗、離合、斷續、順逆、輕重、詳略、擒縱、開闔、寬緊、奇正、變常，此其情境對比之設計也。伏應、逆攝、激射、旁溢、側筆、線索、原委、類從、集散、配稱，此其脈絡統一之規畫也。

次論《左傳》安章之心法：順帶、穿插、橫接、遙接、側敘、逆述、夾寫、互見、補筆、附載、自注、突起、提敘、暗接、勒轉諸法，《左傳》段落位次之調配也，而史傳敘事、敘事傳統之法式已不疑而具。表現、直書、說明、點綴、渲染、閒筆、錯綜、奇偶、想像、形容、析分、援引、概餘、時中，此其主題表達之權宜也。眼目、點睛、波瀾、關鍵、特筆、取影，此其建立一篇警策之大凡也；世所謂亮點，即此是也。

次論《左傳》鍛句之方術：舉凡曲折、往復、對照、排比、錯綜、層遞、翻疊、移換、誇飾、類句、類字、吞吐、蘊藉、轉品、濃縮、譬喻、轉化、象徵、示現、存眞諸法，皆《左傳》浮現意象之樣式也。鎔鍊、藏鋒、跳脫、舉要、層遞、翻疊、頓挫、勒轉、鎖紐、頂眞，此其詞章矜鍊縝密之原理也。儷辭、用典、烘托、映帶、迴文、諧隱，此其文章華贍豔麗之道也。而欲令文字氣勢遒勁雄健，亦有其規準：倒裝、加倍、反語、類句、聯鎖、旋繞、捧壓、墊拽、提振、節短、誇飾、設問、感歎、呼告諸法之善用；與夫倒攝、橫接、錯綜、追敘、翻疊、排比、頓挫、勒轉、鎖紐、頂眞諸法之運化，則氣勢遒勁矣。今人所倡修辭學、辭章學諸靈方妙法，《左傳》一書已燦然大備。若取以爲論說佐證，可謂無盡藏。

次論《左傳》鍊字之妙訣：巧用虛字、實字、重筆、曲筆、圓活字、新闢字，則章句明靡矣。鍊擇文字，愼用類字、避複、犯重、倒文、轉品、省文、借代、鑲嵌、立柱諸法，而文辭光采矣！

末論《左傳》神味之表出：按諸長短、緩急、奇偶、韻諧、長言短言諸法，然後知《左傳》逐聲逐諧，應節遽協，其音韻鏗鏘，音節響亮之秘，得以窺知一二。奇偶相生、繁簡達宜、曲直盡致、濃淡相稱、疏密相間、典奇時中，是《左傳》文章形式之風格也。若夫噴薄、跌蕩、詼詭、閒適、正大、此《左》文有得於陽剛之美者；閎括、含蓄、沉雄、悽惻、超逸，此《左傳》文有得於陰柔之美者，要皆《左傳》內容之風格，所謂神理氣味之所由表出者也。

姚鼐嘗論學問之途有三：曰義理也，曰考證也，曰文章也；且謂三者苟善用之，皆足以相濟云。余大學時，獨好文字之學，考證學之植基也；碩士論文，則探究黃梨洲之史學理學，義理學之訓練也；今更融治考證與義理之學，草撰本書，則文章學之初探也。三者一體，相濟互用，竊喜治學祈向，竟與桐城冥合也。

本論文之撰作，承林師景伊，黃師永武指導，點化匡正，終底於成。而錐指蠡測，罣漏恐多，尚祈博雅碩彥，不吝賜教！

一九八一年四月二十九日

張高評 謹誌於屏東

二〇一八年十二月十五日校對修訂

序於府城鹽水溪畔

【註】《左傳之文學研究》原為博士論文之題目。論文通過，出版面世時，分成三書：一、《左傳導讀》；二、《左傳之文學價值》；三、《左傳文章義法撢微》。

附　記

本書原名《左傳之文學研究》，初分上、中、下三編：上編論《左傳》學及其學術價值，原初作爲附隸於本研究之一長編。後因其中牽涉之學術公案甚廣，無暇各別作更深入之考察與評估，僅提供有關問題之概況而已。其中或有發明，不過聊作拋甎引玉之資耳。若夫補正定讞，則有俟乎方家碩彥也。中下二編，專論《左傳》之文學，即本年十一月十八日，通過教育部口試，榮獲國家文學博士所提之論文也。今承出版社雅意，慨允出版本論文。爲便於發行計，上編命名曰《左傳導讀》，中編曰《左傳之文學價值》，下編曰《左傳文章義法撢微》，三位一體，似分實合，讀者綜覽互參之可也。

張高評謹誌於士林外雙溪旅次　一九八一年十二月十二日

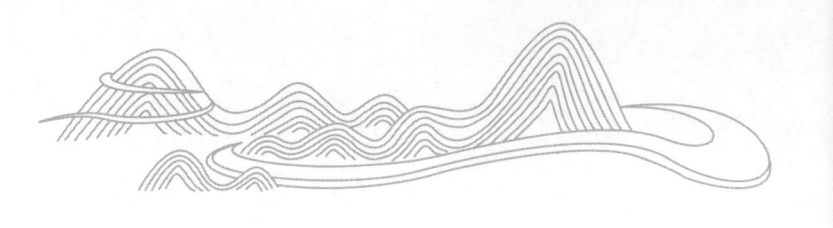

修訂重版自序

《左傳》一書，凡十八萬六千餘字。內容指涉廣博，曾不可以一方論說。要而言之，或為《六經》之羽翼，或為歷史學之開山，或為諸子學之濫觴，或為文學之星宿海。所謂中國文化之精神家園，當以此為大觀。其學術含金量極高，如天府之琳瑯，武庫之無盡藏。古今學人得其一環一體，皆足以成家而名世。唐劉知幾《史通》〈雜說上〉稱《左傳》：「工侔造化，思涉鬼神，著述罕聞，古今卓絕。」品評推崇如此，其成就與價值，可以想見。

大學肄業師大國文系，大一時，值魯實先教授開授《史記》課，除闡發《史記》敘事之隱微外，又時時提示文章之義法。大二，魯先生開授文字學必修，系統論述六書，邏輯推衍類例，春風化雨，潤物無聲，當下既默識心通，他日研治《春秋》《左傳》《史記》，遂發用無窮。大三時，《左傳》為選修課，上下學期六學分。程師發軔講授曆法，劉師正浩授讀文本，《左傳》博大精深，艱澀難懂，良師深入淺出，循循善誘，弟子知難而進，優游涵泳，於是有緣進階登堂，粗識宗廟之美，百官之富。千里之行，起於足下，初步植基踏實，有助於爾後之可大可久，致廣致遠。

一九七六年，重返臺灣師範大學，入國文研究所攻讀博士學位。指導老師黃永武教授，有一平生心願：擬撰寫一部中國散文史。《左傳》散文，美妙卓絕，自是首選。於是業師命題轉贈，弟子乃欣然接受。碩士論文，探論《黃梨洲及其史學》，於黃宗羲史學、明末清初史學、清代浙東史學頗有涉獵，對於中國傳統史學多所觸及。有意無意間，學術積累舖陳如是，已為探討《左傳》奠定若干礎石。研究明末清初之史學，對於個人後半生探索「史之大原」之《春秋》《左傳》，存在先發後發之辯證關係，固始料所未及。噫！世事難料，盡心致力當下，庶幾無愧於平生。

一九八一年六月，通過校內博士學位口試。同年十一月，再通過教育部論文答辯，榮獲國家文學博士學位。博士論文題目為：《左傳之文學研究》，都四十二萬餘言。口試委員為林尹、高明、潘重規、王靜芝、于大成教授，皆為一時碩學俊彥。時當徐復觀教授「文字聲韻訓詁不是學問」筆戰方酣之際，考據學風漸歇，義理辭章之學方興。故本論文雖以研究《左傳》之文學爲主軸，因應學風之傳承與遞變，乃先就《左傳》之歷史外緣作研究。誠如本師黃永武教授於本書〈序〉言所云：「通過這考據與義理的層次，最後才凸出所要研究的《左傳》辭章問題。」關於「考據與義理的層次」論述，後來出版面世時，獨立成書，名曰《左傳導讀》，實爲《左傳之文學研究》博士論文之第一分冊。

《左傳之文學研究》博士論文，已析出《左傳導讀》，作爲分冊。其餘有關《左傳》文學辭章之闡論，因屬博士論文之核心主軸，故內容份量特重，篇幅字數亦較大較多。於是，再類聚群分，釐析爲《左傳之文學價值》、《左傳文章義法撢微》二分冊，亦各自獨立成書，是所謂《左傳》研究之三書。

彼時學風傳統而保守，學界或視《左傳》爲經學典籍，或以之考索論證上古史學，以文學辭章看待《左傳》者極尠。是其所是，而非人之非，被視爲異端、異數，誠不足爲怪。回想當初，余以國文研究所研究生，而探討黃宗羲之史學，歷史學界以爲越俎代庖，中文學界以爲錯位出位，文史學界多不以爲然。殊不知文、史、哲本爲一家，分科分工止爲便利初學入門。若乎高層次之探討詮釋，跨學科、跨領域，乃至於跨文化之交叉研究，科際整合，皆甚有必要提倡與落實。宋蘇軾〈跋君謨飛白〉云：「物一理也，通其意則無適而不可。分科而醫，醫之衰也；占色而畫，畫之陋也。」文、史、哲一理，貴在會通而已。若單科獨進，將致遠恐泥，難望有大成矣。

以文學辭章視角研究《左傳》，當初或許出於無心插柳。回首來時路，聯結最近十餘年之研究成果，絲牽繩貫，脈絡潛通，居然多與《左傳》之文學辭章結下不解之緣。甚至可以斷言，若無《左傳》文學辭章之先發研究，關於經典詮釋、屬辭比事、筆削去取、無傳而著、曲筆直書、顯晦虛實、詳略重輕、異同忽謹，乃至於《春秋》書法、史家筆法、敘事傳統、古文義法、言外之意、文學語言等等課題，將喪失利基與憑藉。既不得其法門，將無緣汲深而薄發。如近十年提出《左傳》之詩化修辭、于敘事中寓論斷、《史記》之詩歌語言、《史通》之詩化史學、杜甫詩史與《春秋》書法，宋代筆記與《春秋》書法、宋代詩話與《春秋》書法、方苞義法與《春秋》書法、《春秋》書法之修辭觀諸課題，皆爲經學、史學、文學、詩學間之交叉研究，跨學科整合。由此觀之，筆者有關《左傳》文學與辭章之先發論著，或爲前驅，或爲張本，多可作他日盈科而後進之資材。若斯之比，皆有專著或論文作見證，非孟浪無根之亂談。

事、文、義三者，爲歷史編纂學之三大頂樑柱。事，近史學；文，近文學；義，近經學。無論史學、經學、文學，其辭文或有主從、重輕之別，然未有不講究修飾者。即以經典詮釋學而言，中唐以前，所謂《春秋》書法，十之八九皆指文章修辭。《左傳》、《公羊傳》、《穀梁傳》、《孟子》、

《春秋繁露》、《禮記》、《史記》之說《春秋》，杜預、徐邈、劉勰、劉知幾、孔穎達、啖助、趙匡之釋屬辭，大抵皆無例外。屬辭或獨用，指文章修辭，又可與比事並觀，或與比事合體，要之，皆可爲解讀史傳、詮釋《春秋》，提供若干方便法門，有功經典之詮解。筆者最近出版《比事屬辭與古文義法》、《屬辭比事與春秋詮釋學》二本專著，無論談《春秋》筆削昭義之書法，《春秋》書薨、稱弒、書滅諸書例，《左傳》以史傳經，《公羊傳》藉事明義，司馬遷《史記》敘事傳人之忌諱敘事、互見敘事、推見至隱，詳略、重輕、異同；乃至於方苞勾勒《左傳》義法，評點《史記》敘事，著作《春秋通論》《春秋直解》等等，要皆不離約文屬辭之範疇。爲釋疑解惑，下文擬再詳言其所以然之故。

《左傳》成公十四年君子曰，楬櫫《春秋》五例，所謂「微而顯，志而晦，婉而成章，盡而不汙，懲惡而勸善，非聖人孰能脩之？」前三者示曲筆諱書，其四直書不諱，皆爲「如何書」之修辭法；皆可用來解讀「何以書」勸懲之義。《孟子．離婁下》述孔子作《春秋》，揭示其事、其文、其義三元素，作爲《春秋》之創作論。《禮記．經解》稱：「屬辭比事，《春秋》教也」。司馬遷《史記．十二諸侯年表序》敘孔子次《春秋》：「約其辭文，去其煩重，以制義法。」晉徐邈《春秋穀梁傳注義》說孔子因魯史策修《春秋》：「事仍本史，而辭有損益。」此所謂約其辭文、辭有損益，即相當於《禮記》之屬辭，《孟子》之「其文則史」，《左傳》之微婉顯晦。由此觀之，所謂《春秋》書法，要皆敘事之藝術，辭章之技法。

錢鍾書《管錐編》稱：「《春秋》之書法，實即文章之修詞。」錢穆《中國史學名著》亦云：孔子修《春秋》：「所修者主要是其辭，非其事。由事來定辭，由辭來見事。」歷史事實，不容篡改，而辭文之修飾，可以依褒貶勸懲而有所因革損益。程邈所云：「事仍本史，而辭有損益」，最得體要；錢穆所謂：「由事來定辭，由辭來見事」，最合理實。辭文，爲其事、其義之媒介。其事與其文，攸關「如何書」之法，方苞〈書〈貨殖傳〉後〉稱：「義以爲經，而法緯之」，可作歷史編纂學之綱領：其事如何取捨？其文如何損益？皆取決於其義之指向，世所謂未下筆，先有意。簡言之，「如何書」之法，體現在其事之編比，其文之修飾，在在脈注綺交於「何以書」之義上。作者固因事而屬辭，讀者乃藉辭以觀義。辭文，遂成爲作者與讀者中間溝通之媒介。因此，文學辭章於經學義理，固不容輕忽；於史學事實，亦備受珍視。唐劉知幾《史通·敘事》稱敘事尚簡、用晦、致曲，要皆修辭之工夫。清章學誠《文史通義》，長於評論史學，然亦兼談〈文德〉、〈文理〉〈古文公式〉、〈古文十弊〉；《章氏遺書》更有〈論課蒙學文法〉一文。雖史學貴眞尚實，亦不能不講究文采，此之謂文史通義。

博士論文，類聚群分，析爲《左傳導讀》、《左傳之文學價值》、《左傳文章義法撢微》三本分冊，取其便於各取所需，選用閱讀。出版流佈以來，不覺已歷三十八個寒暑！黃永武教授於本書初版

〈序〉曾言：「在舊的寶藏裏發現新的價值，在新的方法下重整舊的經驗，經過新舊互激兼融後，重新展現一個全新的面貌和肯定的位置，這是本書的貢獻所在。」由於《左傳》研究融合新舊，別出心裁，故專著流傳以來，直接採用爲教材者有之，大學部指定《左傳導讀》，研究所採用《左傳之文學價值》、《左傳文章義法撢微》。臺港兩地研究生，有闡說專著之某一節，即成博士論文者；有補徵獨立引文，鋪陳某一章，即成學位論文者。或引述專著心得成果，作爲中國文學史教材，如北京大學袁行霈教授主編之《中國文學史》，《左傳》文學介紹部分，可見一斑。北大教授常森，著有《二十世紀先秦散文研究反思》一書，下編論先秦散文研究之代表性成果：「二十世紀後半期，可推錢鍾書《管錐編》有關內容、譚家健《先秦散文綱要》、《先秦散文藝術新探》，郭預衡《中國散文史》，以及張高評《左傳導讀》、《左傳之文學價值》、《左傳文章義法撢微》等。」拙著三種，皆名列代表性成果之中，與錢鍾書等齊名，備感光榮與欣慰。

陝西師範大學張新科教授，主編《《左傳》學術檔案》，《左傳之文學價值》入選其中，列爲「《左傳》研究重要論著評介（一九一九～二〇〇九）」八家之一，與民初以來之康有爲、劉師培、高本漢、徐中舒、童書業等學人並列。評介意見以爲：作者博通古今，功力深厚；「全書的視野是極爲開闊的，作者將如此廣闊的內容，進行了具體的分類，容納于全書之中，系統而全面。章節分明，而又邏輯嚴密，條理清晰，體例工整而嚴謹。」又評介本書：見解精闢，論述充分，分析細緻深入，令人信服。全書觀點明確，表達簡潔有力，概括性強；尤其文辭優美，古雅活潑；讀之、品之，是一種享受云云。

《左傳導讀》，作爲教材，綜論清代乾嘉以來，至於二十世紀前半葉之學界成果。發蹤指示，期待學者精益求精，盈科而後進。惟四十年來，繼志述事，發皇斯學者不多。尤其〈左傳之學術價值〉一章，經學價值之研究，有待踵事增華；史學之探索、子學之發微，猶是一片學術處女地。傳火傳薪，十分盼望來者之興起。

《左傳之文學價值》，昭示研究議題，如文體發凡、古文義法、駢儷文章、《左傳》引詩、小說筆法，皆略示椎輪，尚有遺妍。至於《左傳》之敘事傳統、傳記文學、談說藝術、描寫本色、外交縱橫學，或有助於明體達用、利用厚生；或可作前瞻議題，便於創獲學術生長點。有志之士，曷興乎來！

《左傳文章義法撢微》，揭示語文表達若干法門。無論表情達意、口才訓練、説服行銷、文章寫作，多可以作爲進階法門。尤其探討中國之敘事傳統，《春秋》之書法，《左傳》之屬辭比事，《左傳》之文章義法，有關屬辭約文「如何書」之法，已提示若干。參考借鏡，或能觸發無限。一書在手，可以拾階而升。他日登堂入室，有厚望焉。

關於《春秋》經傳研究之自我評估，可以參看〈《春秋》經傳的研究思路與特色——張高評教授訪談錄〉，載《寶雞文理學院學報》第三十九卷第一期，二〇一九年二月。

臺北五南圖書公司，在楊董事長領導下，高瞻遠矚，雄於視野，或許有鑑於此，黃副總編遂來函洽談《左傳》三書重版問題。三本舊著既已出版近四十年，若能趁機訂誤補闕，推陳出新，庶幾可以與時俱進，有益於知識之流通，與斯學之發揚與推廣。於是欣然同意所請，交付五南出版發行。作者自校，逐字逐句推敲，逐段逐篇檢視，進行全書之巡禮與對話。自校己作，大有如見故人，如數家珍之感；優游涵泳之餘，思路之辯證對話，已悠然重返當年研究之語境。綜觀《左傳》研究三書，研擬探論之選題，或只作發蹤指示，或已然凸顯綱領，或緣心得分享而拈出專題，或因有餘不盡而提供遺妍開發，要皆懇懇款款，指出向上一路；如椎輪之於大輅，期盼同道踵事而增華，精益以求精，止於至善而後已。

學術研究，追求卓越創新，可大可久。顧炎武著《日知錄》，標榜「其必古人之所未及就，後世之所不可無，而後爲之。」已提示著述之大方針。蘋果電腦創辦人賈伯斯言：「創新的關鍵字，是借用與聯結。但前提是，你得先知道別人做了什麼！」有見於此，本人著有《論文選題與研究創新》、《研究綜述與論文選題》兩本專著，作爲倡導與推轂。《研究綜述與論文選題》卷上，刊載〈臺灣近五十年來《春秋》經傳研究綜述〉、〈《春秋》經傳研究與創意研發〉二文，列舉富於前瞻性、創新性、值得研發之研究選題。卷下，規劃兩大欄目：其一，《春秋》經傳研究選題舉例，擬定十二項之研究專題，涉及層面或大或小，條列凡三三〇筆以上。文繁，此不贅述。

《研究綜述與論文選題》卷下，其二，〈《春秋左氏傳》研究選題舉例〉專欄，開闢十大特色之課題：（一）《春秋》之書法研究，大小研究選題三十三。（二）學風世變與《春秋》研究，列舉選題三十二。（三）學科整合與《春秋》學研究，提示研究選題十一。（四）《左傳》與《春秋》經之關係，論文選題凡二十。（五）歷史敘事與《左傳》研究，選題二十五。（六）《左傳》之文學研究，選題三十三。（七）《左傳》之評點學研究，有十八題。（八）《左傳》之接受史研究，有十七題。（九）學科整合與《左傳》研究，三十題。（十）域外《左傳》學研究，十七題。上述臚列之論文選題，百分之八十以上，多屬於顧炎武所云：「古人之所未及就」，至於是否爲「後世之所不可無」，當然見仁見智。學術乃公器，一得之愚，願與學界分享之。

今四校將畢，書出有日矣！回顧過往之心路歷程，瞻望未來之學術走向，爰贅數語如上。是爲序。

張高評 序於府城鹽水溪畔　二〇一九年七月

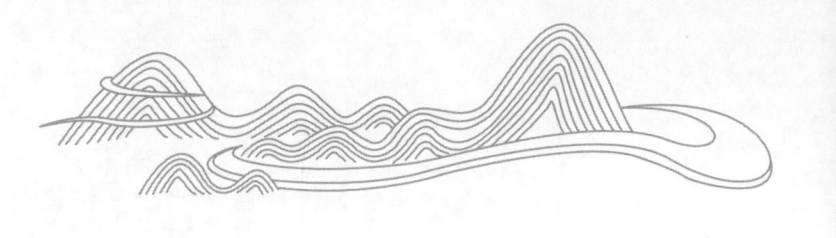

例言

一、《左傳》全文凡一萬八千餘字，於唐朝號稱大經。由於篇幅繁重，故舉例引用，勢不能悉錄原文。今皆濃縮傳意，撮舉標題，下附某公某年，以示出處。原書具在，檢尋可得也。

二、前人謂「君子曰」非《左氏》原文，又謂解經文字爲後儒所附益，更謂獲麟後之文不類《左氏》，說並無稽難信從。夫秦漢人倣製三代鼎彝，百世下縱知爲贋，亦當珍爲法物，況其爲眞品者乎？今悉等夷齊觀，以示葆重。

三、撰寫本文，茲事體大，參考四部典籍繁多，苟欲明徵博引，勢所不能。故唯取精用宏，融入篇中，而不挪擡另提。非敢剽竊掠美也，參之書目可詳。

四、克羅齊云：「藝術作品有其整一性與不可分性」。今將《左傳》析分爲多章以探論之，彼此仍絲牽繩貫，脈絡潛通。猶分說有機體爲心、腦、神經、筋肉，方便稱說深論而已，各自完整自足，有其獨立之生命焉。

五、本文中編下編，剖論《左傳》之文學價值，與文章義法，所謂某法某例者，未免以今律古，落入言詮，又不免割裂支解原典之病。王維《山水訣》云：「妙悟者不在多言，善學者還從規矩」；此特便於賞析論述耳，誠非得已也，甚勿拘泥執著。

六、《左傳》義經、體史、而用文。有清以前，學者多論其經學、史學；明季以降，評點家桐城派稍稍及其文學；民國以還，始注意《左傳》之諸子學。然皆擇焉而不精，語焉而不詳。今博采諸家，斷以己意，擷長補短，歸於至當。雖不敢言能集其大成，然碩學先進研治《左傳》之總成績，蓋略備於是焉。

七、評點《左傳》之作夥頤，要數王源《左傳練要》、方苞《左傳義法舉要》、馮李驊《左繡》、姜炳章《讀左補義》、林紓《左傳擷華》、吳闓生《左傳微》諸書，最爲精善要妙。諸家所論矩度，要不越乎此。本文下編所述，即以此六書爲參證也。

八、欣賞無異于創造，人各爲方，如其面焉，故同篇文章可有多種賞析之角度。泛覽諸家，比觀而會通之，可以得其大全。

九、爲便於論說，不得不設章立節；章節條目之間，皆彼此貫串融通。爲避免內容重出，故論述多採詳略互見之法，綜觀會通可也。

十、本文稱引古今著者，爲免名號茲多，徒生殽亂，故大抵直書本名不諱。唯當代碩彥與師承，間或稱先生本師云。參考書目中，一概直呼姓名，便於考察也。

十一、論述稱說，爲求持之有據，必須注明取材來源，此爲學術論文之規範。《左傳》原典，凡二百五十五年敘事，人與事繁夥如麻，故本書注明出處，以不見諸註釋爲宜。要之，皆作當句雙行夾注，一目瞭然。

十二、凡引用古今典籍者，亦雙行夾注於當句之下。其有考辨釋疑，補苴說明者，方闌入注釋中，便利參覈也。

十三、參考書籍之版本作者，皆彙編於書後。翻檢即得，篇中不一一標明。

十四、本書每立一說，輒綱舉一目；綱舉一目，則必先定義界，然後鉤稽梳理，備列衆證，比較剖析，反覆發明，所以防孤證與武斷也。人見其猥煩之病，我明其詳審之利。

十五、本書引文，以《十三經注疏》本《左傳注疏》爲主。篇題文字，則參考《古文正宗》、《左傳事緯》、《左傳評》、《春秋左傳詳節》、《左傳擷華》等書，間或出以己意杜撰。蓋以文具首尾爲一篇，不全以公年爲分合。杜預《集解》之前，《左傳》原本前文後文連通一貫，無《春秋》經文橫隔其中也。蓋古春秋記事成法，固原始要終，本末悉昭也。

序章

一、《左傳》之作者與時代

《左氏傳》之作者，殆爲與孔子同恥之左丘明。自《史記·十二諸侯年表序》、《漢書·楚元王傳》、《桓譚·新論》、王充《論衡》〈書虛〉、〈正說〉，《漢書·司馬遷傳贊》、《漢書·藝文志》、許愼《說文解字·序》；以至于漢末魏晉大儒，若賈逵、鄭玄、何休、范甯、杜預等，率皆無異辭。左丘明，蓋定、哀時人，實受經於孔子而作傳，隋唐以前，儒者更無異議。其間齗齗然爭訟不息者，但緣利祿之途，爭立學官而已，初不疑及作者也。

至唐啖助、趙匡，始發「左氏非丘明」之論，倡議「舍傳求經」之說。蓋欲攻傳之不合經，必先攻作傳之人非受經於孔子；欲先攻作傳之人非受經於孔子，故首就「左氏非丘明」發難。憑臆偏詞，遂導宋元以來疑經穿鑿之先路。於是王安石有《春秋解》一卷，證「左氏非丘明」者十一事；鄭樵作《春秋傳》，辨「左氏非丘明」者八驗；其他，如陳振孫《直齋書錄解題》、劉安世《元城語錄》、程端學《春秋本義》、崔述《洙泗·考信餘論》、梁啓超《古書眞僞及其年代》，亦多推衍啖、趙「左氏非丘明」之說。雖言之鑿鑿，要皆皮傅無理，駁見拙作《左傳導讀》第三章。

疑經牽附之風既開，至清劉逢祿著《左氏春秋考證》二卷，得廖平、康有爲、崔適之附和張皇，於是厭棄唐宋「左氏非丘明」說之曖昧，進而直謂劉歆作《左傳》矣。風氣所激，勇於立說之士紛紛創發新論，穿鑿諂成，譁然相高，多有疑及前人所未疑者。計自劉逢祿以下，說《左傳》之作者，以爲非左丘明者，不下十餘家。考其流派，大致有四：其一，以爲劉歆所作，劉逢祿、康有爲等主之。其二，以爲吳起所作，姚鼐、郭沫若主之。其三，以爲子夏所作，衛聚賢主之。其四，以爲張蒼或其門客所作，洪業主之。外此，尚有以爲左史倚相者，宋黃仲炎、元程端學主之；更有疑及子貢者，近人胡秋原主之。若斯之比，片面致疑，則亦何所而不可？《左氏傳》之作者，乃與孔子同時同恥之魯太史左丘明，非劉歆、吳起、子夏之流，遑論子貢、張蒼、左史倚相？說參《左傳導讀》所論，不贅。

要而言之，《左氏傳》之作者，確爲左丘明。國史非史官莫能見而知其詳，一也。古無私家著述之事，惟史官躬與國史之修纂，二也。《左氏》集百二十國寶書而爲傳，非史官不能成此重大之簡篇，三也。左丘明爲魯太史，故《左傳》與《春秋》同稱魯爲「我」，自外至魯皆書「來」；且太史受學不需師保，能躬閱國史策書，四也。史德據事直書，與修德之惡夫巧佞殊科，作《傳》之左丘明與同恥之左丘明乃一非二，五也。左氏與孔子同時，以修《春秋》必謀諸史官，故丘明不入弟子之列，六也。左其姓，丘明其名，故曰《左氏傳》；而《史記》稱左丘者，蓋古人二名止用一字。或曰左其官，丘其姓氏，明其名；其不稱丘氏傳而曰《左氏傳》者，或孔門弟子之諱言，或傳其學爲左氏人，七也。《左傳》預斷禍福，有驗有不驗；占驗所以多中者，以爲經世而已，以爲資鑑而已，八也。《傳》稱魯悼之謚，及智伯之亡，或《左傳》有後人之附續，或左氏壽考如子夏、伏生，九也。《左傳》之文章，婉切簡莊，渾厚遒峻，典則華贍，溫文儒雅，固是春秋文風；與戰國文字之縱橫恣肆，機變詐諼，崇尚功利，氣含殺伐不同，十也。

總此十事，左丘明之爲《左氏傳》作者，豈不昭昭可信乎！是太史公以爲魯君子，劉向《別錄》、《七略》以爲魯太史，《論語》稱其同恥，而班彪謂在定、哀之間，亦下及悼元之世者也。

劉禹錫云：「八音與政相通，文章與時高下」，此言文章依隨時風而轉移也。左丘明既爲春秋時人，則《左傳》文字當有春秋之時風思潮。春秋之時，陪臣竊命，禮制壞替，蠻夷猾夏，是以倡尊王重霸，主寢兵息民；雖然，猶見道義相支持，天人相交替，於是賦《詩》見志，文章豐潤，周德之化未盡泯也。此一代之風尚，《左傳》一書有如實之反映。

《左傳》之引《詩》，有出於《四家詩》外之逸詩與逸篇，〈周頌〉篇次則乖異今詩，足可作爲校定是非、考鏡淵流之資。且《左傳》箴、銘、歌謠之押韻方式，與《詩經》不異，從可定其時代亦不相遠也。《左傳》引書，既足徵古文《尚書》之爲後出，且知其時但有〈夏書〉而無〈虞書〉之名；〈洪範〉唯稱商書而非周書，可見《左傳》之作，當在《尚書》之完全無闕之時。由《左傳》之引《易》，知《周易》之在春秋，特占書之一耳；知《左傳》成書時，在《周易》見尊爲經之前。而《左氏》引經，不及《周官》、《儀禮》、《禮記》，知左氏作傳時，《三禮》殆未成書也。此自引經，足徵《左傳》爲春秋文字也。

況《左傳》之言地理，略無〈禹貢〉九州之觀念，知〈禹貢〉爲戰國之僞書，而《左傳》著作之時代則瞠乎其前矣。《左傳》述春秋職官，與《周禮》相較，或名同而職異，或名異而實同，知《左傳》成書時，未有《周禮》也。不然，設官分職之良模既早定如是，何以至春秋末而裁汰改易若是之甚，蛻變陵夷一至於此乎？推而至於《左傳》之思想，雖亦兼含兵、儒、墨、名、法、陰陽、縱橫諸家之色彩，要之乃濫觴，非流裔也。至戰國而事變日亟，於是諸子之學踵事增華，乃彌離其本。此自《左傳》所載諸子思想多樸略少文，案之學術流變之理，可知《左傳》成書在戰國諸子之前。而曆具三正，文兼奇偶，與夫賦《詩》引《詩》之僅見，神話小說之原始，語法詞彙之古質，歌謠諺語之樸野，議論詞命之溫潤渾厚，種種氣息特色，固春秋所獨具，而戰國所無有者也，遑論秦漢？

由此推之，《左傳》洵乎春秋之文字，故近《莊》、《列》詭譎之風，下啓戰國縱橫之習。班彪〈史記論〉以爲：「左丘明蓋定、哀時人」，此說得之矣！以上所述，可參《左傳導讀》第三章〈論

《左傳》之作者及其與《國語》之關係〉，第四章〈《左傳》成書之時代及其背景擬議〉，第六章〈《左傳》之學術價值〉。

二、《左氏》以史傳經之特色

孔子作《春秋》，因魯史舊聞而筆削乎其間；左丘明因本事而作傳，《傳》雖撰自丘明，而作《傳》之旨悉本孔子。《傳》或先《經》以始事，或後《經》以終義，或依《經》以辯理，或錯《經》以合異，所以明聖經而發大義也。桓譚《新論》謂：「《左氏傳》於經，猶衣之表裏，相待而成。《經》而無《傳》，使聖人閉門思之，十年不能知也。」善哉乎桓子之推言也！《左傳》於《春秋》事迹，備具始終，事與文庶乎有考矣，微言大義亦頗見焉。夫得其事，究其文，而義或有不通者矣；未有不得其事，不究其文，而能通其義者也。故蘇轍、胡安國、家鉉翁、黃澤、趙汸等提倡會通三傳，皆謂治《春秋》當據《左氏》事實，參以《公》、《穀》大義。蓋《三傳》有得有失，而學《春秋》者，必自《左傳》始也。

《左氏傳》，本爲《春秋》之傳，此自荀卿、《呂覽》、韓非、虞卿引傳，張蒼、賈誼、史遷、劉安著書，昭然足為明證。而西漢博士為利祿之途，侈言《左氏》不傳《春秋》；清代《公羊》學者不求其端，不訊其末，亦以為言。考彼以為不傳者，其論有八：曰名稱不符，曰傳體不同，曰經闕傳存，曰經有傳無，曰說乖諸家，曰緣飾增續，曰詳近略遠，曰《史記》不敘，要皆皮傳之私見，非大道之公論也。今觀《左傳》之書法義例，誠《春秋》之傳；據事直書，則《春秋》之法；屬辭比事，洵《春秋》之教；顯微闡幽，乃《春秋》之旨；勸善懲惡，固《春秋》之訓；界嚴華夷，為《春秋》之防；正名辨實，是《春秋》之義；文緩旨遠，乃《春秋》之趣；而《左傳》之表裏《論語》，明以聖人之心法為心法；歸本於禮，豈非以《春秋》之旨歸為旨歸乎？詳參《左傳導讀》第五章〈論《左傳》之解經與緣飾增續〉。

《朱子語類》稱：「春秋制度大綱，《左氏》較可據，《公》、《穀》較難憑。」又曰：「《左氏》曾見國史，考事頗精。」元趙汸《春秋師說》則謂：「事實而理訛，後之人猶有所依據，以求經旨，是經本無所損也。事訛而義理間有可觀，則雖說得大公至正，於經實少所益，是經雖存而實亡也，況未必大公至正乎？使非《左氏》事實尚存，則《春秋》益不可曉矣。」故蘇子由教人讀《左傳》，只是據其事實，而以義理折衷，亦是此意。《四庫全書總目．提要》稱：「刪除事迹，何由知其是非？無案而斷，是《春秋》為射覆矣。」固確切不移之論也。啖助所謂：「《左氏》博采諸家，敘事尤備，能令百代之下頗見本末，因以求意，經文可知。」陸淳《春秋集傳纂例》誠有見之言也。此種「以史傳經」之方式，實即《左傳》異於《公》、《穀》，而稱著述罕聞，古今卓絕者也。

《左傳》之爲書，義經、體史，而用文：其書本爲經發，然以史傳經，將春秋時代各方面之變遷，成就、矛盾、衝突，予以系統而完整性之敘述，化爲曲折而趣味性之實錄，千載下讀之，猶栩栩如生。且以史傳經，藉行爲之因果關係，作空言判斷之標準，遂成一完美之史學著作徐復觀《兩漢思想史．原史》。其史學價值之高，堪稱世界性之空前成就，乃治三代史與讀二十六史之基準錢穆《中國史學名著》。故自來學者，除肯定《左傳》爲經學外，亦多稱美《左傳》之史學，以爲乃春秋之信史，史學之大宗。其綜理微密，敘事稱善，斯蓋立言之高標，著作之良模也。考中國文學中，可與希臘、印度史詩相媲美者，非《詩經》之大雅，乃左丘明之《左傳》。《左傳》體史而用文，其篇幅堪與希臘、印度史詩相比；其描寫戰爭之精彩生動，亦決不相讓。然希、印之神話，雖稱史詩，實在祇是文學；《左傳》卻爲文學之傑作，又爲眞實之歷史。此無他，《左傳》以史傳經，不選事而書，故言無美惡，盡傳於後。大凡春秋一代之升降，一國之盛衰，一君之治亂，一人之變遷，皆可由《左傳》看出。信乎善惡必彰，眞僞盡露矣！此以史傳經之實錄，迥異以義解經、主觀判斷之《公》、《穀》二書者焉。

左氏爲傳，博總羣書，廣包他國，凡所採摭，實廣聞見，而以史傳經，析理居正，故比《二傳》，其功最高，能令百代之下，頗見本末。晉賀循美爲：「史之極也，文采若雲月，高深若山海。」《經義考》卷一百六十九引 清方苞盛稱：「義法最精者，莫如《左傳》、《史記》。」〈古文約選序〉 感斯言也，於是矢志研究《左傳》之文學，楬櫫其價值，亦曰嘗試云爾，未敢言作也。

《左傳》之用，不盡于說《經》；而善說《經》者，無如《左傳》。《左傳》之作，初不爲文學而發；然文學造詣之深，文學內容之富，文學價值之高，又數《左傳》稱古今卓絕，著述罕聞。《左傳》之文學價值，賢達碩彥曾一二言之：或推其古文之勝，或美其敘事之工，或悅其詞令之妙，或嘉其議論之偉，或服其修辭之巧，或稱其文體之備；而於《左傳》之駢文、語文、詩歌、神話、小說、描寫、俗文學諸價值，則闕而弗論。自好一察，不該不徧，寡能盡《左傳》文學之全，通文學流變之實，余甚憾焉。故本書於上述課題，亦多所著墨。

於是據學者論述「文學」之廣義①，纂要鉤玄，旁推交通，得《左傳》之文學價值十有三：其於文體，略備後世文體之規模；其於語文，則爲古代漢語之珍藪；其於古文，則爲唐、宋、明、清古文之正宗；其爲駢文，則是漢、魏、六朝駢儷之先河；其引詩賦詩，則爲春秋歌詩致用之擅場；其述古史傳說，則爲太古神話劫餘之見證；其記怪誕神奇，則爲六朝志怪小說之濫觴；其存謠諺、徵故實，則唐宋以來變文、鼓詞、戲劇等通俗文學之遠源；其傳列國君臣事迹，則史、漢以降傳記文學之矩矱；其善敘事理，則爲敘事藝術之法式；其議論風發，浮誇而富豔，啓戰國縱橫之習；其詞命婉麗，溫文儒雅，臻語言交際之極；其描繪神貌，窮形盡相，維妙維肖，稱寫生之能手。而摛辭贍諸集，紀事括諸史，騁奇淆諸子，析理不亡六經，信翰苑之瓊琚，修辭作文之津梁也。茲分門別類，論次於後：

註釋

①「文學」之義界，自孔子而下，人各異言。要而述之，有廣義與狹義二端：狹義之文學，以蕭統所謂「事出於沉思，義歸乎翰藻《昭明文選．序》」爲代表。廣義之文學，以章太炎所謂「以其有文字著於竹帛，故謂之文；論其法式，謂之文學，凡文理文字文辭皆稱文《國故論衡．文學總略》」爲代表。考之西書，文學之名，本出於拉丁語之litera或literature，斯時學者用此字，實含文字、文法、文學三義，未有專指。戴昆西（De quincey）謂：「文學之別有二：一屬於知，一屬於情。屬於知者，其職在教；屬於情者，其職在感。」龐科士（Pancoast）言之尤辨：「文學有二義焉：一則統包字義，凡由字母發爲記載，可以寫錄，號稱書籍者，靡不爲文學，是爲廣義。一則專爲述作之殊名，惟宗主情感，以娛志爲歸者，如詩歌、歷史、傳記、小說、評論等，乃足當之，科舉非其倫也，是爲狹義。」其它中外諸家學說，詳參王夢鷗《文學概論》，韋勒克《文學論》，傅庚生《中國文學批評通論》，涂公遂《文學概論》，馬宗霍《文學概論》。今取章太炎與龐科士之說，益以王充《論衡．佚文篇》所謂：「五經六藝爲文，諸子傳書爲文，造論著說爲文，上書奏記爲文」，據以定《左傳》文學之廣義。

第一章

文章體裁之集林

文體第一

夫文章之有體裁，猶宮室之有制度，器皿之有法式也。為文而不明體裁，是作宮室造器皿而不循制度法式也。故宋倪思曰：「文章以體制為先，精工次之；失其體制，雖浮聲切響，抽黃對白，極其精工，不可謂之文矣。」《經鉏堂雜記》明陳洪謨亦云：「文莫先於辨體，體而後意以經之，氣以貫之，辭以飾之。體者，文之幹也……體弗慎則文龐。」《靜芳亭摘稿》修辭作文，當以體裁為先務，由此可見矣。

文章體裁緣起於何時乎？顏之推、劉勰、任昉、陳騤等，咸以為原於《五經》。顏之推曰：「夫文章者，原出五經。詔令策檄，生於《書》者也；序述論議，生於《易》者也；歌詠賦頌，生於《詩》者也；祭祀哀誄，生於《禮》者也；書奏箴銘，生於《春秋》者也。」《顏氏家訓．文章篇》劉勰亦云：「論說辭序，則《易》統其首；詔策章奏，則《書》發其源；賦頌歌贊，則《詩》立其本；銘誄箴祝，則《禮》總其端；紀傳銘檄，則《春秋》為根。」《文心雕龍．宗經篇》任昉《文章緣起》、陳騤《文則》，亦以為言。下迨明黃泰泉，則更推衍諸說，作〈六藝流別〉之論。雖皆不免支離附會，而謂文體始於《五經》，則大要不謬。蓋《五經》之堂廡甚大，是以《五經》文字，無體不備。後世能文之士，未有不本於《五經》

者；各種文體，亦未有不胎息於《五經》者矣①。

《六經》之堂廡雖大，然各有偏執。《左傳》則自天地人物，以及古今典故，鬼神情狀，無不綜核；自朝聘燕享，征伐會盟，無不典貴整贍，雅與事稱。即俚俗猥褻，家人婦子，經其筆，無不點化生動。清張德純嘗稱許《左傳》：「學問極博，才情極長。」《左繡·讀左卮言》洵不誣也。《左傳》之內容，既宏富賅博如此，因事命篇，故文體多方，略具規模。顏之推謂：「書奏箴銘，生於《春秋》」；劉勰謂：「紀傳銘檄，《春秋》爲根」；此所謂之《春秋》，實指《左傳》也。梁任昉《文章緣起》亦云：「六經素有歌詩誄箴銘之類：《尙書》帝庸作歌，《毛詩》三百篇，《左傳》〈叔向詒子產書〉，魯哀公〈孔子誄〉，孔悝〈鼎銘〉，〈虞人箴〉」，亦謂《左傳》有書、誄、銘、箴之體。宋陳騤《文則·辛》，則條述《左傳》之文體，曰：「春秋之時，王道雖微，文風未殄，森羅辭翰，備括規摹。考諸《左氏》，摘其英華，別爲八體：一曰命，婉而當。二曰誓，謹而嚴。三曰盟，約而信。四曰禱，切而愨。五曰諫，和而直。六曰讓，辯而正。七曰書，達而法。八曰對，美而敏。」眞德秀《文章正宗》，分文章爲辭命、議論、敘事、詩歌四類；除詩歌外，大錄左丘明之文以爲冠。文體分類雖不免疏闊，然後世文章舉不能出此範疇；其大錄《左傳》之文，爲其標冠，從可知《左傳》文體之賅備也。清史學家章學誠，有〈論課蒙學文法〉一文，於《左傳》之略備文體諸式，尤推崇之，以爲最可誦習擬作，其言曰：「文體雖繁，要不越此六七類例（論事、傳贊、辭命、敘例、考訂、敘事、說理）。其源皆本《六經》，而措力莫切於《左傳》，學者其可不盡心乎？」又曰：「孺子之於《易》、《書》、《詩》、《禮》，未必盡讀，讀而不識，識而不知所運用者，又比比也。《左氏春秋》稱述《易》、《書》、《詩》、《禮》，無所不備。孺子讀經傳而不知所用，則分類而習其援經證傳之文辭，擴而充之，其文自能出入於經傳矣。」又曰：「孺子議論既暢，則使擬為書諫辭命，《左氏春秋》名卿大夫出使專對，與夫諫君匡友，出辭可謂有章者矣。苟於議論成章，而後使之分類，而誦習焉，因事命題，擬為文辭，則知設身處地而立言矣。」（《章氏遺書》）可見《左傳》文字，不僅為修辭作文之津梁，而亦諸文體式之圭臬，故章氏推論如此也。

顧諸家所言《左傳》之文章體裁，多得其一端，未獲慮會；且所謂文體原於某經者，又多牽附專斷。夷考其實，殆不盡然也。論說辭序，固生於《易》；詔策章奏，固源於《書》；賦頌歌贊，固本於《詩》；銘誄箴祝，固總於《禮》；要亦緣起於《左傳》也，豈特紀傳、書奏、箴檄發祥於《左傳》而已乎？陳騤《文則》所謂：「《六經》之道，既曰同歸；《六經》之文，究無異體」，斯言蓋得之矣。今依姚鼐《古文辭類纂》所分，曾國藩《經史百家雜鈔》所言，吳曾祺《涵芬樓古今文鈔》所列，覆按《左傳》之文體，所以為後世之權輿者，得十有一類，述說如左：

一、論辨體

《文心雕龍．論說》云：「原夫論之爲體，所以辨正然否；窮於有數，追於無形，鑽堅求通，鉤深取極；乃百慮之筌蹄，萬事之權衡也。」舉凡辨析事理，綜論學術；以明其原委曲直者，皆屬之。姚鼐《古文辭類纂》以爲「原於古之諸子」，未言出於何家。曾國藩《經史百家雜鈔》以爲「如《書》之〈洪範〉，〈大學〉、〈中庸〉、〈樂記〉」。依此而言，論辨之體，淵源不必定於一也。論辨之體，固原於《易》、《書》、《禮》、諸子，且亦濫觴於《左傳》也。何以言之？

今觀《左傳》所載春秋諸賢論說之辭，或臧否人物，或裁斷是非，或綜論事理，或剖陳得失，要皆能彌綸群言，而研精一理。舉其著者言之，如甯嬴論陽處父不沒、劉康公論成子不敬、子服惠伯論黃裳元吉、羊舌職論用士會、晏子論誅祝史、晏嬰叔向論齊晉、叔向論楚令尹不終、叔向論楚子干得國、子西論闔廬夫差、慶鄭論小駟、叔向母論娶、閔子馬論學、隨武子論楚、季文子論齊侯無禮、子產論伯有爲厲、子產論壞晉館垣、子產論尹何爲邑、子罕論向戌去兵、子產論政寬猛、子產論文公爲盟主、仲尼論晉鑄刑鼎、仲尼論賞仲叔于奚、仲尼論用田賦、吳公子光論七國同役不同心，孰非論辨之體乎？乃若曹劌論戰、子魚論戰、魏絳論和戎、晏子論和同、穆叔論不朽、燭武退秦師②，尤見析理縝密，立義圓通。視諸子之文，豈能多讓？由此言之，後世論辨之體，如論、設論、駁、難、辨、議、說、解、考、原、喻、語諸體式，殆皆肇端於《左傳》也。詳參本書第十一章〈論說〉。

二、詔令體

詔令體者，君上告戒臣下之詞也。《文心雕龍．詔策》所謂：「授官選賢，則義炳重離之輝；優文封策，則氣含風雨之潤；敕戒恆誥，則筆吐星漢之華；治戎燮伐，則聲存洊雷之威；眚災肆赦，則文有春露之滋；明罰敕法，則辭有秋霜之烈，此詔策之大略也。」《顏氏家訓》以為原於《書》，姚鼐亦以為「原於《尚書》之誓誥」；曾國藩《經史百家雜鈔》則推廣之，謂「如《書》之〈甘誓〉、〈湯誓〉、〈牧誓〉、〈大誥〉、〈康誥〉、〈酒誥〉等，及《左傳》王子朝告諸侯之辭皆是。」是則詔令體除原於書外，其亦出於《左傳》也。

徐師曾《文體明辨．諭告》謂：《左傳》始載周天子諭告諸侯之詞，為諭之原始。今考《左傳》論體，除王子朝告諸侯（昭公二十六年）外，它如定王使王孫滿告楚子問鼎、定王辭鞏朔獻齊捷、景王使詹桓伯責晉、敬王告晉請城成周，是其例也。《文體明辨・命》云：「上古王言同稱為命，或以命官，或以封爵，或以飭職，或以錫賚，或傳遺詔。周文之見于《左傳》者猶存，故首錄之以備一體」。舉其要者，如周召康公命齊太公、惠王賜齊桓命胙（僖公九年）、周靈王命晉文為侯伯（僖公二十八年）、周平王命晉文侯（宣公十二年）、周簡王使劉定公賜齊靈公命（襄公十四年）、周景王追命衞襄公（昭公七年）、周公旦命蔡侯（定公四年），皆是也。命，或稱策，《周禮・內史》：「凡命諸侯及孤卿大夫，則策命之。」《左傳》有晉文公受周靈王策、繞朝贈士會以策，鄭僖授公孫段以策（昭公三年）諸文，是亦詔令之體也。

詔令之體，又有檄文者，呂祖謙以為蓋始於晉侯使呂相絕秦。檄之為體，宣露於外，皦然明白者也。《左傳》所載，除〈呂相絕秦〉外，〈鄭子家使執訊與書〉，以告趙宣子；晉之邊吏責鄭，〈王使詹伯辭於晉〉；〈晉子朝使告諸侯〉，雖未有檄名，已具其實。（參考王應麟《詞學指南》）推而至於齊桓征楚，詰苞茅之闕；晉厲伐秦，責箕郜之焚；管仲呂相，奉辭先路；詳其意義，即今之檄文也。（《文心雕龍・檄移篇》）它如魯襄在楚，季武子使公冶問璽書；鄭莊戒飭，使守許東西偏；此所謂璽書、教戒，要亦詔令之一體也。由此觀之，後世之諭敕、詔策、命令、檄移、璽書、教戒諸詔令文體，《左傳》已有之矣。

三、奏議體

奏議體者，群臣論諫君上之總名也。劉勰、姚鼐以為原於《書》，顏之推以為原於《春秋左傳》，曾國藩言：「如《書》之〈皋陶謨〉、〈無逸〉、〈召誥〉，及《左傳》季文子、魏絳等諫君之辭皆是。」舉凡三代聖賢陳說其君，列國臣子為國君謀者多屬之。是奏議之體不獨原於《尚書》，亦出於《左傳》也。

奏議體之見於《左傳》者，類皆明允篤誠，辨析疏通，誼忠而辭美。有諷諫周王者，如富辰諫周襄王以狄伐鄭等是。有諍諫其君者，如石碏諫寵州吁、臧僖伯諫觀魚、臧哀伯諫納郜鼎、御孫諫刻桷、士蔿諫伐虢、里克諫使太子伐東山、宮之奇諫假道、臧文仲諫卑邾、屠蒯諫晉侯、鮑文子諫伐魯、伍員諫吳王許越成、子胥諫伐齊，皆是也。又有論諫執政者，如郤缺請歸衛地、臧孫紇論詰盜、祁奚請免叔向、聲子請復椒舉、子產論晉侯疾、祁午戒趙文子、史墨論季氏出君等是之，此皆後世奏議之文也。左傳又有議對之文，如魏絳對戮揚干、鄧曼對楚子戒莫敖、秦百里對乞糴、鄭子產對晉人問陳罪、子革對靈王、子貢對衛出君、芋尹無宇對楚子，要皆周爰諮謀，審事合宜。由是言之，奏疏議對不惟《尚書》

具之，《左傳》亦頗備其體也。

四、書說體

書說體者，人際往來相互應對之辭也。《文心雕龍．書記》謂：「春秋聘繁，書介彌盛：繞朝贈士會以策，子家與趙宣以書，巫臣之遺子反，子產之諫范宣，詳觀四書，辭若對面。」姚鼐《古文辭類纂．書說類》亦云：「書說類者，昔周公之告召公，有〈君奭〉之篇。春秋之世，列國士丈夫或面相告語，或為書相遺，其義一也。」林紓《春覺齋論文》亦謂：「古曰書記，今曰與書。《左傳》鄭子家使執訊而與之書，與書二字，始見於此。」觀劉、姚、林三氏之言，知「與書」之一體，雖原於三代，論其名則起於《左傳》也。

故林琴南曰：「春秋去古未遠，雖辭士駁詰，而猶崇禮讓：呂相絕秦，至無禮矣，而聽者仍彬彬然。至子產於淹博中含蒼質，語語純實，書中上品也。」姚永樸《文學研究法》亦云：「書說類自《尚書．君奭》外，莫古於《左傳》〈鄭子家與趙宣子書〉，〈子產告范宣子書〉，〈叔向貽子產書〉。」姚林二氏推崇《左傳》之書說，可謂至矣，盡矣，不可復加矣。今考《左傳》，列國大夫相與往來，其文傳者甚多，舉其犖犖大者，除前述諸名篇外，它如楚屈完對齊侯、晉陰飴甥對秦伯，魯展喜犒齊師、晉解揚對楚子、齊國佐對晉人、晉智罃對楚子、魯季文子語晉韓穿、晉郤至答楚子反、鄭告晉受盟於楚、戎子駒支對范宣子、鄭子產對晉徵朝、子產對晉人問獻捷、子產對晉讓壞垣、公子歸生與趙盾書、吳蹶由對楚子、鄭子產爭承、子產答韓宣子買環、子產對晉邊吏讓登陴、子產對晉人問立駟乞、鄭子太叔對范獻子、鄭游吉對士景伯、衞祝鮀爭先蔡、楚中包胥乞師于秦、魯孔子相夾谷之會、魯子貢對吳請尋盟、周景王爲閻田辭于晉。若斯之比，要皆條暢以宣意，優柔以懌情，固書說之精品也。姚氏書說體，又有「責讓」一類，其體亦起於《左傳》：如晉重耳讓寺人披、周定王使讓申叔時、衞獻公使讓太叔文子、士文伯讓子產、晉之邊吏讓鄭、周詹桓伯責晉率陰戎伐穎，是亦書說之一體也。

五、傳狀體

傳狀體者，蓋原於史官之敘事。《史通・六家》云：「傳者傳也，所以傳示來世。」《文心雕龍・書記》云：「狀者貌也，體貌本原，取其事實。」此傳狀之義也。劉勰以爲原於《春秋左傳》，姚鼐則以爲兼本乎《尚書》。

今考《左傳》，體雖編年，而以事爲緯，人物言行，錯互其中。是以春秋名臣偉士之事迹，皆可得其本末。舉其要者言之，如齊桓之霸、宋襄之霸、晉文之霸、晉襄之霸、楚莊之霸、秦穆之霸；魯桓弒隱公、齊無知弒襄公、齊崔杼弒莊公、齊陳恆弒簡公、晉趙盾弒靈公、晉欒書弒厲公、吳闔廬弒僚、陳徵舒弒靈公；魯季氏出昭公、哀公、衛孫林父出獻公、鄭祭仲出昭公；鄭莊克段、重耳出亡、季孫專政、子產相鄭、孔子用魯、句踐滅吳，實具紀傳之體式。紀傳之體，後世皆以爲創自史遷，其實不然。今觀《史記．伯夷列傳》有「其傳曰」之言，〈太史公自序〉有「整齊其世傳」之文，〈魏世家〉《索隱》引《世本》有「其傳曰」之名，知傳體之廣用自史公，非首創也。推其本始，殆發祥於《左傳》乎？《左氏》紀傳已具規模，史公稍稍損益其體而成其書，其間嬗變之迹，不難考尋也。

《左傳》所載列傳，除前述者外，春秋名臣如介之推、柳下惠、晏平仲、鮑叔牙、鬪子文、欒喜、叔向、范蠡、季札、子臧、子貢，皆有其傳。亂臣如周之王子克、王子頹、王子帶、王子朝；魯之文姜、公孫敖、叔孫僑如；齊之商人、崔鄭；晉驪姬、欒盈、趙鞅、荀寅；宋華向、桓魋；鄭共叔段、衛州吁；楚越椒、白公勝。奸臣如晉羊舌鮒、楚子重、子反、楚費無極、楚子南等，要皆據事直書其人之事蹟，而美惡自見於言外者也。宋王當《春秋臣傳》，重編《左傳》諸臣事迹。卷末仿《左傳》作「贊曰」，值得參考。由是觀之，《左傳》體雖編年，而敘次人物，燦然自見本末，固紀傳體之蠶叢也。

六、箴銘體

箴銘體者，姚鼐《古文辭類纂》謂：「三代以來，有其體矣。聖賢所以自戒警之義，其辭尤質，而意尤深。」顏之推以爲生於《春秋》，則亦原於《左傳》也。吳訥《文章辨體》云：「周太史辛甲命百官箴王闕，而虞氏掌獵，故爲〈虞箴〉，其辭備載《左傳》（襄公四年）。後之作者，蓋本於此。」徐師曾《文體明辨》本之，謂有所諷刺而救其失者謂之箴，〈虞人〉一篇，備載于《左傳》，於是揚雄倣而爲〈十二州箴〉。

曾國藩《家訓》亦云：「凡箴以虞爲最古，乃官箴也。」林紓《春覺齋論文》亦稱：「周箴則見於《左傳》魏絳之告晉侯。所足以留爲世範者，唯一〈虞箴〉。」〈虞箴〉一篇，體義完備如此，故呂祖謙曰：「凡作箴，須用『官箴王闕』之意。箴尾須依〈虞箴〉『獸臣司原，敢告僕夫』之類。」《左傳》所載箴體，除虞人之箴外，它如魏絳諷君於后羿，楚子訓民於在勤，亦箴之類也。與箴同體而異號者，曰銘。《文章辨體》云：「銘者名也，名其器物以自警也……又有稱述先人之德善勞烈爲銘者，如春秋時孔悝鼎銘是也。」《左傳》襄十九年臧武仲論銘曰：「天子令德，諸侯計功，大夫稱伐。」

考《左傳》之銘有三：或以自矜，如禮至銘殺國子（僖公二十五年）、季武子銘得齊兵（襄公十九年）是也。或以自戒，如讒鼎之銘（昭公三年）是也。或以頌德，如正考父鼎銘（昭公七年）是也。它如《左傳》論置閏（文公元年），典奧質勁、似頌似銘，已爲焦延壽《易林》、揚子雲〈官箴〉之祖。由此言之，箴銘體原於《左傳》，固信而有徵也。

七、頌贊體

頌贊體者，所以美盛德而述形容，定褒貶而致厚意也。本原於《詩》，《詩》之云亡而《春秋》作，故亦根原於《春秋》。頌之爲體，初主告神，後乃變而爲頌人，其本字當作「誦」。《文心雕龍．頌讚》云：「晉輿之稱原田，魯民之刺裘韠，直言不詠，短辭以諷。邱明子高，並謂爲誦。」誦之見於《左傳》者，有輿人之誦（僖公二十八年）、侏儒之誦（襄公四年）、茅鴟之誦（襄公二十八年）、子產之誦（襄公三十年）。推其原始，則亦歌之流亞也。

陳騤《文則》壬謂：「歌之流也，又別爲三：一曰謠，二曰謳，三曰誦。周謠鸜鵒，晉謠龍鶉；城者築者，所謳不同；國人輿人，其誦亦異。雖皆芻詞，猶可觀法，備見《左氏》，采其尤乎？」可見頌體之周備於《左傳》。贊之爲體，本史家褒貶之詞，《左傳》有「君子曰」一體，乃《史》《漢》以降史書論贊之發源也。《左傳》「君子曰」，雖多經之新意，不盡關乎褒貶；然亦有議論中，頗見美刺者，如《左氏》論秦伯用孟明，秦伯以三良爲殉、莒恃陋不備、祁奚能舉善、范宣子讓、駟歂殺鄧析、郲黑肱來奔，皆約文集義，寓以美刺。又如季札觀樂，縱論國風，一頓一折，詠歎低回，極鋪張曲至之能事，可謂頌贊體之神品矣。

宋眞德秀《文章正宗》謂：「贊頌體式相似，貴乎贍麗宏肆；而有雍容俯仰頓挫起伏之態，乃爲佳作。」唯《左傳》足以當之。而《文體明辨》謂贊之體有三：一曰雜贊，二曰哀贊，三曰史贊，《左傳》皆粲然大備，觀前述文字可知矣。

八、辭賦體

《古文辭類纂》云：「辭賦類者，風雅之變體也。」辭者，言之文，《左傳》所謂子產有辭者是也。賦者，《文心雕龍．詮賦》云：「至如鄭莊之賦大隧，士蔿之賦狐裘，結言扐韻，詞自己作，雖合賦體，明而未融。」徐師曾《文體明辨序說》亦曰：「古者諸侯卿大夫交接鄰國，揖讓之時，必稱詩以喻意，以別賢不肖，而觀盛衰。如《春秋傳》所載晉公子重耳之秦，秦穆公享之，賦〈六月〉；魯文公如晉，晉襄公饗公，賦〈菁菁者莪〉；鄭穆公與魯文公宴于棐，子家賦〈鴻鴈〉；魯穆叔如晉，見中行獻子，賦〈圻父〉之類。皆以吟詠性情，各從義類。故情形於辭，則麗而可觀；辭合於理，則則而可法。使讀之者有興起之妙趣，有詠歌之遺音。揚雄所謂『詩人之賦麗以則』者是已。此賦之本義也。」《左傳》載賦詩之事，凡三十六，十九爲誦古，即誦《詩經》之詩也。其造篇者，惟鄭伯與其母賦而相見之事而已。觀《左傳》之賦，乃原始之賦體，實歌詩之致用。雖與屈宋等所作不同、固是賦體之祖。是後之文體，亦由此而分。故附記於此，以備溯原者之考證焉。若夫左傳《賦詩》之大略，可參楊向時撰《左傳賦詩引詩考》，以及本書第五章〈歌詩致用之珠澤〉。

九、哀祭體

哀祭體者，《經史百家雜鈔》所謂人告於鬼神者也。《文心雕龍．哀弔篇》云：「哀者依也，悲實依心，故曰哀也。以辭遺哀，蓋不淚之悼，故不在黃髮，必施夭昏。昔三良殉秦，百夫莫贖；事均夭橫，〈黃鳥〉賦哀，抑亦詩人之哀辭乎？」又〈誄碑篇〉云：「誄者累也，累其德行，旌之不朽也……自魯莊戰乘邱，始及於士。逮尼父卒，哀公作誄，觀其憖遺之切，嗚呼之歎，雖非叡作，古式存焉。」

哀祭之體，顏劉二氏皆以爲原乎《禮》，實則《左傳》已具備之。

左傳之文屬哀祭之體者有九：一曰告文，古者達其意於鬼神者稱之。見於《左傳》者，如季梁引祝史告文（桓公六年），呂相言昭昊天上帝秦三公楚三王（成公十三年），杜洩告叔孫之殯（昭公五年），宋寺人柳坎用牲埋書而告公（昭公六年），魏太子昭告先皇祖文王烈祖康叔文祖襄公（哀公二年）皆是也。二曰祈禱文，祭祀求神賜福者也。如秦伯以璧祈戰（文公十二年）、晉范文子因君祈死（成公十七年）、共王祈冢適（昭公十三年）、衞蒯聵禱戰（哀公二年）、荀偃趙鞅禱辭皆是。薛鳳昌《文體論》以爲起於六朝，未免失考。三曰弔辭，慰災變之詞也。任昉《文章緣起》以爲始於賈生之弔屈原，然《左傳》載：「宋水鄭火，行人奉辭，故同弔也。」（文心哀弔）不撫社稷，襄公使弔衞君（襄公十四年）；晉築虒臺，史趙翻賀爲弔（昭公八年），蓋弔辭胚胎於《左傳》也。四曰哀辭，情主於痛傷，辭窮乎愛惜者，如《左傳》之賦黃鳥，以哀三良（文公六年）是也。五曰誄辭，亦以《左傳》魯哀公誄孔子（哀公十六年），爲最古。

六曰盟辭，盟會祝告要質於神明者也。如祝柯之盟（襄公十九年）、葵丘之盟（僖公九年）、宛濮之盟（僖公二十八年）、清丘之盟（宣公十二年）、踐土之會（僖公二十八年）、夾谷之會（定公十年）、士燮與楚之盟（成公十二年），並有其盟辭。盟辭書於簡冊，則謂之載書，戲之盟（襄公九年）、亳之盟（襄公十一年）、踐土之盟（定公四年），並有載書；祝襄亦曾以載書告皇非我（哀公二十六年），是其類也。七曰誓辭，與盟辭同類，皆為約信之辭，所謂祈幽靈以取鑒，指九天以為正，感激以立誠、切至以敷詞者也，如趙簡子之誓（哀公二年），楚公子棄疾之誓（昭公六年）是也。其它，《左傳》又有挽辭，如虞殯拂謳（哀公十一年）是也。又有詛辭，如鄭伯詛射潁考叔者（隱公十一年），魯季武子施氏陽虎詛諸五父之衢，（襄公十一年、昭公五年、定公六年）是也。又有祝文，《左傳》多見祝史之名，惜未載其祝文。由《左傳》所載，多告文、祈禱文、弔辭、哀辭、誄詞、盟辭、誓辭、輓詞、詛辭觀之，哀祭之體，實大備於《左傳》也。

十、敘記體

敘記體，所以記事者也。為曾國藩《經史百家雜鈔》特創之分類，前此所未有。其後黎庶昌《續古文辭類纂》，亦列有此體。《經史百家雜鈔・序例》云：「經如《書》之〈武成〉、〈金縢〉、〈顧命〉，《左傳》記大戰，記會盟，及全編，皆記事之書。《通鑑》法《左傳》，亦記事之書也。」《左傳》最長於敘戰，《春秋》三十有四戰，《左傳》皆詳其原委。尤以十大戰之記述，最見風致：王鄭繻葛之戰（桓公五年）、秦晉韓之戰（僖公十五年）、宋楚泓之戰（僖公二十二年）、晉楚城濮之戰（僖公二十八年）、晉楚邲之戰

（宣公十二年）、秦晉麻隧之戰（成公十三年）、晉衛齊鞌之戰（成公二年）、晉楚鄢陵之戰（成公十六年）、吳楚柏舉之戰（定公四年）、吳齊艾陵之戰（哀公十一年），皆以簡勁生動之筆觸，作錯綜複雜之敘述。能令千載而下，如見其人，如聞其聲，若閱簿領、若陳几案，所謂「能狀難寫之景，如在目前」者也。《左傳》記述春秋盟會，凡一百餘事，或關於政治，或關於軍事，或關於經濟。其類有九：兩盟（特盟）、參盟、同盟、合盟、公與大夫盟、大夫特盟外諸侯、大夫盟、來盟、涖盟（詳王樵《春秋輯傳・凡例》），亦唯《左傳》述其事件本末。不特此也，《左傳》全編，皆敘記之體也。近人糜文開稱美《左傳》之敘事，以爲足與希臘史詩《伊里亞德》、《奧狄賽》相媲美；更可與印度史詩《摩訶婆羅多》（大戰書）相頡頏。且希、印之神話史詩，祇是文學；而《左傳》非但爲文學之傑作，又爲眞實之歷史（《中國文學欣賞》頁八三）。洵哉此言也！《左傳》敘事之善者，除描繪戰役外，如記述晉重耳出亡（僖公二十二年），楚共王遺命（襄公十三年）、臧孫紇出奔（襄公二十三年）、晉向戌弭兵（襄公二十七年）、魯昭公去國（昭公二十五年）、冉有敗齊師（哀公十一年）等，要皆完贍詳盡，流暢宣達，皆敘事之有風韻者也。

姚永樸《文學研究法》謂：「《左傳》記事，最長在總挈列國時勢，縱橫出入，無所不舉。故局勢雄遠，包羅宏麗。二百餘年，天子諸侯盛衰得失，具見其中。」可謂知言！若夫《左傳》敘事之藝術，詳本書第九章，互參可也。

十一、典志體

典志體者，所以記政典者也。與敘記體同爲曾國藩所特創，前此未之有也。舉凡開物成務之迹，兵刑禮樂之用，而可爲萬世常法者，斯足以稱爲典志。曾國藩以爲：「大致典禮之類，非博學通識殆庶之才，烏足以涉其藩籬哉？」此體之難能可貴有如此者，故後世古文，並不多見。

《左傳》敘記典章制度，散見於全篇者多矣，舉其要者言之，論禮教者，如劉康公論禮之本（成公十三年）、衛北宮文子以威釋禮（襄公三十一年）、晉女叔齊識昭公不知禮（昭公五年）、孟僖子言禮教出於孔氏（昭公七年）、鄭子太叔述子產之論禮（昭公二十五年），皆是也。其述軍制，曰衷、曰覆、曰要、曰萃、曰横，是所謂兵謀也。曰荊尸、曰魚麗、曰鸛鵝、曰支離之卒、曰左右句卒，是所謂兵陣也。曰蒙馬以虎皮，曰燧象以奔師，是所謂出奇制勝也。乃至於季梁請下楚攻其右（桓公八年）、曹劌論戰長勺（莊公十年），宮之奇言虞虢脣齒（僖公五年）、宋子魚論泓之戰（僖公二十二年）、晉張侯論旗鼓（成公二年）、知武子三分四軍困楚（襄公九年）、伍員爲三師肄楚（昭公十三年），皆論兵伐謀之可師法者。其論典制，則如隱公問羽數（隱公五年）、桓公問名（桓公六年）、衛甯武子論祀相（僖公三十一年）、臧宣叔論上中下卿（成公三年）、絳人論山崩（成公五年）、申豐論藏冰（昭公四年）、薳啓彊論朝享（昭公五年）、叔向論朝聘會盟（昭公十三年）、叔孫昭子大史論日食（昭公十七年）、郯子論官名（昭公十七年）、齊虞人辭招（昭公二十年）、子太叔與趙簡子論禮（昭公十七年）、晏子論禮（昭公二十二年）、孔子論嘉禮不野合（定公十年）、楚昭王命祀（哀公六年），是其例也。

要之，《左傳》之言典志者，可分郊祀、朔閏、蒐狩、城築、灾異五類，詳吳闓生《左傳微》卷十二，韓席籌《左傳分國集註》卷三〈魯〉，不贅。由是觀之，則典志體實以《左傳》爲不祧之宗也。

《左傳》之文章體裁，除依據姚氏、曾氏二家所分歸爲十一類外，又有不在此十一類之中，而爲後世文體之一者，如諧隱是也。《文心雕龍．諧讔》曰：「昔華元棄甲，城者發〈睅目〉之謳；臧紇喪師，國人造〈侏儒〉之歌；並嗤戲形貌，內怨爲俳也。」其例一見於《左傳》宣二年，一見於襄四年。諧之言皆也，辭淺會俗，皆悅笑也。讔者，隱也，遯辭以隱意，譎譬以指事也。《文心雕龍》舉例曰：「昔還社求拯于楚師，喻眢井而稱麥麴（宣公十二年）；叔儀乞糧于魯人，歌佩玉而呼庚癸。」（哀公十三年）後世詩歌如吳歌西曲之諧隱雙關，其或胎源於此乎？據姚、曾二氏文體之分類，《左傳》所無者，唯序跋、贈序、碑誌、雜記四體而已，其它多有之，可見後世諸文體，已粗備於《左傳》。下迨戰國，諸子爭鳴，文體始稱完備，說詳章學誠「文體備於戰國說。」（《文史通義．詩教上》）文體之能備於戰國者，必前有所承；考其所承，當以《左傳》爲大宗也。

註釋

① 「文體」一詞，本指文學中所表現之藝術形相。自《文心雕龍》以降，迄乎元代，要皆能辨。然自明代文章選家若吳訥之《文章辨體》、徐師曾之《文體明辨》、賀仲來之《文章辨體彙選》，錯會前賢之意，於是文類與文體混同爲一，幾不能辨。「文體」之本義既晦，由是明清以來，遂誤認《文心雕龍》上篇爲「文體」論。其實，《文心雕龍》上篇所言爲數二十之文章分類，彥和未嘗稱之爲體也。《文心》下篇所述文學中之藝術形相，此乃所謂文體也。說詳徐復觀《中國文學論集》，頁四~十二，〈文心雕龍的文體論〉，(3) 對文心雕龍文體觀念的誤解。本章所稱之文體，實即文類。所以沿前人之誤者，蓋語文約定而成俗；今俗既以稱文類，故不妨從俗也。

② 本章各節所舉文例，多採自眞德秀《文章正宗》，呂祖謙《春秋左傳類編》，唐順之《左氏始末》，陸修祜《讀左分類選目》，以及有關文體源流之書籍，間有出於自得者。

第二章

語文研究之珍藪

語文第二

語言文字，爲人類社會表情達意之工具。人類智慧之成長，文化之累積發展，皆拜受其賜。文學也者，尤爲人類智慧之結晶。思想文化之寄託，更藉語言文字以表現之。不惟文學之本質，受語言文字所含之思想文化影響；即文學之流變與類型，亦直接受語言文字所左右。語文之於文學，關係之密切，可勝道哉？故相如作《凡將》，終軍言《爾雅》，揚雄著《方言訓纂》，班固撰《續訓纂》，凡專以詞章顯者，未有不考究於語言文字者。

夫以其選義按部，考辭就班，故發而爲文，無不趣幽而旨深，廣大而精微。韓愈言：「凡爲文詞，宜略識字。」（科斗書後記）又曰：「文從字順各識職。」（南陽樊紹述墓誌銘）洵知言也。顧炎武亦云：「讀九經必自考文始。」（答李子德書）張之洞則謂：「由小學入經學者，其經學可信。」（《書目答問·姓名略》）良以經傳爲周秦之書，多古言古字，非深通語言文字之學，實不足以入其堂奧。故欲專治周秦之學術，非先明語文之學不可。

《左傳》者，春秋定、哀之際魯太史左丘明之所作，其書最多古字古言，爲春秋古文之總歸，實研考上古語文之珍藪也。蓋時有古今，地有南北，人有雅俗，故語文之用，亦隨之遷化。《文心雕龍·練字》云：「若夫義訓古今，興廢殊用，字形單複，妍媸異體。心既託聲於言，言亦寄形於字，諷誦則績在宮商，臨文則能歸字形矣。」語言者，心志之表徵；而文字者，又語言之宅宇也。古語既散而無稽，欲窺其大凡，唯考文字。以文字代語言，雖展轉隔礙，即器以求道，要不失其神貌也。故《史通．言語》稱：「戰國之前，言皆可諷詠，非但筆削所致，良由體質素美，……則知時人出言，史官入記，雖有討論潤色，終不失其梗概者也。」由此觀之，今欲上窺春秋時代之語言狀況，以《左傳》記言之文為階梯，順指以求月，自可得其彷彿也。

況華夏文字特性之一，為富含表意功能，形在而聲亦在焉，是以雖時歷千載，地涉萬里，而書同文字，不隨境遷。故因文字以求語言，亦大略可知。晚近語言學之研究，分語音、語法、詞彙三端；文字學之研究，分文字、聲韻，訓詁三科，今從之，以論證《左傳》之語文價值。

第一節 《左傳》之語言學價值

語言者，民生日用傳情達意之重要媒介，亦其時學術文化及一切社會情狀之所託者也。後之知今，今之識古，皆唯語言是賴，有承先啓後，繼往開來之功焉。中國語為單音綴之孤立語，與印歐語之複音綴、屈折性（inflection）、黏合性（agglutination），固大相逕庭也[1]。中國語言既有如此特性，故以文字代語言，各循其聲，遂成一即形存音并存其義之書寫世界語。形音義三者綰合不分，猶人之形影神相隨不離也，故中國語言雖有古今通塞，南北是非，然執文字以推求，猶可考見彼時語言之概況也。

瑞典漢學家高本漢《中國語言學研究》云：「中國具有廣大之古典文學，縱令讀者不知撰作時之詞音爲何，依然能讀能懂……若中國亦採拼音文字，而摹錄各個不同時代之讀音，吾人勢必被迫而須學習同一語詞若干世紀來之種種不同拼法。」高氏所著《中國語與中國文》亦謂：「這個大國裏，各處地方都能彼此結合，是由於中國的文言，一種書寫上的世界語，做了維繫的工具。假使采取音標文字，那這種維繫的能力就要摧破了。」第三章

文言爲吾國書寫上之世界語，雖經文飾雕斲，與發乎口舌之語不盡符同，然自是彼時之詞彙、語音、與語法也。由此觀之，《左傳》所載，實有最豐富之語言學資料，頗足考鏡焉。今謹就詞彙、語音、語法三端，擇要舉例如下，裨知夫《左傳》之語言學價值也。

一、詞彙

詞彙者，爲構成語文之最根本單位，民生日用表情達意不可或缺之原素也。《文心雕龍·章句》謂：「夫人之立言，因字而生句，積句而成章，積章而成篇。篇之彪炳，章無疵也；章之明靡，句無玷也；句之清英，字不妄也；振本而末從，知一而萬畢矣。」雖裁文匠筆，篇有短長；高論燕語，言有小大，固皆以詞彙爲本也。

詞彙既爲表情達意之媒介，不離人生日用，故語彙之涵意，多具地域之色彩，尤富時代之特徵。《左傳》一書，備載春秋列國事蹟，據事直書，遂多存錄列國方言。清趙坦《寶甓齋札記》曾稱：左丘明採取列國史書，爲《春秋》作傳，故其文多方言，註疏或未盡釋，如隱公十一年傳：「餬其口於四方」，言餬，庇寄也。齊、魯、宋、衞、陳、晉、汝、潁、荊州、江淮之間曰庇，或曰寓，寄食爲餬。桓二年傳：「藻率鞞鞛」，《方言》：「劍削，自關而西謂之鞞。」十八年傳：「公謫之」，《方言》：「謫，怒也」。郭註：「相責怒也。」莊四年傳：「授師孑焉」，《方言》：「戟，楚謂之釨」。杜注：「楊雄《方言》：孑者，戟也。」（案：今本《方言》無此文，釨與孑同。）十四年傳：

「生堵敖」，《說文》：杜云：「楚人謂未成君爲敖。」二十二年傳：「莫之與京」，《方言》：「京、奘、將，大也。齊楚之郊或曰京。」二十四年傳：「刻其桷」，《說文》：「秦名爲屋椽，周謂之榱，齊魯謂之桷。」《釋文》引《字林》云：「齊魯謂榱爲桷。」僖四年傳：「供其資糧扉屨」，《方言》：扉屨，麤履也，青袞之郊謂之扉（音翦），自關而西謂之屨。「祭地地墳」，《方言》：「墳，地大也。青幽之間，凡土而高且大者謂之墳。」十五年傳：「小人恥失其君，而悼喪其親」。《方言》：「矜、悼、憐，哀也。秦晉之間或曰矜，或曰悼。」「不憚征繕以立圉也」，《方言》：「騫、展，難也。若秦晉之言相憚矣。」二十四年傳：「狄固貪惏」，《方言》：「惏，殘也。陳楚曰惏。」《正義》曰：方言云：「殺人取財曰惏。」（案：今本方言無此文。）《說文》：「河內之北謂貪曰惏。」三十三年《傳》：「不腆敝邑」，《方言》：「腆，厚也。」文十二年《傳》：「兩君之士皆未憖也」，《方言》：「憖，傷也。楚潁之間謂之憖」。

宣公二年《傳》：「胹熊蹯不熟」，《方言》：「胹，熟也。自關而西，秦晉之郊曰胹。」「公嗾夫獒也」，《方言》：「秦晉之西鄙，自冀隴而西使犬曰哨。」《玉篇》引《方言》云：「秦晉冀隴謂使犬曰嗾。」四年《傳》：「伯棼射王汰輈」，《方言》：「轅楚衞之間謂之輈。」「吾先君文王克息獲三矢焉」，《方言》：「箭，自關而東謂之矢。」「楚人謂乳穀，謂虎於菟」。《方言》：「虎，江淮南楚之間謂之李耳，或謂之於䖘。」宣十二年《傳》：「篳路藍縷」，《方言》：「南楚凡人貧，衣被醜弊，謂之須捷，或謂之襤褸。故《左傳》曰：篳路襤褸，以启山林。」「趙叟在後」，《方言》：「叟，長老也。東齊魯衞之間，凡尊老謂之叟。」十四年《傳》：「庶有豸乎」，杜《註》：「豸，解也。」《正義》曰：「方言文。」（案：今本方言無此文。）成二年《傳》：「狄卒皆抽戈盾冒之」。《方言》：「盾，自關而東或謂之瞂（音伐），或謂之干，關西謂之盾。」「賂以紀甗」，《方言》：「甑，自關而東謂之甗。」成公二年《傳》：「收合餘燼」，《方言》：「孑、蓋，餘也。周鄭之閒曰蓋，或曰孑。自關而西，秦晉之間，炊薪不盡曰蓋（蓋與燼同）。」六年《傳》：「民愁則墊隘。」《方言》：「墊，下也。屋而下曰墊。」十三年傳：「虔劉我邊陲」，《方言》：「虔、劉，殺也。秦晉宋衞之間謂殺曰劉，晉之北鄙亦曰劉，秦晉之北鄙謂賊爲虔。」「矜哀寡人」，《方言》：見僖十五年「悼喪其親」下。十七年《傳》：「公使覘之，信」。《方言》：「貼，視也。自江而北謂之貼。」（案：覘、貼音義通。）

襄公四年《傳》：「羿猶不悛」。《方言》：「悛、懌，改也。自山而東，或曰懌。」九年《傳》：「具綆缶」。《方言》：「繘，自關而東，周洛韓魏之間，謂之綆。」十八年《傳》：「中肩，兩失夾脰」。《公羊》莊十二年《傳》：「絕其脰」，何《註》：「脰，脛也。齊人語。」二十四年《傳》：「部婁無松柏」。《方言》：「冢，秦晉之間謂之墳，或謂之培，自關而東小者謂之塿。」二十五年《傳》：「今甯子視君不如奕棊」。《方言》：「圍棊謂之奕，自關而東，齊魯之間，皆謂之奕。」二十六年《傳》：「王夷師熸」。杜《註》：「吳楚之間謂火滅爲熸。」「不如使逞而歸」，《方言》：「逞，快也。自關而東，或曰逞，江淮陳楚之間曰逞。」《說文》：「楚謂疾行爲逞。」二十九年《傳》：「夏肄是屛」。《方言》：「烈、枿，餘也。陳鄭之間曰枿，晉衞之間曰烈，秦晉之間曰肄。」三十年《傳》：「子產殖之」。《方言》：「殖，立也。昭元年傳：「請墠聽命」。《公羊》宣十八年《傳》：「墠帷」，何《註》：「埽地曰墠，齊俗名之云爾。」

昭公五年《傳》：「震電馮怒」。《方言》：「馮，怒也。楚曰馮。」郭《註》：「馮、恚盛貌。楚詞曰：康回馮怒。」七年《傳》：「僕臣臺」，《方言》：「儓，農夫之醜稱也。南楚凡罵庸賤謂之田儓。」郭《註》：「僕、臣儓，亦至賤之號也。」十八年《傳》：「撊然授兵登埤」。《方言》：「撊，猛也。晉魏之間曰撊」。十九年《傳》：「紡焉以度而去之」。《釋文》云：「裴松之註〈魏志〉云：「古人謂藏爲去，案今關中猶有此音。」《正義》曰：「字書去作弆，羌莒反，謂掌物也。今關西仍呼爲弆，東人輕言爲去，音莒。」二十一年《傳》：「鄭翩願爲鸛，其御願爲鵝」。《方言》：

「雁，南楚之外謂之鵝。」二十五年《傳》：「徵褰與襦」。《方言》：「袴，齊魯之間謂之襬。郭《註》：「《傳》曰徵襬與襦。」二十六年《傳》：「苑子剕林雍，斷其足」。《正義》曰：「江南謂刀擊爲剕。」定四年《傳》：「越在草莽」。《方言》：「莽，草也。南楚曰莽。」九年《傳》：「盡借邑人之車，鍥其軸」。《方言》：「輨謂之軸。」哀三年《傳》：「猶拾瀋也」。《釋名》云：「宋魯人皆謂汁爲瀋。」《釋文》云：「北土謂汁爲瀋。」四年《傳》：「諸大夫恐其又遷也，承」。杜《註》：「蓋楚言。」五年《傳》：「何黨之乎」。杜《註》：「黨，所也。《公羊》文。」十三年《傳》：「往黨衛侯會公於沓」，何《註》：「黨，所也。所猶時，齊人語也。」十一年《傳》：「人尋約」。《方言》：「尋，長也，海岱大野之間曰尋。」十四年《傳》：「澤有介麋焉」。《方言》：「介，特也，獸無耦曰介。」此皆列國方言也。

若夫列國官名，亦頗具地方色彩：如晉之中行，宋之門尹，鄭之馬師，秦之不更、庶長，皆他國所無。而楚尤多，有莫敖、令尹、司馬、太宰、少宰、御史、左史、右領、左尹、右尹、連尹、鍼尹、寢尹、工尹、卜尹、芋尹、藍尹、沈尹、清尹、莠尹、囂尹、陵尹、郊尹、樂尹、宮廄尹、監馬尹、揚豚尹、武城尹，其官名大抵異於他國《日知錄》卷四。錄之如上，以備考證。

所謂詞彙尤富時代之特徵者，謂詞彙常因古今之異而涵意不同也。《左傳》爲春秋時文字，故語意多有與後世殊別者。觀其遣詞造句，多爲古本義，如男爲人臣，女爲人妾之「臣」「妾」（僖公十七年）。一鼓作氣再而衰（莊公十年）、一之謂甚，其可再乎之「再。」（僖公五年）原田每每之「每」（僖公二十八年）、狄人歸其元之「元」（僖公三十三年）、以勸事君者之「勸」（成公二年）、咨難爲謀之「謀」（襄公四年）、穆公訪諸蹇叔之「訪」（僖公三十二年）、虔劉我邊陲之「劉」（成公十三年）、郈氏爲之金距之「距」（昭公二十五年）、循牆而走之「循」（昭公二十三年）、及衝擊之以戈之「衝」（昭公元年）、野人與之塊之「塊」（僖公二十三年）、走出遇賊於門之「走」（莊公八年）、首其請於寡君而以釁於宗之「宗」（成公三年）、寢門闢矣之「闢」（宣公二年）、臧紇斬鹿門之關以出之「關」（襄公二十三年）。凡此，皆字之本義也。而詞意之變遷，《左傳》亦多有之：如「百姓」本爲百官之稱（《尚書·堯典》），《左傳》則用爲人民之意：「百姓」絕望（襄公十四年）、俾我一人無徵怨于「百姓」（昭公三十二年）、靳艾「百姓」（哀公二年）是也，此語意變遷之擴大式也。「佞」本泛指有才，而《左傳》寡人不「佞」，其不能以諸侯退矣（成公十三年），專指口才，是爲語意變遷之縮小式例也。「逆」字之本義爲迎，《左傳》所謂目「逆」而送之（桓公一年）、齊侯來「逆」共姬（莊公十一年）是也。然《左傳》另載：所謂六逆、去順效逆（隱公三年）、逆祀（文公二年），則與迎意相左，此語意變遷之轉移式也。若斯之比，其徒寔繁，要皆語言學之瑰寶也。

尤其難能可貴者，左傳詞彙乃後世成語及典故之淵藪，爲語言文字不可或缺之資材。言語行文援引成語典故，吾人謂之用典。吐詞綴文而能適切用典，不惟可以豐富語文之詞彙，使語文臻於形象化；更可藉以加強語文之穩固性，使語文經濃縮而達精要凝鍊之境。且由於成語典故繼往開來之運用，古代之語法規律與虛詞現象得以徵存不亡。要之，成語與典故對語文之發展，富有調節之作用；除此之外，在文學語言上，成語典故尤能促進語文之全民性②。其於情意之交通作用，實無異全民族共用通行之貨幣也。茲輯錄《左傳》之詞彙，關涉成語典故者，列之於後，亦考察語文本源之一助也夫！

所謂成語，爲於古有徵之固定詞組，其於語文發展之重要，說已具前。晉范甯《穀梁集解・序》稱《左氏》：「豔而富」，唐劉知幾《史通・雜說上》推崇《左傳》敘事，以爲「工侔造化，思涉鬼神，著述罕聞，古今卓絕」。因此，《左傳》敘事詳備本末，記言微婉流靡，浩博富豔，遂成爲歷代辭章華藻取資之源頭活水。後世文學與口語使用之成語，出於《左傳》者夥頤。如多行不義必自斃（隱公元年）、治絲益棼、衆叛親離、玩火自焚（隱公四年），怙惡不悛（隱公六年）、糊口四方、度德量力（隱公十一年）、不知量力（隱公十一年、僖公二十年）、父慈子孝（隱公三年、昭公二十六年）、目迎目送（桓公元年）、誅心之論（桓公二年、宣公二年）、齊大非耦（桓公六年）、善自爲謀（桓公六年、文公七年）、毀軍示羸（桓公六年）、匹夫無罪，懷璧其罪（桓公十年）、師克在和（桓公十一年）、城下之盟（桓公十二年、文公十五年、宣公十五年），趾高氣揚（桓公十三年）、噬臍莫及（莊公六年）、一鼓作氣、肉食者鄙（莊公十年）、一女不嫁二夫、妖由人興（莊公十四年）、罪莫大焉（莊公十九年、僖公二十三年、僖公三十三年、昭公五年），哀樂失時、幸災樂禍（莊公二十年、僖公十四年），五世其昌（莊公二十二年）、歌舞昇平（莊公二十年、襄公三十一年）、物莫兩大（莊公二十二年）、宴安酖毒閔公元年、帥師專行謀閔公二年、筮短龜長、一薰一蕕僖公四年、一之謂甚僖公五年、朝不及夕、予取予求僖公七年、縱敵示弱僖公八年、僖公三十三年、天威不違顏咫尺、竭其股肱、弱不好弄、送往事居、言歸於好、耦俱無猜僖公九年，欲加之罪何患無詞、幣重言甘僖公十年、天災流行僖公十三年、皮之不存毛將焉傅僖公十四年、下風逖聽、皇天后土、水土不服、衆怒難任僖公十五年、吉凶由人僖公十六年、明恥教戰僖公二十二年、溫文有禮、秦晉之好僖公二十三年、成公十三年、志在四方僖公二十三年、白水盟心僖公二十四年、室如縣罄僖公二十六年、表裏山河、知難而退、同罪異罰、不可爲訓、舍舊謀新僖公二十八年、以亂易整僖公三十年、秣馬厲兵僖公三十三年、縱敵患生、違天不祥、相敬如賓僖公三十三年、兄友弟恭僖公三十三年、文公十八年。

又如夙夜匪懈文公三年、敵愾同仇文公四年、備預不虞、秣馬蓐食文公七年、襄公二十六年、先人奪心、言猶在耳文公七年、鋌而走險文公十七年、成公九年、畏首畏尾文公十七年、地平天成、毀信廢忠文公十八年、殺敵致果、殘民以逞、書法不隱宣公二年，螭魅罔兩、吉人天相宣公三年、昭公四年、狼子野心宣公四年、昭公二十八年、惡貫滿盈宣公六年、唯命是聽、知難而退，剛愎不仁、中權後勁、篳路藍縷、民生在勤，勤則不匱、禁暴戢兵、兼弱攻昧、遵養時晦、整軍經武、先聲奪人、困獸猶鬥、非所敢望宣公十二年，劍及屨及宣公十四年、高下在心、含垢納汙、爾虞我詐、瑾瑜匿瑕、庸庸祗祗宣公十五年、喜怒以類宣公十七年、唯器與名不可以假人、賈余餘勇成公二年、郭公夏五桓公十四年、莊公二十四年，唯命是聽宣公十二年、成公二年，非我族類成公四年、福仁禍淫、避重就輕成公五年、罷於奔命成公七年、襄公二十六年，一與一奪、從善如流成公八年、痛心疾首、戮力同心、爲民干城成公十三年、懲惡勸善成公十四年、唯命是聽、內憂外患、甚囂塵上、好整以暇成公十六年、始願不及、恭儉孝弟成公十八年。

又如口血未乾襄公九年、衆怒難犯襄公十年、哀公二十五年、篳門閨竇襄公十年、有備無患、居安思危襄公十一年、足高視躁襄公十三年、前挽後推、狐裘羔袖襄公十四年、實慰我心、寢苫枕草、區區之數襄公十七年，外舉不避怨襄公二十一年、生死肉骨、襄公二十二年、昭公二十五年、姦回不軌、美疢不如惡石、晝伏夜動襄公二十三年、言之無文，行而不遠、視民如子、自今以往襄公二十五年，塞井夷竈襄公二十五年、襄公二十六年、襄公十四年、成公十六年，楚材晉用襄公二十六年、譆譆出出襄公三十年、人心不同，各如其面，人生幾何、操刀傷錦、貪多無厭、賓至如歸襄公三十一年，包藏禍心、由是觀之、翫歲愒日昭公元年、道殣相望昭公三年、一臧一否昭公五年、逋逃之藪昭公七年、弁髦法令、拔本塞原昭公九年、翠被豹舄、寢食難安，摩厲以須昭公十二年、同惡相求、衆怒如水火昭公十三年、一共一否昭公十六年、除舊布新昭公十七年、回祿之災、上陵下替昭公十八年、剝亂反治昭公十九年、寬猛並濟、獻可替否昭公二十年、蠢蠢欲動昭公二十四年、喪心病狂、天經地義、戮力壹心、喜怒哀樂昭公二十五年、小心翼翼昭公二十六年、不索何獲昭公二十七年、尤物移人、惡直醜正、甚美必有甚惡昭公二十八年、欲蓋彌章昭公三十一年、嘖有煩言定公四年、大德滅小怨定公五年、三折肱知爲良醫定公十三年、器二不匱哀公六年、一夕三遷哀公八年、食言而肥哀公二十五年、愎而好勝哀公二十七年。

其它又有百姓日用而不知其出典，實則胎原於《左傳》者，如覬覦桓公二年、觀光莊公二十二年、歸寧十七年（莊公二十七年）、未亡人（莊公二十八年、成公十四年）、逆旅（僖公二年）、瑕疵（僖公七年）、藐諸孤（僖公九年）、食言（僖公十五年）、波及（僖公二十三年）、蒙塵（僖公二十四年）、效尤（文公元年）、正德、利用、厚生（文公六年）、倒戈（宣公二年）、染指（宣公四年）、挑戰（宣公十二年）、屬目（成公二年）、藉口、分謗（成公二年）、蟊賊（成公十三年）、息肩（襄公二年）、立德、立言、立功（襄公二十四年）、觀止（襄公二十九年）、掠美（昭公十四年）、客氣（定公八年）、卵翼（哀公十六年），是其例也。

至於唯力是視（僖公二十四年）、唯命是聽（宣公十二年、成公二年、成公十八年），唯利是視（成公十二年）、唯命是從（昭公十二年）、馬首是瞻（襄公十四年）、乃今而後（襄公七年）、史不絕書（襄公二十九年）、何痛如之（昭公九年）、貪求無厭（襄公三十一年）、不寧唯是（昭公元年）、人誰不死（昭公二年、昭公二十五年、定公十四年）、不知所從（昭公三十年、哀公九年）諸成語，尚保存若干春秋時代之語法形式，從可知詞彙於語言學之價值。

典故者，爲古代傳說或歷史故事濃縮而成一固定之句子或詞組者。典故之爲物，於人文之傳承，既有繼往開來之作用，又有博學約文之效果。適切運用，更能令文章委婉、含蓄、典雅、風趣、精鍊與曼妙。故追求典雅之駢文與詩詞，尤以用典爲其靈魂。《左傳》最精工於敘事，原始要終，多得其體要。所載古代傳說與歷史事迹多矣，後世唯美文學所謂之隸事用典，亦以《左傳》爲武庫也。如黃泉相見（隱公元年）、教子義方（隱公三年）、大義滅親（隱公四年）、人盡可夫（桓公十五年）、師克在和（桓公十一年）、瓜代有期（莊公八年）、于飛之樂（莊公二十二年）、毀家紓難（莊公三十年）、割臂之盟（莊公三十三年）、懿公好鶴（閔公二年）、風馬牛不相及僖公四年、假道滅虢、輔車相依、脣亡齒寒僖公五年、哀公八年、一國三公僖公五年、外彊中乾、閉諫違卜僖公十五年、蠭蠆有毒僖公二十二年、退避三舍僖公二十三年、僖公二十八年、心覆圖反、行將就木僖公二十四年、東道主人僖公三十年、墨絰從戎僖公三十三年、蠭目豺聲文公元年、濟河焚舟文公三年、夏日可畏，冬日可愛文公七年、不有君子，其能國乎、目動言肆文公十二年、吾謀適不用，無謂秦無人文公十三年、畏首畏尾、鹿死不擇音文公十七年、于思于思、過而能改，善莫大焉宣公二年、問鼎中原、蘭有國香宣公三年、狼子野心、食指大動宣公四年、牽牛蹊田宣公十一年、肉袒牽羊、止戈爲武、恩如挾纊、暴骨沙場、河魚腹疾宣公十二年、反正爲乏、結草報恩、鞭長莫及宣公十五年、易子析骸宣公十五年、哀公八年、桑中之喜成公二年、鍾儀楚奏、恃陋不備成公九年、病入膏肓、二豎爲虐成公十年、盜憎主人成公十五年、葵能衞足成公十七年、周兄無慧、不辨菽麥成公十八年。

又如臭味相投襄公八年、河清難俟、人壽幾何襄公八年、君子勞心、小人勞力襄公九年、南風不競襄公十八年、死不瞑目襄公十九年、食肉寢皮襄公二十一年、三不朽襄公二十四年、男女辨姓、舉棋不定襄公二十五年、不可救療、班荊道故、上下其手襄公二十六年、自鄶無譏、燕巢于幕襄公二十九年、人生幾何、賓至如歸、棟折榱崩襄公三十一年、髮短心長、屨賤踊貴昭公三年、蕞爾小國、取精用弘、食毛踐土昭公七年、尾大不掉昭公十一年、叔向遺直昭公十四年、數典忘祖昭公十五年、子產遺愛昭公二十年、嫠不恤緯昭公二十四年、髮光可鑑昭公二十八年、五行相剋襄公三十一年、哀公九年、多方誤敵昭公三十二年、封豕長蛇 定公四年、三折其肱 定公十三年、不幸言中 定公十五年、一成一旅、食不二味、生聚教訓 哀公元年、良禽擇木 哀公十一年、庚癸頻呼 哀公十三年、執牛耳 哀公十七年、枕草寢苫 哀公十七年 等等，是其例也。

亦有《左傳》用典——即引用《詩》、《書》、《易》之文——開後世用典之先河者，如自求多福 桓公六年、昭公二十八年、觀光 莊公二十二年、戰戰兢兢 僖公二十二年、宣公十六年、二三其德 成公八年、成公十三年、不皇啓處 襄公八年、甘棠遺愛 襄公十四年、遑恤我後 襄公二十五年、夙興夜寐 襄公二十六年、普天之下 昭公七年、不競不絿 昭公二十年、亢龍有悔 昭公二十九年 等等，皆綴文摛辭之所本，古代語言研究之資料，唯美文學用事之出典也。

二、語音、聲韻

文字之未造，語言先之矣；以文字代語言，各循其音。故上古語音雖已澌滅，不獲傳諸久遠，然可就文字以推求語音，即器求道，常能得其勰理。瑞典漢學家高本漢曾謂：中國之文字與中國之語言情形非常適合 張世祿譯本《中國語與中國文》頁五十。又云：「若不因爲中國語言之特殊性質，則此一方法（按：指六書）依理決無爲人發明或採用之可能。由於單音綴，詞形不變，語詞中罕見複聲母，以及韻尾之爲數有限，在在皆使語詞之形態相同，亦且造成彼此近似之大量簡短詞群，而又多可互相叶韻。是以此種造字方法，不僅事實上成爲可能，亦且最爲自然、最少困難。」《中國語言學研究》頁三十七 可見中國之文字，實由高度進化之語言所促成。文字與語言之關係，雖不若拼音文字之兩位一體，然亦如神龍之見首不見尾，有可言者。

如古代之韻語、形聲字偏旁、異文假借字之研究，皆可得古代語音之大概。此等研究，清儒已開其端，但僅限於古聲紐古韻部之析合。海通以來，泰西學者如高本漢等，則專務於古音之擬測，於是中土之學者亦風從接受。其中雖不免疏漏，要在後學之補苴求精而已。要之，自亦探究上古語音之一法也。道並行而不相悖，擷長補短，學者之事也。

清許瀚有求〈古音八例〉：曰諧聲、曰重文、曰異文、曰音讀、曰音訓、曰疊韻、曰方言、曰韻語。陳師新雄《古音學發微》，亦揭示治古音之法有八：古代韻文、說文諧聲、經籍異文、說文重文、漢儒音讀、音訓釋音、古今方言、韻書離合。二家之說，皆謂異文、諧聲、韻語，爲求古音之途徑也。

今據此，以考求左傳之上古音讀，舉例說明如下：

經傳所載，有同述一事，而文字殊異者，除譌字不論外，要皆同音之叚借字。將此異文叚借之字參較而梳理之，可以證錢大昕、章太炎、曾運乾、戴君仁等之古聲母學說。錢大昕《十駕齋養新錄》卷五謂：古無輕脣音。凡輕脣之音，古讀皆爲重脣。就《左傳》異文所見，如《詩·周頌·賚》：「敷」時繹思，《左傳》引作「鋪」宣公十二年。《詩·商頌·長發》：「敷」政優優，《左傳》引作「布」成公二年、昭公二十年。《左傳》：曲縣「繁」纓以朝成公二年，《釋文》讀如鞶帶之鞶。「便番」左右襄公十一年，《詩．采菽》作「平平」。伯有賦〈鶉之「賁賁」〉襄公二十七年，今《詩．鄘風》作「奔奔」。「匪」交匪敖襄公二十七年，《小雅．桑扈》作「彼」交匪敖。如「匪」行邁謀襄公八年，杜《注》：「匪，彼也」。毀之則朝而「堋」，昭公二十年《說文》引作「堋」，《周禮》作「窆」，《禮記》作「封」。奉壺飲冰以「蒲伏」焉昭公十二年，「扶伏」而擊之昭公二十一年，《釋文》皆云：「本或作匍匐」。凡此，皆古無輕脣音之佐證也。

錢大昕又謂：古無舌頭舌上之分，知徹澄三母，求之古音，則與端透定無異。又云：古人多舌音，後來多變爲齒音。見於《左傳》者，如公懼「隊」丁車莊公八年，《石經》引作「墜」。公會齊侯……于「檉」僖公元年，《公羊》作「朾」。公及齊侯宋公……會王世子于首「止」僖公五年，《公羊》作首「戴」。高陽氏有才子八人「檮」杌文公十八年，《說文》引作「擣」。「翟泉」僖公二十九年，《公羊》作「狄」泉。余髮如此「種種」昭公三年，《釋文》云：「徐本作董董」。使「寘」饋于个而退昭公四年，《釋文》云：本或作「奠」。膳宰「屠」蒯昭公九年，〈檀弓〉作「杜」蕢。「陳」恒執公于舒州哀公十四年，〈田完世家〉作「田」常。陳乞弑其君「荼」哀公六年，《公羊》作「舍」。齊人取讙及「闡」哀公八年，《公羊》作「彈」。凡此，皆可證《廣韻》舌音類隔說之不可信也。

章太炎先生國故論衡上，有「古娘日二紐歸泥」之說，見於《左傳》者，如不義不「暱」隱公元年，

《說文》引作「䵒」。私降「昵」燕昭公二十五年，《說文》引作「暱」。姬姓，「日」也；異姓，月也成公十六年。此以「日」月比喻「內」外也。孟縶之足不良「能」行昭公七年，或本作「弱」。其它，啟「如」忘隱公七年，《說文》引作「而」。子產「而」死，誰其嗣之襄公三十年，《呂覽・樂成》引作「若」。天王殺其弟「佞」夫襄公三十年，《公羊》作「年」夫。由此，知其古聲紐皆相同也。

曾運乾氏作喻母古讀考，以爲喻三古歸匣，喻四古歸定。見於《左傳》之例，如陳孔「奐」襄公二十七年，《公羊》作孔「瑗」。齊侯「環」卒襄公十九年，《公羊》作齊侯「瑗」卒。晉於是作「爰」田僖公十五年，何休《公羊注》作「換」田。會於「盂」僖公二十一年，《公羊》作「霍」。靖譖庸「回」文公十八年，〈堯典〉原作靜言庸「違」。「盂」黶哀公十五年，《史記・仲尼弟子列傳》作「壺」黶。故「有」得神以興莊公三十二年，一作「或」。曹人「或」夢衆君子立於社宮哀公七年，《史記・曹世家》作「有」。「或」將豐之哀公元年，《史記・吳世家》作「又」，凡此，皆喻三古讀如匣母字也。邢遷於「夷」儀僖公元年，《公羊》作「陳」儀。隨侯「逸」桓公八年，杜預《注》：「逸，逃也」。鄭人來「渝」平隱公六年，《公》、《穀》同作「輸」，《穀梁傳》云：「輸者墮也」。夫人「姒」氏薨襄公四年，《公羊》作「弋」氏。大隧之中，其樂也「融融」隱公元年，《文選・思玄賦》引作「彤彤」。晉欒「盈」出奔楚襄公二十一年，《史記・晉世家》作欒「逞」。凡此，知喻母四等字，古讀爲舌音母字也。

黃季剛先生承錢、章二氏之啓迪，亦有「照三諸紐古讀舌頭音」說，與「照二諸紐古讀精系」說（音略）。見於《左傳》者，如地名「孟諸」（僖公二十八年）、（文公十年、十六年）、（宣公十四年）、（昭公二十一年），《爾雅》亦作孟諸，《尚書·禹貢》作孟豬，惟《史記·夏本紀》作「明都」。「逐出」武穆之族（文公十八年），《集解》引賈逵注：「出，逐也」。「紂」有億兆夷人（昭公二十四年），《尚書·泰誓》原作「受」。車及蒲「胥」之市（宣公十四年），《呂覽·行論》引作蒲「疏」。公會晉侯衛侯于「瑣」澤（成公十二年），《公羊傳》作「沙」澤。齊侯盟于「沙」（定公七年），《傳》云：盟于「瑣」澤。皆其例也。

錢玄同戴君仁於古聲紐之研究，亦有邪母古歸定之說，如《左傳》昭十一年盟於祲「祥」，《公羊傳》作侵羊，是其例也。其它如紀「履綸」來逆女（隱公二年），《公羊》作「裂繻」。《小雅·南山有臺》：「洽」比昏姻，《左傳》引作「協」（襄公二十四年）。〈大雅·板〉：民之「洽」矣，《左傳》引作「協」（襄公三十一年）。〈陳風·東門之池〉：無棄「憔悴」，《左傳》引作「蕉萃」（成公九年）。譆譆出出（襄公三十年），《說文》引作俟俟詘詘。《詩·大雅·烝民》：不侮「矜」寡，《左傳》引作「鰥」（昭公元年）。「煢」余在疚（哀公十六年），《說文》引作「嬛嬛」。《詩·周頌·烈文》：四方其「訓」之，《左傳》引作「順」（哀公二十六年）。凡此異文，皆研究上古聲紐之資材也。

明陳第著有《毛詩古音考》，知時有古今，地有南北，字有更革，音有轉移，於是研究《毛詩》

之押韻，以詩自相印證，而以他書為旁證，遂否定宋人之叶韻說。其自序云：《左》、《國》、《易象》、《離騷》、《楚辭》、秦碑、漢賦，以至上古歌謠、箴銘、贊誦，往往韻與詩合，實古今之證也。」其後顧炎武《詩本音》本之，考訂古韻，以《毛詩》之音為主，經傳為副。江有誥亦師其法，作《古韻標準》、《羣經韻讀》等書。段玉裁亦師其意，作〈詩經韻分十七部表〉，〈羣經韵分十七部表〉（說文解字注六書音均表）。不惟歸納詩歌之押韻方式，亦梳理形聲字之偏旁。析分古韻雖未臻盡當，不若後出之轉精，然此乃分合之寬嚴而已，上古之韻母固已得其彷彿矣。茲將《左傳》所載歌謠箴銘誦贊之韻文，有助於推求上古韻部者，依段玉裁〈羣經韻分十七部表〉，臚列如後：晉嫁伯姬筮辭（僖公十五年），姬旗丘為韻。晉輿人誦（僖公二十八年），每謀為韻。宋城者謳（宣公二年），思來為韻。魯人誦（襄公四年），裘鮐為韻。鄉人言南蒯將叛（昭公十二年），謀志哉為韻。萊人歌（哀公五年），薶謀之為韻；以上同屬段氏古韻第一部平聲。楚丘之父卜成季（閔公二年），友右為韻。衛禮至銘（僖公二十五年），子止為韻。魯人誦（襄公四年），子使為韻。鄭輿人誦子產（襄公三十一年），誨殖嗣為韻。讒鼎銘（昭公三年），世怠為韻。南蒯鄉人歌（昭公十二年），杞子鄙恥已士為一韻；以上各韻，同屬段氏古韻第一部上聲。鸜鵒童謠（昭公二十五年），巢遙勞驕為韻，同屬段氏古音第二部平聲。晉獻卜驪姬為夫人繇辭（僖公四年），蕕臭為韻。南蒯鄉人言（昭公十二年），湫攸為韻；同屬段氏古音第三部平聲。士蔿引所聞（僖公五年），讎保為韻。虞人之箴（襄公四年），州道草擾獸牡為韻。齊人之歌（哀公二十一年），皐覺蹈憂為韻；同屬段氏古音第三部上聲。宋城人謳（宣公二年），目腹復爲韻。晉侯筮戰之辭（成公十六年），蹙目爲韻。晏子引諺（昭公三年），卜卜爲韻。鸜鵒童謠（昭公二十五年），鴝辱鴝哭爲韻；以上各韻同屬段氏古音第三部入聲。

晉獻卜驪姬繇辭（僖公四年），渝羭爲韻。魯人歌（襄公四年），儒邾爲韻。鸜鵒童謠（昭公二十五年），跦侯襦爲韻。衛繇辭（哀公十七年），竇踰爲韻；同屬段氏古音第四部平聲。正考父鼎銘（昭公七年），傴俯走侮口爲一韻。武王告諸侯之辭（昭公七年），主藪爲韻；同屬段氏古音第四部上聲。士蔿引諺（閔公元年），瑕家爲韻。卜徒父筮辭（僖公十五年），去餘狐爲韻。晉伯筮嫁伯姬（僖公十五年），孤弧姑逋家虛爲韻。伯宗引諺（宣公十五年），汙瑕垢爲韻。宋盟楚書（宣公十五年），詐虞爲韻。虞人之箴（襄公四年），家夫爲韻。宋野人歌（定公十四年），豬豭爲韻。衛侯夢渾良夫歌（哀公十七年），虛瓜夫辜爲韻；以上諸韻，同屬段氏古音第五部平聲。楚丘之父卜成季（閔公二年），社輔父所爲韻。鸜鵒童謠（昭公二十五年），羽野馬爲韻。鄭人子產誦（襄公三十一年），褚伍與爲韻；以上同屬段氏古音第五部上聲。羽父引周諺（隱公十一年），度擇爲韻。公子光引上國言（昭公二十七年），索獲爲韻；以上同屬段氏古音第五部入聲。陳敬仲引逸詩（莊公二十二年），乘弓朋爲韻。孫文子卜追之繇（襄公十年），陵雄爲韻。齊侯投壺之辭（昭公十二年），澠陵興爲韻；以上同屬段氏古音第六部平聲。

宋城人謳（襄公十七年），黔心爲韻。祈招之詩（昭公十二年），愔音金心爲韻；以上同屬段氏古音第七部平聲。

鄭莊公歌（隱公元年），中融爲韻。士蔿賦（僖公五年），茸公從爲韻；以上同屬段氏古音第九部平聲。懿氏妻占敬仲（莊公二十二年），鏘姜昌卿京爲韻。楚丘之父卜成季（閔公二年），亡昌爲韻。孔叔引諺（僖公七年），競病爲韻。晉獻筮嫁伯姬（僖公十五年），羊衁筐貺償相爲一韻。狼瞫引周志（文公二年），上堂爲韻。晏子引逸詩（昭公二十六年），商亡爲韻。莊叔筮穆子之生（昭公五年），翔廣爲韻。孔子引夏書（哀公六年），唐常方行綱亡爲韻。晉趙鞅卜救鄭（哀公九年），陽兵姜商爲韻；以上同屬段氏古音第十部平聲。

君子引逸詩（襄公五年），挺扃令定爲韻。羊舌職引諺（宣公十六年），幸幸爲韻；同屬段氏古音第十一部平聲。子臧引志（成公十五年），節節節爲韻，隸屬段氏古音第十二部入聲。卜偃引童謠（僖公五年），晨辰振旂賁焞軍奔爲韻，同屬段氏古韻第十三部平聲。讒鼎銘（昭公三年），旦顯爲韻。子產引逸詩（昭公四年），愆言爲韻；同屬段氏古音第十四部平聲。子叔嬰齊歌（成公十七年），水瑰歸懷爲韻。晉侯投壺詞（昭公十二年），淮坻師爲韻；同屬段氏古音第十五部平聲。虞叔引周諺（桓公十年），罪罪爲韻。鄭子家引古人言（文公十七年），尾幾爲韻；同屬段氏古音第十五部上聲。鄭武姜之歌（隱公元年），外泄爲韻。史佚之志（成公四年），類異爲韻。君子曰引逸詩（成公九年），蒯萃匱爲韻。楚僕區之法（昭公七年），器罪爲韻；同屬段氏古音第十五部入聲。宋人謳（襄公十七年），皙役爲韻。乞糧辭（哀公十三年），縈繫睅爲韻；同屬段氏古音第十六部入聲。宋人謳（宣公二年），皮多那皮何爲韻。子駟引周詩（襄公八年），何多羅爲韻；同屬段氏古音第十七部平聲。

由《左傳》所引詩歌、謠諺、箴銘、誦志、占筮諸韻語，可據知春秋時代韻部之大概，且可見彼時押韻方式之一斑③。三百篇中，句多則必轉韻，《左傳》所引韻文亦然。〈鸜鵒〉童謠，尤盡自然變化之能事：首二句鴝辱，及末二句鴝哭，爲一韻，屬段氏古音第三部。羽野馬，爲一韻，屬第五部。跦侯襦爲一韻，屬第四部。巢遙勞驕爲一韻，屬第二部。由此一謠，可知古人用韻之一法也。治古籍而不知聲韻之大凡，則考文不精，甚有失其句讀者，如衞侯貞卜之繇：「如魚竀尾衡流而方羊裔焉大國滅之將亡（哀公十七年）」杜注孔疏皆以「衡流而方羊裔焉」爲句，段氏沿其誤，故以尾裔爲韻（第十五部上聲）。然自顧炎武、王引之、楊樹達等，皆不韙其說。顧氏《杜解補正》謂：「當以『裔焉大國』爲句，言其邊於大國，將見滅而亡。」此言是也。蓋羊亡爲韻（屬段氏第十部），竀踰爲韻（段氏四部），先隔句用韻，而後轉韻連用。非如《正義》所謂：「繇詞之例，未必皆韻」，「或韻或不韻，理無定準」也④。

關於上古聲調之實情，諸家論說紛紜：顧炎武以爲古人「四聲一貫」，謂上古聲調無定。段玉裁以爲古無去聲，黃季剛先生以爲古但有平入二聲，王念孫、江有誥則以爲古人實有四聲，特上古之四聲不同於後代而已⑤。居今之世，欲擬測古人之聲調，唯有統計古代韻語用韻之現象，觀察分析其類別，同合而異分之，庶幾可矣。學者擬測上古聲調，《左傳》韻文可資參證者多：前所述段氏十七部之平上入聲，《左傳》韻文足資考鏡者不少。故曰：《左傳》實古代語言研究之奧區也。

若夫《左傳》記錄周王之言，尤可想見春秋前「官話」之一斑：齊桓公使管夷吾平戎於王，王曰：「舅氏！余嘉乃勳，應乃懿德，謂督不忘，往踐乃職，無逆朕命」（僖公十二年）。而衞莊公使鄢武子告嗣位於周，王曰：「肸以嘉命來告余一人。往謂叔父：余嘉乃成世，復爾祿次。敬之哉：方天之休。弗敬弗休，悔其可追！」（哀公十六年）雖文氣卑弱，不若殷周文字之樸茂，然古奧則方〈周誥〉諸篇也。且由於此，《左傳》遂保存若干古代之語言方式，實為研治古代語言學之可貴資料也。

三、語法

中國語文之詞序，遠較印歐屈折語為固定。以其固定，故詞性由詞序而顯，了無語尾變化之贅累。故中國語詞之詞性，因應歐美人士學習，雖亦分別為七，此特為學習研究便利所分。實則中國語之詞性，多隨上下文之影響而完全變更也[6]。《左傳》一書，為研治古代語言學之資材，語法資料，尤稱豐富。今謹舉例說明如下，藉窺一斑。

中國語之詞性，雖變化多端，夷考其實，亦自有條理可求。就《左傳》所見言之，如：及物動詞後無受詞者，動詞則為被動式：如有此四德者，難必「紓」矣文公六年。不及物動詞後加受格者，變為及物動詞：如為用「亡」鄭以陪鄰僖公三十年；今我「逃」楚，楚必驕襄公十年；晉人「歸」楚公子穀臣……成公三年。名詞、形容詞、不及物動詞在代名詞之前者，皆變及物動詞：然則「德」我乎成公三年，夫子所謂生死而「肉」骨也襄公二十二年，癸臣子之有寵，「妻」之襄公二十八年，不如吾聞而「藥」之也襄公三十一年。「鄙」我亡也宣公十四年，左右或「沮」之宣公十七年。公若曰：爾欲「吳王」我乎定公十年。介字「於」（于）前，只有名詞而無動詞時，則此名詞變為動詞：欒黶士魴「門」于北門襄公九年，甲戌「師」于氾襄公九年。「不」字後之名詞變動詞：兄不「友」僖公三十三年，孤不「天」宣公十二年。「所」字後之名詞、形容詞、副詞變為動詞：召而見之，則所「夢」也昭公四年。衣食所「安」，弗敢專也莊公十年。天子所「右」，則寡君亦右之；所「左」，亦左之。其字之後僅有形容詞而無名詞，則此形容詞變名詞：又收其「良」以死文公六年，世濟其「美」文公十八年。有先君之「明」與先大夫之「肅」成公二年；孔張失位，吾子之「恥」也昭公十六年。凡兩名詞相連，前者變形容詞：若舍鄭以為「東道」主僖公三十年，王皮冠「秦」復陶，「翠」被「豹」舄昭公十二年。凡動詞前之名詞，不能認為主格者，變副詞：豕「人」立而啼莊公八年，是其例也。

語法有古今之變，古代之語文，一般句子多不用主格第三人稱代名詞，故主動詞之主格，惟賴名詞之複說以表現之，否則加以省略。見於《左傳》者，如齊侯欲以文姜妻鄭太子忽，「太子忽」辭（桓公六年）；且私許復曹衞，曹衞告絕於楚（僖公二十八年）；非神敗令尹，令尹其不勤民，實自敗也（僖公二十八年）；臾駢之人欲盡殺賈氏以報焉，臾駢曰：不可（文公六年），此名詞複說之例也。公謂公孫枝曰：「夷吾其定乎？」對曰……（僖公九年）；夫人以告，遂使收之（宣公四年）；郤子至，請伐齊，晉侯不許；請以其私屬，又不許（宣公十七年）；射其左，越于車下；射其右，斃於車中（成公二年），凡此，省筆約文，皆代名詞省略之例也。

古人吐詞屬文，雖以達意爲主，若意蘊已盡，而詞氣未休，則疊累其意，以複詞足之，見於《左傳》者，如三命滋益恭（昭公七年），滋與益同。天下之民謂之饕餮（文公十八年），饕餮同義也。旅有施捨（宣公十二年），施捨之言賜予也。馮陵我城郭（襄公八年），馮亦陵也。不可億逞（僖公二十四年），億逞皆滿盈也。繕完葺牆，以待賓客（襄公三十一年），繕完葺一意也。叔父陟恪在我先王之左右，以佐事上帝（昭公七年），陟恪同義。昔我先君桓公與商人皆出自周，庸次比耦以艾殺此地（昭公十六年），庸次比三字一義。凡此，均足證古人語緩，不嫌辭費也。且古人用助詞，亦有兩字同義而複用者，如一薰一蕕，十年尚猶有臭（僖公四年），尚即猶也。人奪女妻而不怒，一抶汝，庸何傷（文公十八年）；將庸何歸（文公十五年），庸亦何也；是其例也。亦有古人語急，則二字併作一字者，如敢辱高位，以速官謗（莊公二十二年）；敢，不敢也。敢辱大館（昭公二年），註：「敢，不敢也」。牛則有皮，犀兕尙多，棄甲則那（宣公二年），《日知錄》卷三十二：「直言之曰那，長言之曰奈何，一也」。若愛重傷，則「如」勿傷；愛其二毛，則「如」服焉（僖公二十二年），若知不能，則「如」無出（成公二年）；二三子若能死亡，則「如」違之，以待所濟。若求安定，則「如」與之，以濟所欲（昭公十三年）；君若愛司馬，則「如」亡（昭公二十三年）；楚子西曰：不能「如」辭（定公五年）；衞王孫賈曰：然則「如」叛之（定公八年）。凡此，皆古人語急之例也⑦。

上古漢語之句式，頗與後世殊科；然因革損益，彼此亦自有其關係。就《左傳》所見，舉要言之：如上古漢語中，判斷句不用繫詞，而於謂語後加「也」字表示之：制，巖邑也（隱公元年）；虢，虞之表也（僖公五年）；董狐，古之良史也（宣公三年）；乃大吉也（僖公十五年）；是乃狼也（宣公四年）；臣侍君宴過三爵，非禮也（宣公二年）；勞師以襲遠，非所聞也（僖公三十二年）。「也」字或用在複句之中，有頓宕之趣，如午也可（襄公三年）；臣之壯也，猶不如人（僖公三十年），是其例也。古代漢語之敘述句，有雙賓語者，如公賜之食（隱公元年），公語之故，且告之悔（隱公元年），天生民而立之君（襄公十四年），且君嘗爲晉君賜矣（僖公三十年），重爲之禮而歸之（成公三年），是也。又有爲強調賓語，而將賓語提前，其間以「是」字「之」字「焉」字指示之者，如豈不穀是爲？先君之好是繼（僖公四年）；將虢是滅，何愛於虞（僖公五年）；皇天無親，惟德是輔（僖公五年）；惟余馬首是瞻（襄公十四年）；諸姫是棄，其誰歸之（襄公二十九年）；歲時日月星辰是謂也（昭公七年）；姜氏何厭之有（隱公元年）；其祁奚之謂矣（襄公三年）；我周之東遷，晉鄭「焉」依隱公六年；安定國家，必大「焉」先襄公三十年，是其例也。上古漢語，數量形容詞皆置於動詞之前，如三進及溜宣公二年，三周華不注成公二年，是也。敘述句之主語，或為被動式之謂語，如蔓草猶不可除，況君之寵弟乎隱公元年；君能補過，衮不廢矣宣公二年，是也。

敘述句中表示已經或行將如此之新情況，多用「矣」字，如吾知所過矣宣公二年，余病矣成公二年，虞不臘矣僖公五年，鄭既知亡矣僖公三十年，國危矣，今老矣僖公三十年，是也。「焉」字為指示代詞兼語氣詞，多用於敘述句尾，表示停頓，如制，嚴邑也，虢叔死焉隱公元年，余收爾骨焉僖公三十二年，擊之必大捷焉僖公三十二年，過而能改，善莫大焉。凡有彼、蔑、非、匪、弗、不、無、毋、勿、未、莫等字之句子，謂之否定句。於上古漢語中，用不、無、毋、未、莫者，賓語若為代詞，則當提前，如我無爾詐，爾無我虞宣公十五年；過而能改，善莫大焉宣公二年；諫而不入，則莫之繼也宣公二年；彼交匪傲成公十四年，蔑不濟矣僖公十年，其蔑以加於此矣襄公二十九年，非所聞也僖公三十二年，公弗許隱公元年，神弗福也莊公十年，晉靈公不君宣公二年，臣實不才成公三年，人誰無過宣公二年，無怨無德成公三年，大毋侵小襄公十九年，齊侯欲勿許襄公三年，未嘗君之羹隱公元年，未知母之存否宣公二年，是其例也。古代漢語之疑問句，或用疑問代詞，或用疑問語氣詞，或二者兼用，如其誰曰不然隱公元年，又誰敢怨成公三年，孰可以代之襄公三年，何城不克僖公四年，毛將安傳僖公十四年，安能保大宣公十二年，惡用子矣（桓公十六年），爾幼惡識國（昭公十六年），姜氏欲之，焉避害（隱公元年）；若不闕秦，將焉取之（僖公三十年）；女胡執人於王宮（昭公七年）；金寒玦離，胡可恃也（閔公二年）；我奚御哉（莊公八年），余奚能爲（昭公三年）；子曷詰盜（襄公二十一年），盍亦求之（僖公二十四年），是其例也。若夫疑問語氣詞，則用「乎」「諸」「哉」等字，如其是之謂乎（隱公元年），子其怨我乎（成公三年），天其或者將建諸（僖公二十三年），其又爲諸（定公五年），善哉民之主也（襄公二十九年），與君王哉（昭公十二年），豈害我哉（僖公五年），是其例也⑧。

夫助詞之爲物，乃漢語特有之詞類；文有助詞，猶禮之有儐，樂之有相也；禮無儐則不行，樂無相則不諧，文無助則不順。《左氏傳》曰：「獨吾君也乎哉？」（襄公二十五年），一句而三字連助，不嫌其多也。又曰：其有以知之矣（昭公二年），又曰：其無乃是也乎（昭公元年），其無乃非先王之命也乎（成公二年），此三者，或六字成句而四字爲助，或十字成句而六字爲助，亦不嫌其多也（詳陳騤《文則》乙）。今謹將《左傳》之助詞，除前文述及者外，擇要分類舉證如下：用於假設小句之關係詞，左傳中有若、而、即、苟、姑、果、將、其、之、自、則、所、猶、且等字，如寡人若朝於薛，不敢與諸任齒（隱公十一年）；古而無死，其樂若何（昭公二十年）；即欲有事，若何（昭公十二年）；苟有其備，何故不可（昭公五年）；姑使無蘊乎，可以滋長（昭公十年）；果過，必敗（宣公十二年）；令尹將必來辱，爲惠已甚（昭公二十七年）；其濟君之靈也，不繼則以死繼之（僖公九年）；事之不捷，惡有所分

（宣公十二年）；自非聖人，外寧必有內憂（成公十六年）；勇則害上，不登于明堂（文公二年）；所不與舅氏同心者，有如白水（僖公二十四年）；猶有鬼神，於彼加之（襄公十年）；且攻其右，右無良焉必敗（桓公八年）；是其例也。

用於條件小句之關係詞，有則、斯、而、乃、爲等，如進追無辭，則虛以求媚（昭公二十年）；諸侯備聞此言，斯是用痛心疾首（成公十三年）；求諸侯而麇至，求昏而薦女（昭公五年）；我死，乃亟去之（隱公十一年）；射爲背師，不射爲戮，射爲禮乎（襄公十四年）；是其例也。用於轉折小句之關係詞，有乃、寧、然、如、而、反、抑、唯、雖然等字，如或主彊直，難乃不生（襄公三十年）；夫齊，舅甥之國也，而太師之後也，寧不亦淫從其欲以怒叔父（成公二年）；臣爲隸新，然二子者譬於禽獸（襄公二十二年）；及鄭伯盟，歃如忘（隱公七年）；婦人不忘襲讎，我反忘之（莊公二十八年）；多則多矣，抑君似鼠（襄公二十三年）；若以羣子之靈，獲保首領以歿，唯是楄柎所以藉幹者，請無及先君（昭公二十五年）；微子則不及此，雖然，子弒二君與一大夫，爲子君者不亦難乎（僖公十年）；是其例也。比較關係詞，有於、與二字：如吾與子國親於公室（成公十六年）；八世之後，莫之與京（莊公二十二年），是也。被動關係詞，有爲、於等字，如止，將爲三軍獲；不止，將取其衷（襄公十八年）；郤克傷於矢（成公二年），是也。限制詞有同音相通者，如獨、多、祇、職、適、屬、只也：四國皆有分，我獨無有（昭公十二年）；多語寡人辰而莫同，何謂辰（昭公七年）；蓋言語漏洩，則職女之由（襄公十四年）；子無謂秦無人，吾謀適不用也（文公十三年）；願以小人之腹爲君子之心，屬厭而已（昭公二十七年）；是其例也⑨。

昔者高本漢、馮沅君、衞聚賢等，嘗據《左傳》語法與文法之特色，以考《左傳》之作者、時代、及其與《國語》之關係；宋鄭樵、朱熹等，亦曾執《左傳》詞彙，以疑其時代；近人張以仁則更從文法語彙之差異，以證《左》、《國》二書非一人所作，亦非一書之化分，足見《左傳》之語言學於內考證之價值。若夫《左傳》之語言學，於文化傳衍中有承先啓後之功，尤爲近世語言學者所在意而終身以之者。中國語言學之根源在於斯，留心上古漢語如王力之學者，久已篳路藍縷，開風氣之先矣，後起者固當踵武而發皇之也。

第二節 《左傳》之文字學價值

一、文字

《左氏傳》者，多古字古言，實古文字學研究之珠澤也。故許慎《說文解字》引《春秋經傳》，凡百七十八字，除《左氏傳》無其字，而明言三引《公羊傳》者外，義皆從《左氏》古文說為主。且許書引《春秋》諸條，其說解逕與《左傳》文義相合，又或與古《毛詩》說、古《周禮》說相應。不惟可見許君解字遵古文家之說，亦可知《左氏傳》為古文經傳也⑩。明傳遜有〈左傳奇字古字音釋〉之作（見師大國文系館 東北大學寄存書），清段玉裁有《春秋古經校錄》之文，並《說文解字》所引《左傳》古文及三體石經、汗簡參之，《左傳》洵多古字古言也。

《隨園隨筆》卷一〈《三傳》多古字〉，舉《左傳》之古字，如告曰誋、荅曰合、忿曰懥、教曰惎、毒亦曰惎、獲曰止、止曰尸、煮曰胹、磔曰膊、日晏曰旰、詈曰詢、恥亦曰詢、用曰由、畜曰褚、受曰羸、聚曰薦、取曰浚、堙曰側、懷胎曰震、與人相接曰際、傾曰標、矢鏃曰匕、戲曰弄、愛馬曰弄馬、緩曰皐、貪曰愒、搦曰浚、擊曰盬、鹽亦曰盬、野餞曰饋、毅然曰撊然、縛曰櫜、改曰賈、益曰豸、藏曰衷，又曰微、過曰汰、溺曰旋、又曰私、懼獲罪曰懼選、屢見曰驟見、改曰悛、誤曰頗、勝曰雋、行夜曰掫、敗曰熸、擊曰抶、跛曰蹔、吐曰㱿。詆曰譶、語曰咋、無準曰無藝、監功曰植、車耦曰淳、鍾列曰肆、悶曰瞢、修曰藏、短牆曰隱、習曰貫、不善終而葬曰葬鮮、加鼎曰陪鼎、斷獄曰蔽、羣至曰櫜、患賓曰圂賓、位次曰著、微細曰銳、水濁曰滋、澠曰約、中背曰麗背、當心曰麗龜、勿書曰勿籍、哭會曰幾、憂約曰隱、度高曰揣、度深曰仞、相土曰物。《左傳》之多古字，由此可見一斑。

明焦竑《筆乘．續集》云：「《左氏春秋》論字者數處：以毀則爲賊，而資以守典；以止戈爲武，而達于用兵；以反正爲乏，而定伐惡之謀；以皿蟲爲蠱，而立養生之戒。」卷三，〈左氏論字義〉此鄭樵《通志．總序》所謂：「六書之學，倡于《左氏》也」。劉師培〈周末學術史．序〉亦謂：「東周以降，雖故訓式微，然公卿民庶，咸尚考文，如《左傳》所載楚莊王言：於文，止戈爲武；伯宗言：故文，反正爲乏；秦醫言：皿蟲爲蠱；師服言：嘉耦曰妃，怨耦曰仇；是當時之人，咸明造字之義，足證六書之學，春秋之時尚未盡淪。」《文字學史．序》頁六一九《左傳》載言，徵存六書之學，於古文字學之研究，功誠不可沒也。

許慎《說文解字．敘》云：「孔子書《六經》，左丘明述《春秋傳》，皆以古文」，又曰：「其稱《春秋左氏》，皆古文也。」蓋許君號稱五經無雙，爲世所欽服，尤以《左氏傳》爲專門名家之學，故《說文解字》所引與《五經》異義所論，皆主《左氏》者也⑪。《說文解字》所引《春秋左傳》，凡一百七十五條：如裖、禬、瓘、璿、琥、薀、茷、犉、牼、噧、嗀、嗾、趙、登、乏、䟗、迋、彶△、逞、微、衝△、齵△、齹、踣△、嵒△、諗、誒、訌、讟、妾、冉、睔、眅、鬩、雃、雂、鴟、茲△、殲、肓、籀○、箄△、籞○、臽、䶂、盬、盥、盄、飶、亲△、櫝、枵、栽、楹、桷、槁、槎○、檮△、楄、櫬、楬○、麓、郡、鄏、郥、郟、郯、鄙、郰、郹、鄾、郠、鄅、郣、鄻、鄴、郳、旰△、曏△、暱△、旝、有、穮△、稈△、年△、稔、䅨△、香△、氣△、兇△、窀、痁、微、儠△、儆、儕、佃△、俘、㰅。、禬、祛、袳、褰、鴰。、衷、隧、晛、歃、鎮、碬、碧、碩△、馥、媽△、馬△、㛿、獒△、狾△、燬、爇、燀、𤋮、焞。、繙△、憗、憃△、慺△、惰△、悝、忼、惷、滏△、灤、沿△、湫、瀋、𡿨、震、鱣△、閟。、耴。、聝△、捘、攢△、抎△、掉、掀、擐、掫、捷、姓、姺、娠、姶、婉、嬛、婼、戩、武、紇、縉、縋、緐、紲△、纘、縊、蠡、墊、堋、劾、勦、鍭△、轢△、轘、附、隝、莤△、亥。其旁有△記號者，為古文或異文；有○記號者，為今本《左傳》所無。由《說文解字》引《左傳》文字，可見《左傳》文字學之價值有三：存古文之凡概、明假借之本原、資考證之左券，是也。

劉申叔先生有〈司馬遷左傳義序例〉一文，其中言《左傳》古文為史公所親睹，《史記》之中雖以訓詁之字改古文，亦有存古文而不改者。而今本所傳《左傳》，則字沿俗體，失古文之眞矣說詳《左盦外集》卷三頁六～九。章太炎先生著《劉子政左氏說》與《左氏疑義答問》卷五，《新出三體石經考》，備列考證，亦綦言《左氏傳》多古字古文。由《左傳》多古字古文，知欲研究古代文字之初形本義與引申假借等六書之學，《左傳》所載文字多徵存之，此其文字學之價值也。

二、訓詁

《春秋》以正名定物爲要，故《三傳》釋經，亦謹名物訓詁。孔子正名之說，既祖述師服之論（桓公二年，說詳前編），故《左氏》傳《經》，亦頗詳於正名訓詁，視《公》、《穀》尤不多讓。《左傳》爲求正名辨物，於是保留甚多文法學與語言學之資料；其詞彙不僅爲後世史學家文學家所採用，更爲研究語意變遷之準依，其於訓詁學之價值，由此可見。錢鍾書《管錐編》曾云：「《春秋》之書法，實即文章之修辭。」（第三冊，《全後漢文》卷一）持以考察《左傳》之五十凡例，以及《公羊傳》、《穀梁傳》所謂類例，凡例之倫，如《左傳》：凡師有鐘鼓曰伐，無曰侵，輕曰襲（莊公二十九年）。《公羊傳》：君存稱世子，君薨稱子某，既葬稱子，逾年稱公（莊公三十二年）。由此觀之，《三傳》之凡例書法，攸關書法義例者，未嘗不可提供作爲訓詁學之資材。其中牽涉《春秋》書法之屬辭者，即後世所謂之修辭學。

就《左傳》一書觀之，五十凡例，固是訓詁學之所取材，亦《春秋》屬辭約文書法之所由出。訓詁文字舉其犖犖大者可分三類：一曰「爲」例，如凡雨自三日以往爲霖（隱公九年）；平地尺爲大雪（隱公九年）；凡平原出水爲大水（桓公元年）；以名生爲信，以德命爲義，取於物爲假，取於父爲類（桓公六年）；凡師一宿爲舍，再宿爲信，過信爲次（莊公三年）；耳不聽五聲之和爲聾，目不別五色之章爲昧，心不則德義之經爲頑，口不道忠信之言爲嚚（僖公二十四年）；師直爲壯，曲爲老（僖公二十八年、宣公十二年）；兵作於內爲亂，於外爲寇（文公七年）；毀則爲賊，掩賊爲藏，竊賄爲盜，盜器爲姦（文公十八年）；殺敵爲果，致果爲毅（宣公二年）；執事順成爲臧，逆爲否；夫文止戈爲武（宣公十二年）；君能制命爲義，臣能承命爲信，天反時爲災，地反物爲妖，民反德爲亂，故文反正爲乏（宣公十五年）；貪色爲淫（成公二年）；亂在外爲姦，在內爲軌（成公十七年）；訪問於善爲咨，咨親爲詢，咨禮爲度，咨事爲諏，咨難爲謀（襄公四年）；恤民爲德，正直爲正，正曲爲直，參和爲和（襄公七年）；於文皿蟲爲蠱，穀之飛亦爲蠱（昭公元年）；敗言爲讒（昭公五年）；外內倡和爲忠，率事以信爲共，供養三德爲善（昭公十二年）；失志爲昏，失所爲慁（哀公十六年）；是其例也。

二曰「謂」例：如講事以度軌量謂之軌，取材以章物采謂之物，不軌不物謂之亂政（隱公五年）；竊人之財謂之盜（僖公二十四年）；六府三事謂之九功，水火金木土穀謂之六府，正德利用厚生謂之三事（文公七年）；善人富謂之賞，淫人富謂之殃（襄公二十八年）；有威而可畏謂之威，有儀而可象謂之儀（襄公三十一年）；在周易女惑男風落山謂之蠱（昭公元年）；人之能自曲直以赴禮者，謂之成人（昭公二十五年）；子父不奸之謂禮，守命共時之謂信（僖公七年）；定人之謂禮（僖公二十八年）；共用之謂勇（文公二年）；戎昭果毅以聽之之謂禮（宣公二年）；周仁之謂信，率義之謂勇（哀公十六年）；日月之會是謂辰（昭公七年）；當夏四月是謂孟夏（昭公十七年）；心之精爽是謂魂魄（昭公二十五年）；夫夫婦婦所謂順也（昭公元年）；

無別不可謂禮僖公二十二年；是其例也。

三曰「曰」例：如段不弟，故不言弟；如二君，故曰克隱公元年；嘉耦曰妃，怨耦曰仇桓公二年；從曰撫軍，守曰監國閔公二年；凡師敵未陳曰敗某師，皆陳曰戰，大崩曰敗績，得儁曰克，覆而敗之曰取某師，京師敗曰王師敗績於某莊公十一年；凡諸侯之女歸寧曰來，出曰來歸，夫人歸寧曰如某，出曰歸於某莊公二十七年；凡邑有宗廟先君之主曰都，無曰邑，邑曰築，都曰城莊公二十八年；凡師有鐘鼓曰伐，無曰侵，侵曰襲莊公二十九年；凡在喪，王曰小童，公侯曰子僖公九年；凡師能左右之曰以僖公二十六年；牛卜日曰牲僖公三十一年；凡民逃其上曰潰，在上曰逃文公三年；凡勝國曰滅之，獲大城焉曰入之文公十五年；凡師出與謀曰及，不與謀曰會宣公七年；凡火，人火曰火，天火曰災宣公十六年；凡太子之母弟在曰公子，不在曰弟；凡稱弟，皆母弟也莊公十七年；凡自虐其君曰弒，自外曰戕莊公十八年；凡君不道於其民，諸侯討而執之，則曰某人執某侯，不然則否成公十五年；凡去其國，國逆而立之曰入，復其位曰復歸，諸侯納之曰歸，以惡曰復入成公十八年；凡書取，言易也；用大師焉曰滅，弗地曰入襄公十三年；六氣曰陰陽風雨晦明昭公元年；凡克邑不用師徒曰取昭公四年；人生始化曰魄，陽曰魂；昭公七年心能制義曰度，德正應和曰莫，臨照四方曰明，勤施無私曰類，教誨不倦曰長，賞慶刑威曰君，慈和偏服曰順，擇善而從之曰比，經緯天地曰文昭公二十八年；凡獲器用曰得，得用焉曰獲（定公九年）。《左傳》之書例、史例，以及解《經》之義例，多屬於此。

它如：萬、盈數也；魏、大名也（閔公元年）；上思利民，忠也；祝史正辭信也（桓公六年）；君之卿佐，是謂股肱（昭公九年）；皆訓詁之例。若斯之比，更僕難數，要皆研治古代漢語之可貴資料也。鄭奠等所編《古漢語語法學資料彙編》，但舉《公》、《穀》釋經之例，而無一語及於《左傳》。既憾其不見丘山之陋，因不憚其煩，臚舉如上，以為斯學之發微與考鏡焉。

註釋

①高本漢著《中國語與中國文》，張世祿譯本頁十九～二十七。又王了一先生《中國語文概論》頁一～二。

②王力著《中華文化常識》頁八十四～九十二，〈成語和典故〉。

③王力《古漢語通論》十五〈詩經的用韵〉謂：《詩經》之韻例有三：其一，句尾韻爲最普遍形式，而代詞或語氣詞往往不爲韻腳。其二，一章中之用韻，或一韻到底，或轉換韻腳。其三，從韻腳相互之距離而言，或句句押韻，或隔句押韻，或交韻。要之，格式多樣化，爲《詩經》用韵之特色；而其主要之格式有二：一爲隔句押韻之句尾韻，一爲首句入韻而後隔句押韻之句尾韻。此二者，遂成後代歌詩押韻之準繩。例詳王書頁一三八～一四一，又參顧炎武《日知錄》卷二十一「古詩用韻之法」。《左傳》所載歌謠韻語，用韻之法，率與《詩經》不異，從可定其時代亦不相遠也。

④王引之《經傳釋詞》卷二「焉」字，楊樹達《古書句讀釋例》，王力《古漢語通論》頁二九二。

⑤王力於上古聲調之研究，曾有較中肯之結論，其言以爲：「王念孫、江有誥的意見，基本上是正確的。先秦的聲調，除了以特定的音高爲其特徵外，分爲舒促兩大類，但又細分爲長短。舒而長的聲調，就是平聲；舒而短

的聲調，就是上聲；促聲不論長短，我們一律稱為入聲，促而長的聲調，就是長入；促而短的聲調，就是短入。」說見《漢語史稿》上冊頁六十四～六十五。

⑥參閱王力《中國語文概論》頁四十六～五十一，下文論「語法之變性」部分，參考亦同。

⑦《日知錄》卷三十二「語急」；王引之《經義述聞》第三十二通說下，「經傳平列二字上下同義」；俞樾《古書疑義舉例》卷二語急例、語緩例，卷四語詞複用例；劉師培《左盦集．古用複詞考》，《左盦外集文例舉要》，郭紹虞《語文通論》〈中國語詞之彈性作用〉頁十七～二十；左松超《左傳虛字集釋》頁三十一。

⑧本節所用語法名詞及例句，多採自王了一先生《古漢語通論》，及左松超先生《左傳虛字集釋》，欲詳其例，可閱二書。

⑨《左傳》之虛字，學者研究多矣，散見劉淇《助字辨略》，王引之《經傳釋詞》，吳昌瑩《經詞衍釋》，楊樹達《詞詮》，裴學海《古書虛字集釋》，周法高先生《中國古代語法稱代編》，造句編，而以左松超先生《左傳虛字集釋》集諸家之大成。該書彙集前人之論，復加案斷，例詳而義明，頗便學者。

⑩黃師永武著《許慎之經學》第五，頁六三四，頁六八八，頁六九一。又馬宗霍著《說文解字引經考》卷一，卷二，〈說文引春秋傳考〉。

⑪黃師永武著《許慎之經學》，〈許氏春秋學第五〉，頁四九六～六〇〇。

第三章

古文家法之宗師

古文第三

第一節　古文辭嚆矢於《左傳》

夫古文也者，一名而含三義：或指文字，或指典籍，或指文體。三者各有其相互之關係，而要以文體之古文，影響最爲深遠①。夫所謂文體古文者，名起於韓愈，厭棄魏晉六朝駢儷之文，而務復古；所謂「非三代兩漢之書不敢觀，非聖人之志不敢存。」（韓愈答李翊書）「行之乎仁義之途，游之於《詩》、《書》之源。」（韓愈答李翊書）而鄙薄六朝文之雜亂無章，徒尚藻繪者也。其後，言古文者多祖述其意，唐宋諸古文家，明前後七子，清桐城、陽湖派諸人，皆其流亞也。本章所謂之古文，乃專指別於駢儷而散行之文體而言，與文字、典籍無關也。而《左傳》之古文辭，則爲歷代文家不祧之宗焉。

《左傳》之爲書，義經，體史，而用文。故揚雄以爲品藻（《法言》），范甯稱其豔富（《穀梁傳集解．序》），韓愈目爲浮誇（進學解），程子言其文勝質（《古文詞通論》卷三頁二十八引尹和靖述語），朱子許其會做文章（《朱子語類》卷八十三），歸有光則謂《左傳》文如金碧山水（《文章指南》）。而晉賀循美其「文采若雲月，高深若山海。」（《經義考》卷一百六十九引）宋汪彥章則以爲：「左氏屈原，始以文章自爲一家。」（鮑吏部欽止集序，《困學紀聞》卷十七引）是直以左丘明爲千古文人之嚆矢矣。其它如清金聖歎所謂：「《左傳》句句字字是妙文，不是實事。」（金批《西廂記》卷五寺警）朱軾所謂：「《左氏》文章也，非經傳也。」（《左繡．序》）曾國藩所謂：「《左氏》傳經，文辭爛然，浮於質矣。」（聖哲畫像記）亦皆許其文才之卓犖，故能成此義經、體史，而用文之偉構也。

《左傳》之爲古文也，上承《尚書》、《春秋》，下開《國策》、《史記》，固千古文章之祖也。劉知幾謂：「左氏爲書，不遵古法，言之與事，同在傳中。然而言事相兼，煩省合理，故使讀者尋繹不倦，覽諷忘疲。」（《史通．載言》）蓋其敘事謹嚴而分明，委曲而簡要；記言淵懿而美茂，從容而靈動。固與賬簿式之《春秋》，《文選》式之《尚書》，迥然不同；實已奪胎換骨，後出轉精矣。六經既不可以文論（邵長衡《三家文鈔．序》引侯方域言），究尋古文之宗祖，不得不數《左傳》爲翹楚焉。故呂本中《童蒙訓》云：「讀《莊子》，令人意寬思大，敢作；讀《左傳》，便使人入法度，不敢容易。」（《苕溪漁隱叢話》前集卷四十九、《竹莊詩話》卷一）明陸粲云：「《左氏》之文，閎麗鉅衍，爲百代取則。」（《春秋左氏鐫．自序》）王鏊亦謂《左傳》之文章：「詞婉而暢，直而不肆，深而不晦，精而不假鑱劂，鍊而不煩繩削。或若剩焉而非贅也，若遺焉而非欠也。後之以文名家者，孰能遺之？是故遷得其奇，固得其雅，韓得其富，歐得其婉，而皆赫然名于後世，則左氏之於文，亦可知也已（《春秋詞命・自序》）。此謂《左傳》文章之妙絕，爲古文大家所規法也。

清劉鴻翱亦盛贊《左傳》之文，其言曰：「六經四子之書，不可以文言，言文自盲左始。盲左之文，其猶龍乎？傳《春秋》十二公，二百四十年之事，變化出沒飛騰。分之如羣龍之戲於海，合之如一龍之現於雲中，或露其首，或露其脊，或露其尾，忽而在天，忽而在淵。馬之奇，班之堅，柳之奧，韓之雄，歐之宕逸，蘇之明快，王之峭削，曾之純實，盡備之矣」（《左評・序》、《古文詞通義》卷七頁三十九引）。後世文家之風格，《左傳》盡備之；此所謂百家騰躍，終入環內者也。故清何邦彥《古文草》曰：「左氏無法不精，無體不備，允稱古文之祖。」（與梁翼堂論古文書《古文詞通義》卷七引）張秉直謂：學文者，必先「讀《左》以立其規」，「不讀《左》、《史》，無以操文章之本。」（《古文詞通義》卷七頁十八、十九）邵以發亦云：「不讀《尚書》、《左傳》，不曉鍊法、鍊篇、鍊調、鍊句、鍊字，愼思勿措，久而入妙。」（《古文詞通義》卷七頁二十）可見《左傳》爲文章之鼻祖（陳壽祺《左海文集・與高雨農書》），人人習之，以爲文筆也。故自宋眞德秀選文，列《左傳》爲文章正宗之冠冕；其後，湯漢《妙絕古今》，明王世貞正續《名世文宗》，唐順之《文編》，清王源《文章練要》，金聖歎《才子古文讀本》，吳楚材《古文觀止》，曾國藩《經史百家雜鈔》，林雲銘《古文析義》，亦多列《左傳》爲篇首，以爲學文之津筏。

甚至有評點《左傳》之專著，如宋呂祖謙《東萊博議》、明穆文熙之《左傳鈔評》，凌稚隆之《春秋左傳注評測義》，清金聖歎之《才子古文讀本》、魏禧之《左傳經世鈔》、王源之《左傳評》，方苞之《左傳義法舉要》，馮李驊之《左繡》，李文淵之《左傳評》，鄒美中之《左傳約編》，姜炳璋之《讀左補義》、姚鼐之評點《左傳》，劉大櫆之評點《左傳》，劉培極之《左傳文法讀本》，吳汝綸之評點《左傳》，林紓之《左孟莊騷精華錄》、《左傳擷華》，吳闓生之《左傳微》。或示古文辭之統會，或供舉子業之學海，《左傳》之爲古文軌範，修辭津梁，可謂極矣。

故古文家論學文必識塗徑，李獻吉之斷代學古法，以《左傳》爲上限；曾國藩之相承學古法，以《左傳》爲極致；范泰恆之二段學法，朱仕琇之三段學法，張秉直、邵以發之四段學文法，何邦彥之始習一家復習一家之法，劉鴻翱以一家歸宿衆家之法，百慮而一致，殊途而同歸，要皆以《左傳》爲學文之基始與圭臬。《左傳》於古文辭之價值，從可知矣②。

第二節 古文家宗法於《左傳》

《左傳》文章之風格，輝麗萬有，誠不可以一方體物。清張德純嘗論其文章之渾厚濃郁，神妙盡致，曰：「《左傳》贊不盡，亦無庸贊。顧其學問極博，才情極長：自天地人物，以及古今典故，鬼神情狀，無不綜核；自朝聘燕享、征伐會盟，無不典貴整贍，雅與事稱。即俚俗猥褻，家人婦子，經其筆無不點化生動。平者布帛菽粟，奇者福地洞天，濃者雲蒸霞蔚，淡者秋水寒潭，大者東岱西華，小者一丘一壑，古者翠柏蒼松，媚者琪花瑤草，典者漢鼎周彝，淺者街談巷說。乃至繽紛，則急管繁絃；工麗，則追金琢玉；浩落，則長江大河；變幻，則蜃樓海市；嶄絕，則峭壁懸崖；鬆利，則哀梨並剪，尖雋，則春鶯巧囀；奥折，則諫果回甘；超忽，則驚鴻游龍；雕刻，則鏤金錯彩。」（《左繡・讀左卮言》引）此言《左傳》文章之風格多方，無所而不可，因事運篇，方智而兼圓神者也。是以無法不精，無體不備，洵爲古文之不祧大宗也。蓋「凡百妙境，任古今作手得其一體，皆足名家；而《左氏》則兼收並蓄，又皆登峰造極也。史公定是後身，昌黎、東坡具體而微，詩史乃足並駕齊驅，而天分終遜一籌。」（《左繡・讀左卮言》引）其所推重，可謂極矣，顧未詳其流風遺韻，是可憾也。於是因根以振葉，沿波而討源，溯自馬遷，終於林紓，臚舉各代古文名家之出入於《左傳》者，以見《左傳》確乎爲文章之大原，亦爲歷代古文大家之宗師也。

一、漢代

㈠ 賈誼

《經典釋文》載《左傳》授受源流，有「張蒼傳洛陽賈誼」之語，知賈生之學，出於《左傳》也。李兆洛《駢體文鈔》稱賈誼：「學傳《左氏》，時近長短。」考《新書》所述春秋史事，或本諸《左傳》，或合於左傳③，亦可知其學之祖源也。賈生浸淫於《左傳》既深，發而爲文，故工敘事記事，與史遷同得《左氏》文章之神髓者也。

㈡ 司馬遷

章學誠曾云：「史有三長，才學識也。古文辭而不由史出，是飲食不本於稼穡也。」（《文史通義．史德》）古經傳中，與後世史家關係最密切者，莫如《尚書》與《左氏傳》：《尚書》一變而爲左氏之春秋，《左氏》一變而爲史遷之紀傳，遷書一變而爲班氏之斷代。就形貌而言，遷書遠異左氏，而班史近同遷書。推精微而言，則遷書之去《左氏》也近，而《班史》之去遷書也遠（《文史通義．書教下》）。所謂「遷書去左氏近」者，指《史記》文風脫胎於《左傳》也。蓋《史記》繼《春秋》而作者也。而其爲文則折衷於

《左傳》。明葉盛曰：「六經而下，左丘明傳《春秋》，而千萬世文章實祖于此。繼丘明者，司馬子長；子長爲《史記》，而力量過之，在漢爲文中之雄。」（《史記評林・讀史總評》）《左》、《史》二書，不特爲史家之極，亦古文之雙璧也。史遷諸世家列傳，敘記春秋時事，不惟善繼《左傳》敘事之史法，即文章之變幻飄逸，亦足方駕《左氏》。清包世臣謂：「《史記》點竄內外傳，《戰國策》諸書，遂如己出。」（與楊季子論文書）張裕釗亦曰：「史公俶詭處，頗似《左傳》。」（吳汝綸《史記集評・留侯世家》引）吳汝綸亦云：「史公於晉楚春秋時事，一本《左氏》，其敘次節奏盡依之，足見古文良史彼此不能易也。」（《史記集評》）夫然後知班固所謂「司馬遷據左氏」云云（《漢書・司馬遷傳贊》），并有師法其文者焉。

《史記・淮陰侯列傳》全載蒯通語，明韓信之不反也。〈蕭相國世家〉，既言蕭何賤強買民田宅數千萬，後又言其置田宅必居窮處，爲家不治垣屋，所以明其前買田宅，本以自汙而救亡也。〈匈奴列傳〉不收冒頓報呂后書，爲本朝諱也。〈蕭相國世家〉、〈淮陰侯列傳〉、〈李將軍列傳〉諸篇，皆表見劉邦之陰鷙疑忌，刻薄寡恩；而《高祖本紀》乃謂其仁而愛人，豁達有大度，爲尊者諱也。因詳略重輕示筆削，由屬辭比事見書法，《史記》傳承《春秋》《左傳》之敘事傳統，以之究天人之際，通古今之變，成一家之言。④若斯之比，其徒實繁，要皆師法《左氏》釋經與敘事之意者也。《左氏》前傳，於隱公之生，詳寫名分；於桓公之生，詳寫符瑞；而兩君之是非，了然言外；《史記》〈封禪〉等書，便純師據事直書之意，所謂「於敘事中寓論斷。」（顧炎武《日知錄》卷二十六）《左傳》江芊怒罵商臣（僖公二十三年），婦人口吻畢肖，《史記．外戚世家》從此出。而王子朝之亂（昭公二十二年），以變換之筆敘之，尺幅遂有千里之勢，《史記》祖其周折擾煩，遂成〈平陽〉〈絳侯〉諸世家。白公勝之亂（哀公十六年），頗具徘徊容與之致，其描寫生動處，則史公〈刺客傳〉之祖也。它如《史記．相如列傳》，略取《左傳》申公巫臣竊妻詞旨（成公二年）。〈荊軻傳〉記魯句踐蓋聶，乃祖《左傳》白公勝之亂（哀公十六年），附見宜僚之為人。《左傳》成公十四年「君子曰」所謂：「微而顯，志而晦，婉而成章，盡而不汙，懲惡而勸善」，文見於此，而起義在彼，《史記》之忌諱敘事有之。如漢武帝征伐匈奴，耗財興利，〈平準書〉、〈匈奴列傳〉之敘事。

《史記》往往寫大事用省筆，寫小事反用工筆。《左傳》於大經濟處，往往夾敘瑣事，極絢爛可愛，《史記》亦頗得此閒雋之妙。唐順之《稗編》稱：「《史記》其意深遠，則其言緩，其事繁碎，則其言愈簡。」（《史記評林》引李清臣語）此等筆法，實奪胎於《左傳》。《左傳》為文家敘事祖庭，每到插敘處，輒用一「初」字領起，而《史記》襲用之尤夥。《左傳》行文，能於百忙中緊緊穿插，又緊緊呼應；《史記》一傳而數事者，或從中變，或自旁入，妙得穿插之法。《左氏》每於傳末作一斷案，輒借成文以自重，如引《詩》、《書》、託君子是；太史公傳贊多祖此意。左氏與史遷，同一多愛好奇，故於《六經》之旨，均不無出入。《左傳》文字多詼詭之趣，閒適之情，曾國藩所謂少陽趣味，〈士會還晉〉等十一篇是也；《史記・滑稽列傳》本之。且《左氏》先經以始事，後經以終義，依經以辯理，錯經以合異；史遷則轉化爲夾敘夾議，於諸法已不移而具（《藝概・文概》）。《史記・高祖本紀》序垓下之戰，筆法本《左傳》楚師圍鄾（桓公九年）。《史記・酷吏列傳》，郅都、寧成、義縱、趙禹、張湯事，皆穿插成文；〈廉頗藺相如列傳〉敘廉、藺、趙奢事，及〈魏其武安侯列傳〉，皆採穿插章法，亦法《左傳》敘宋人弒其君（文公十六年）、三郤之亂（成公十七年）。《左傳》敘戰，每將權謀方略鋪敘於前，而實敘正寫處不過一兩言，文末則以戰後餘波收煞之，簡鍊直截，虛實不測。《史記》各篇之敘戰宗之，尤以〈項羽本紀〉敘寫鉅鹿、垓下二戰，爲盡傳其神妙（清王又樸《史記七篇讀法》）。而〈曹相國世家〉之敘戰功，以簡勁勝，蓋師《左傳》王子朝之亂（昭公二十二年），以簡括之筆爲章法也。其後《資治通鑑》敘赤壁之戰、淝水之戰，亦多祖《左傳》敘戰之法（王緇塵《資治通鑑讀法》）。

《左氏傳》每於住處作拖逗之筆，《史記》合傳亦往往襲此筆法爲轉捩。凡《左氏》風神高遠處，且勝《史記》，而《史記》亦從而倣效之，故《左》、《史》二書之風格，多有近似者，實更僕未易數也，姑舉此以概其餘。蓋《左傳》體奇而變，遂流爲太史公書（陳柱《中國散文史語》）；而《史記》文章之變化逸宕，與《左氏》爲近也。《史記》義法既得諸《左傳》，而《左傳》之義法難尋，故後世之治古文者，不得不師法《史記》，以爲極則。唐宋之古文運動，清代之桐城義法，要皆師法《史記》者也。明道若味，曲高和寡，悲夫！

㈢ 劉向

桓譚《新論》稱：「劉子政、子駿、伯玉父子，呻吟《左氏》，下至婢僕，皆能諷誦」，涵泳好樂若此，宜乎其奏事之疏通知遠，行文之博洽淵懿，蓋有得乎《左傳》敘事論理之妙趣者也。方苞謂：「《左氏》敘事於極凌雜處，間用總束，或於首，或於尾，或於中；子政用之多於篇末。」（《古文辭類纂》卷十五論起昌陵疏評語）《說苑》、《新序》、《列女傳》中，所舉《左氏》義六七十條，可以見其文之所出矣（章太炎著《劉子政左氏說》）。

㈣ 班固

呂本中《童蒙訓》謂：「班固敘事詳密，有次第，耑學《左氏》。如序霍氏上官相失之由，正學《左氏》記秦穆晉惠相失處也。」曾鞏云：「司馬遷學《莊子》，班固學《左氏》，班、馬之優劣，即《莊》、《左》之優劣也。」黃庭堅曰：「司馬遷學《莊子》，既造其妙；班固學《左氏》，未造其妙也。然《莊子》多寓言，架空爲文章；《左氏》皆書事實，而文調亦不減《莊子》，則《左氏》爲難。」曾子固以爲然。（范溫《潛溪詩眼》引）姚永樸《私軒集》亦云：「文章之妙，古今史家推《左傳》《國策》

《史記》。《漢書》肆不及《國策》，峻不及《史記》，而敘事靈活，於《左氏》爲近。」（卷三答張效彬書）今觀〈酷吏傳〉、〈刑法志〉，蓋本《左傳》叔向論鑄刑書（昭公六年）；〈霍光傳〉敘黃門令讀奏一段，頓挫曲折，蓋得《左傳》齊桓下拜受胙之妙者（僖公九年）。而「太后曰止」一句，文法蓋祖《左傳》魏絳論和戎（襄公四年），「公曰：后羿何如？」妙在語未終而插入他語也。凡此，皆謂《漢書》之敘事，有學《左傳》者也。蓋《左傳》文章，爲史家敘事之宗，不獨爲《史記》所師，亦《漢書》之所法也。特司馬遷學《左氏》，已臻其妙；而班固學《左氏》，未造其妙而已。

自班固之後，東漢之世，筆語漸盛，欲善其辭，不得不資材於史，於是有以《左氏》助其文采者。《隋書·經籍志》著錄，有《春秋文苑》，《春秋嘉語》等書，蓋皆規法於《左傳》者也。

二、唐代

㈠ 蕭穎士

蕭穎士〈與韋述書〉云：於《穀梁》師其簡，於《公羊》得其覈，於《左氏》取其文（引自《藝概·文概》）。蓋《左氏》尙禮，故文（引自《藝概·文概》）；此謂於《左氏》取其文，乃就其藝術手法而言也。唐至蕭穎士、元結輩，始解散六朝俳偶，推重古文。自蕭穎士取文於《左傳》，可見其一斑矣。

(二)元結

唐文於韓愈之前，變排偶綺靡之風，毅然自爲者，自元結始。宋高似孫謂其文章奇古不蹈襲，皇甫湜題其〈浯溪中興頌〉曰：長於指敘，約結有餘態（詳《文學蜜史》引）。然近人陳衍《石遺室論文》云：元次山〈大唐中興頌序〉最工，蓋學《左氏傳》而神似者④。可見元結爲文，非所謂絕不蹈襲者；其長於指敘處，正乞靈於《左傳》也。

(三)韓愈

韓愈〈進學解〉，自述其爲文之取向，有「《左氏》浮誇」之語，知韓文有本於《左傳》者。蒲起龍注釋《史通》云：「愚於《左氏》，讀〈賈辛適縣〉，悟韓、柳贈行體；讀〈薳啓疆對楚靈〉，識歐、蘇論事論，亦所謂貌異心同者乎。」（卷八模擬）清徐世溥則徑指：韓愈文章出於《左傳》（《古文詞通義》卷八頁六引），特其合處，無一筆相似耳。如〈原道〉、〈送孟東野序〉、〈送董邵南序〉、〈送幽州李端公序〉、〈送石處士序〉、〈送齊皞下第序〉、〈書回紇李懷光二事〉、〈爭臣論〉、〈祭鱷魚文〉、〈爲人求薦書〉、〈上于襄陽書〉、〈毛穎傳〉、〈董晉行狀〉、〈平淮西碑〉諸什，其文章之立意句法，桐城諸子多以爲有模範於《左傳》者⑤。

方苞《古文約選．序例》謂：「退之變《左》《史》之格調，而陰用其義法」，由此觀之，洵不誣也。夫然後知韓愈雖提倡陳言務去，言必己出；然考其措詞，多有依據。而《新唐書》本傳所謂：「造端置辭，不蹈襲前人」，實未爲知愈也。而韓愈所倡「非三代兩漢之書不敢觀，非聖人之志不敢存」，於其師法《左傳》處，可以微窺端倪矣。呂祖謙總論看文法，謂「《左氏》浮夸，當學他用字用句妙處」，韓文公眞得之矣。

㈣ 柳宗元

韓愈、柳宗元，爲唐代古文運動之雄傑。韓愈明言其爲文取資於《左傳》，柳宗元〈答韋中立論師道書〉自道爲文所資，未言及左傳。然《玉海》引柳宗元之言曰：「當先讀六經，次《論語》、《孟軻書》，皆經言，《左氏》、《國語》、莊周、屈原之辭，稍采取之，《穀梁子》、《太史公》甚峻潔，可以出入。」報袁君陳書 則其爲文，亦有取則於《左傳》者。今觀其〈桐葉封弟辨〉，〈晉文公問守原議〉諸篇，正所謂規法於《左傳》者也⑥。

三、宋代

(一)歐陽脩

初，歐公試隨州，論「《左氏》失之誣」，中有「石言於晉（昭公八年），神降於莘（莊公三十二年），外蛇鬥而內蛇傷（莊公十四年），新鬼大而故鬼小（文公二年）」之句，欲奇警如此，非濡染於《左傳》之久不能也。歐陽脩之文雖宗法史遷、韓愈，然其婉約宕逸處，則得自《左傳》也。方苞《古文約選．序例》云：「退之永叔，俱以誌銘擅長；但序事之文，義法莫備於《左》、《史》。退之變《左》《史》之格調，而陰用其義法；永叔摹《史記》之格調，而曲得其風神」；退之固法《左》、《史》，而歐公除法《史記》外，亦有法《左氏》者矣。《左傳》敘晉楚三大戰，每於人極其忽略處，於事極其瑣碎處，於情於景極其冷淡寂寞處，著意描寫，令讀者於千載後，猶眉飛色舞。史遷得其妙，以序項羽、荊卿諸紀傳；六一居士亦得之，遂皆獨步千古。如《左傳》宋穆屬殤公（隱公三年），疊用四「先君」，歐公文字嘗有此意。近人陳衍亦謂：文章之有姿態者，《左傳》滋多；世稱歐公文為六一風神，而莫詳所自出，則惟《左傳》乎（《石遺室論文》）。呂本中《童蒙訓》稱：「文章紆餘委曲，說盡事理，惟歐公得之。」觀此，則歐文之有得於

《左傳》之文趣也，益信！

(二)三蘇

蘇氏父子爲文，皆不純於經術，得力於揣摩子書爲多，而東坡視其父尤疏。雖然，東坡猶稱美《左傳》，以爲天下之極文，其言曰：「意盡而言止者，天下之至文也；然而言止而意不盡，尤爲極至，如《禮記》、《左傳》可見。」《呂氏童蒙訓》引 其〈刑賞忠厚之至論〉〈天人策〉二文，即本《左傳》〈聲子說楚〉之論 襄公二十六年。近人陳衍論文，以爲「東坡〈超然臺記〉，每言四至」；而「《左傳》東至於海，西至於河，南至於穆陵，北至於無棣」云云，以爲乃東坡此記所本也。案：《左傳》召陵之役 僖公四年，板寫東西南北四處；葵丘之盟 僖公九年 亦平寫北南西東四面，蹇叔哭師，亦以東南西北作點綴 僖公三十二年，開後人無窮妙筆。

《朱子語類》載：「蘇子由教人，只讀《左傳》。」卷八十三 以其文有得於《左傳》也。蘇轍著有《春秋集解》一書，以史傳經，有得於《左傳》之史學爲多。林紓以爲：「余則私意蘇氏，必先醉其文，而後始託爲解經之說，以自高其位置。身在尊經之世，斷不敢貶經爲文，使人指目其妄。」《左傳擷華·序》今觀蘇轍《春秋集·解序》，述杜預之言曰：「其文緩，其旨遠」云云，則蘇轍固已確認《左氏》之文，爲萬世古文之祖矣。穎濱之文，必有得《左傳》之浸潤者；不然，何出此言？

㈢王安石

八大家古文中，方苞獨推退之、永叔、與介甫，以爲得《左》《史》之義法。方苞以爲古文義法最精者，莫如《左傳》、《史記》。退之既變《左》、《史》之格調，而陰用其義法：介甫又變退之之壁壘，而巧取其步伐。推厥其本，則荊公文章，殆亦有取法乎《左傳》之義法者矣。

㈣曾鞏

方苞評曾鞏序〈越州鑑湖圖〉曰：「凡敘事之文，義法未有外於《左》、《史》者。《左傳》詳簡、斷續、變化，無方；《史記》從衡、分合、部勒，有體。如此文在子固記事文爲第一，歐公以下，無能頡頏者，其實不過明於縱橫、分合耳。」此言曾鞏爲文，能明於《左》、《史》從衡分合之法也。《史記》敘事之妙，既得自《左傳》，故謂曾鞏記事文有得乎《左傳》之眞傳，可也。《宋史》本傳稱：「子固文章，本原六經，斟酌司馬遷、韓愈」；明艾千子謂：「歐、曾、蘇、王之上，有左氏、司馬氏，不當舍本而求末。足下不爲左氏、司馬氏則已，若求眞爲左氏、司馬氏，則舍歐、曾諸大家，何所由乎？」《天傭子集・答陳人中論文書》此示學者即器以求道，循粗以得精之法也。吳闓生《左傳微》謂：郤至辭楚享樂（成公十二年），「文氣雍容典蔚，漢之匡、劉，唐之柳宗元，宋之曾鞏，皆從此出。」（卷五頁二）是曾鞏爲文，有得乎《左傳》之妙者矣。

四、明代

明自洪武以來，運當開國，多昌明博大之旨。成化以後，安享太平，多臺閣雍容之作。愈久愈弊，陳陳相因，遂至嘽緩冗沓，千篇一律。洎乎李夢陽，始譏其萎弱，倡言「文必秦漢，詩必盛唐」，振起痿痺，使天下復知有古籍，不可謂無功也。於是摹擬剽賊之風盛，而有所謂前後七子之文，雖形式畢肖，然風神蓋闕。論者追原本始，歸獄於夢陽，固其所矣⑧。

與李夢陽同時，以理學名，道宗程、朱，文宗秦、漢者，則有崔銑其人《明史》卷二百八十二有傳。崔銑之文，出於《左傳》、〈檀弓〉、柳宗元。雖才力綿薄，而能以法勝之，精簡有次說本《文學蜜史》庚集。其後則有後七子，求其眞能闡說「文必秦漢」之旨者，惟王世貞與屠隆二人而已。王世貞之文，包羅《左》、《國》，吐納《莊》、《騷》，出入揚、馬，鞭箠褒、雄。嘗謂：「唐之文庸，宋之文陋」⑨，則其爲文取向，從可知矣。顧「文必秦漢」之說，王氏雖引其端，未暢厥旨，至屠隆論文，乃大闡之。屠隆之言曰：「《左》《國》之文，高峻嚴整，古雅藻麗。」〈文論〉又云：「《左》、《國》、《莊》、《騷》、《秦碑》、《呂覽》諸篇，雖云魁壘多奇，而其中平易者，亦往往不少。」《由拳集》十四 蓋純以文學價值評文者。既針砭前後七子之病，故主「取材於經史而鎔意於心神，借聲於周漢而命辭於今日」；以爲彼奢言模擬者「或抱長才，而乏遠識，踔厲之氣盛，而陶鎔之力淺。學《左》、《國》者得其高峻，而遺其和平；法《史》、《漢》者，得其豪宕而遺其渾博；模辭擬法，拘而不化。獨觀其一，則古色蒼然；總而讀之，則千篇一律也。」文論 論者謂屠隆乃復古潮流中之健將，益信！

與前後七子主張不同者，有唐宋派之唐順之與歸有光，及公安派之焦竑等。唐順之有《文編》之選，輯周至宋之文，頗示文章法度。又有《左氏始末》之作，紀傳之體也。其文大抵從唐宋門庭，沿溯以入秦漢。歸有光爲古文，原本經術，好太史公書，得其神理。而其冷雋閒情，得乎左傳敘事之趣。頗喜評點之學，以法度語人。於是後之爲古文者，殆無不受有光之影響者；而廢棄實學，妄談歐、曾，亦不能無弊云。歸有光看歷代名家文法，謂《左傳》：「當學他用字用句妙處」，可知其敘事用筆處，亦有斟酌乎《左傳》者矣。焦竑論文，頗與公安合，亦抨擊七子之摹擬剽竊者也。嘗謂：馬、班、韓、柳不能無本祖，「顧如花在蜜，蘗在酒，始也不能不藉二物以胎之，而脫棄陳骸，自標靈采。」

《澹園集》十二與友人論文書　此之謂善法古者也。曾曰：「五經左史，文章之祖。」《孟鄰堂文鈔》與蔣東委書引　更引陳傅良之說「六經之後，有四人焉」，而以「摭實而有文采者，《左氏》也」為其標冠，謂「皆前未有比，後可為法。」《焦氏筆乘》續集卷四　其《春秋左翼．序》，則盛贊《左傳》為奇文，謂《左傳》之敘事：「絲牽繩聯，迴環映帶，如樹之有根株枝葉，扶疎附麗，使人優游浸漬，神明默識，而忽得其旨歸。二百四十年之成敗，宛如一日；七十二君之行事，通為一事，故曰奇也。」焦竑於《左傳》文章評價之高，由此可見矣。⑨

評點之學，至明末而大盛，其有關於《左傳》者，得二人焉：孫鑛與艾南英是也。孫鑛嘗欲輯經傳子史集二十五書為五車一笈，《左傳》其一也。自謂年三十二，乃讀《左傳》，熟記，與僚友相背誦。曾云：「周尚文，周末文勝，萬古文章，總之無過周者：《論語》、《左氏》、《公》、《穀》、《禮記》最有法。」⑪。有《左評分次經傳》一書（或名《春秋左傳》十五卷），評點之作也。清代《左》評之書，多因襲其說。艾南英曾手訂《歷代詩文選》、《皇明古文定》，可謂《古文辭類纂》之前驅。其所謂古文標準，下啓桐城派之說。其〈答陳人中論文書〉曰：「足下謂宋之大家，未能超津筏而上；又謂歐、曾、蘇、王之上，有左氏、司馬氏，不當舍本而求末。夫足下不為左氏司馬氏則已，若求真為左氏司馬氏，則舍歐、曾諸大家，何所由乎？」彼以為韓、歐、曾深得秦漢之神氣，故欲就粗以求精，就歐、曾以求《左》、《史》，此與唐順之所謂之「法」同義也。

晚明小品文之作，乃由於對模擬文學之反動，其中要以公安派袁氏昆仲，及竟陵派鍾惺、譚元春為最著。為文主張流自性靈，表現本色，與前後七子之專務剽擬者異⑪。考小品文之本源，或以為莫多於《國策》，實則國策又胎始於《左傳》之敘事小品也。劉向謂《國策》之小品，亦可喜皆可觀也(戰國策序)；惟是策士巵言，往往有所偏勝，及其弊也，則流於詐緩陰險，遠不如《左氏》之言軌於正也。如祭仲殺堙(桓公十五年)、衞懿好鶴(閔公二年)、蔡姬蕩舟(僖公三年)、子臧鷸冠(僖公二十四年)、秦師陰謀(僖公二十六年)、華冑不祀(文公五年)、長狄絕種(文公十一年)、申池遇刺(文公十八年)、華元于思(宣公二年)、解黿召禍(宣公四年)、隱語救朋(宣公十二年)、瓊瑰盈懷(成公十七年)、師慧滑稽(襄公十五年)、子罕寶廉(襄公十五年)、築臺詛祝(襄公十七年)、勇爵登朝(襄公二十一年)、御叔飲酒、武仲譏彈(襄公二十三年)、張骼致師(襄公二十四年)、冷州鳩審音(昭公二十一年)、饋食三歎(昭公二十八年)、門于陽州(定公八年)、魯攻廩丘之郛(定公八年)諸篇，要皆能品，而不出於矯揉；猶是精品，而不流於纖刻；猶是神品，而不入於杳冥者也。其後，唐韓愈〈雜說〉四首，〈原鬼〉、〈貓相乳〉諸什；柳宗元序〈飲〉序〈棋〉、記〈臨江之麋〉、〈黔之驢〉、〈永州之鼠〉諸篇；與夫司馬光之記〈拾樵〉、〈論飯車〉；以及晚明之小品文，要皆濫觴於《左傳》，所謂師其意，不師其辭者也，故渾然無迹如此。

五、清代

清初古文，因襲明代公安竟陵之餘習，已臻於猥雜佻侻。於是桐城方苞出，始以古文義法開示天下；嗣後同邑劉大櫆、姚鼐相繼挺出，高舉「義法」之大纛，推波助瀾，桐城文派遂蔚爲大國。其羽翼與支流，如龍騰而鳳翥，主盟清代文壇二百餘年，可謂盛矣。考桐城諸子所謂之「義法」，寔上規《左傳》、《孟子》，中法《史記》，下取唐宋八家之緒論；尤以《左傳》、《史記》、韓、歐文，爲桐城派學文之圭臬。而《史記》、韓、歐文，乃折衷於《左傳》者也；故余謂：桐城文家所師者，一《左傳》耳；所謂桐城義法者，《左傳》之義法也。其誰曰不然？請羅列清代文家學文之塗徑如左，以見其爲文之祈向。

㈠ 金人瑞

金人瑞（一六〇八～一六六一），字聖歎，以字行。生性倜儻不羈，爲文怪誕不中程法。好評書，以《莊子》、《離騷》、《史記》、《杜詩》、《水滸》、《西廂》爲六才子書。縱橫批評，明快如火，辛辣如老吏，筆躍句舞，一時見者歎爲靈鬼轉世。嘗謂：「文章最妙，是目注彼處，手寫此處。若有時必欲目注此處，則必手寫彼處。一部《左傳》，都用此法。」（《讀第六才子書，西廂記法》十五～十七）案此即所謂獅子滾球法也，《左傳》、《史記》、《西廂》多用之。蓋從來妙文，決無實寫之法也。

《左傳》最多經前起傳之文，金氏以爲皆移堂就樹之法也（金批《西廂》卷五寺警）。更推重《左傳》：「句句字字是妙文，不是實事。吾怪讀《左傳》者之但記其實事，不學其妙文也。」（金批《西廂》卷五寺警）金氏曾爲其子及甥姪輩學文，選撰古文百餘篇，命曰《才子必讀書》，以《左傳》爲斯編之冠冕，凡四十八篇，句批字評，頗得理趣。又有《左傳釋》（《唱經堂才子書》聖歎外書），亦品評文字，非訓釋文字也。蓋金氏生平甚折服《左傳》，不惟喜援才子書以附會《左傳》，即其行文隨筆，亦好用《左傳》句調，每段放散行，中仍似作偶勢，文筆遂見遒勁（金批《西廂》卷五賴婚）。蓋聖歎以爲：「臨文無法，便成狗嗥；而法莫備於《左傳》。甚矣！《左傳》不可不細讀也。我批《西廂》，以爲讀《左傳》例也。」（金批《西廂》卷四驚豔）其於《左傳》之歎賞，從可知矣。⑰

㈡魏禧

魏禧（一六二四～一六九三），字冰叔，一字叔子，爲明末清初古文大家。講學以古文實學爲歸，肆力古文辭、喜讀史、尤好《左氏傳》。著有《左傳經世》二十三卷，以爲「《尙書》，史之大祖；

《左傳》，史之大宗。古今治天下之理盡于書，而古今御天下之變，備于《左傳》，明其理而達其變，則讀秦漢以降之史，不可勝用矣！」因闡發《左氏》之微旨而成是書。禧之為文，識議淩厲雄傑，標榜參差、斷續、變化之法，奉「言之無文，行而不遠」為圭臬（答曾君友書），是皆陶融沐浴《左傳》之深，而為此言也。又自稱生平好讀《左氏》，於其兵事，稍有窺得失（答曾君友書），著有《春秋戰論》，論左傳諸大戰役；〈兵謀篇〉，論左氏之兵，為謀三十二。又作《春秋列國論》十餘篇，皆讀《左》深造有得之書也。

㈢王源

王源（一六四八～一七一〇），字崑繩，號或庵，嘗從方苞遊，又從魏禧學古文。自謂：於文章，左邱明、太史公、韓退之外，無肯北面者（方苞撰王崑繩傳）。著有《文章練要》，主立六宗百家，以為學文之法，而以《左傳》為六宗之冠冕焉。嘗謂：六經者文之祖，六宗者別子為祖，而各立門戶以為宗。百家不能出六宗範圍，六宗不能出六經範圍，而究莫出於一陰一陽不可測之道。其《左傳練要．凡例》亦云：「其文有陰陽不測之神，皆道也，又何疑于《左氏》哉？」此所謂文章無不出於陰陽不可測之道，已下開姚鼐陽剛陰柔之宗，而見道之器，則在《左傳》也。凡例又曰：「文章之妙，全在無字句處」；

又云：「文有主意，有眼目；其段落有大小；其序事有案有結；其詞語有精彩，有閒情，有點綴，有句法，有字法」；其《左傳練要》（又名《左傳評》）一書，皆就此爲規矩而論文。左傳爲文之義法，可以窺見其端緒焉。

㈣ 方苞

方苞（一六六八～一七四九）倡「義法」之說，爲桐城始祖之文論，所謂言有物，言有序是也。其《古文約選．序例》謂：「義法最精者，莫如《左傳》、《史記》。」又云：「序事之文，義法備於《左》、《史》。」（古文約選序例）嘗曰：「記事之文，惟《左傳》、《史記》，各有義法。一篇之中，脈相灌輸，而不可增損；然其前後相應，或隱或顯，或偏或全，變化隨宜，不主一道。」（《望溪文集》卷二、書五代史安重晦傳後）又云：「凡敘事之文，義法未有外於《左》、《史》者。《左傳》詳簡斷續變化無方，《史記》從橫分合布勒有體。」（《古文辭類纂》卷五十五，曾子固序越州鑑湖圖評語）望溪之推重《左傳》，以為古文義法之準繩，凡三致其意焉，可見其價值矣。

望溪〈進四書文選表〉云：「左馬之文，怪奇雄肆，醲郁斑爛，而眞莫過焉。」（文集外文卷二）又云：「觀史公所增易，益知左氏敘事神施鬼設之奇。」（吳汝綸《史記集評》齊太公世家評語）此於義法外，又稱其文字之眞、敘事之奇也。《古文約選．序例》又謂：「古文氣體，所貴清澄無滓；澄清之極，自然而發其光精，則《左傳》、《史記》之瑰麗濃郁也。」此又美其澄清之極，復不失其瑰麗濃郁也。望溪既標榜《左傳》、《史記》，以爲義法之圭臬；觀其爲文，亦頗能身體而力行之。程崟〈望溪先生文集序〉曰：「先生之文，循韓、歐之軌迹，而運以《左》、《史》義法，所發揮推闡，皆從檢身之切，觀物之深而得之。」張彝歎評望溪時文則云：「採孔、孟、程、朱之心，攝左、馬、韓、歐之韻，天生神物，非一代之珍玩也。」王兆符所謂：「學行繼程、朱之後，文章介韓、歐之間。」（望溪文集序）庶幾近之矣。

方苞本《春秋》學家，完成《春秋通論》、《春秋直解》十餘年之後，乃轉化筆削去取之方，屬辭比事之《春秋》教，提出「言有物」、「言有序」之古文義法理論。蓋持《春秋》或筆或削之書法，移換爲古文義法者也。溪嘗傳授義法予弟子王兆符，王筆錄成《左傳義法舉要》一書，亦經其鑒定。其中云：「古人敘事，或順或逆，或前或後，皆義之所不得不然。」（《左傳義法舉要》頁五）此可作桐城義法之簡明注腳也。蓋《春秋》之筆削取捨，衍化爲義法之詳略互見；比事措置之書法化成爲義法之先後位次；而約文屬辭，則派生爲虛實、損益、顯晦、曲直諸義法。⑬自《春秋》之經學敘事至《左傳》之歷史敘事，至《史記》而合歷史敘事、文學敘事為一。中國敘事傳統之理論，至此大抵完成。之後，開枝散葉，而有史傳、變文、小說、戲劇，要皆《左》、《史》之流亞也。

(五) 馮李驊

馮李驊（？一六八八～一七二〇？），字天閑，清康熙中錢塘人，與陸浩同編《左繡》行世。近人錢基博《古籍舉要》稱：「《左傳》文章評點，以《左繡》爲最佳。」謂《左繡》一書，於文章之奇偶相生，《左氏》之錯偶於奇，一編之中，尤三致意焉。然老輩詆《左繡》論文，不脫評點八股文習氣。此不過承桐城文學方張之焰，崇八家以排儷體，《左繡》遂獨被惡名⑯。

馮氏曾謂：古今作手，總不外整中有散散中有整耳（《左繡》卷五頁三十五）。又云：自來人好以參差論古文，鄙意獨好以整齊論古文。蓋于參差見古人之縱橫，不如于整齊見古人之精細耳（《左繡》卷六頁二十）。其評《左》之準繩矣，由此可知矣！馮氏更以爲：自來選《左》讀《左》者，稱爲奇奇妙妙，但言其然，而不言其所以然；又或約指大端而遺其委曲，或細分句節而不露全神；既深惜《左氏》妙文，千載埋沒，於是有《左繡》之評。其書先論全旨，次分大段，又次詳小節，又次析句調，要爲初學撥其雲霧，指其歸趣也（讀左卮言）。其作意有如此者。

《左繡》一書，說傳非說經，論文而不論事，〈讀左卮言〉云：「《左氏》敘事述言論斷，色色精絕，固不待言；乃其妙尤在無字句處。凡聲情意態緩者緩之，急者急之，喜怒曲直莫不逼肖，筆有化工」；又謂《左傳》「學博才長，宜其縱橫跅弛，目空一切矣。乃其矜慎處，又何膽大心小，靜氣凝神之至也。觀其自全篇以至一字，剪裁配搭，順逆分合，提束分應，無一點錯亂，無一點掛漏，無一點板滯，無一點偏枯。極參差，又極整齊；極變化，又極均勻。直以夜來之鍼，製天孫之錦。」又曰：「《左傳》須一氣讀，又須逐字讀；須參差讀，又須整齊讀；須立身局外讀，又須設身局中讀」云云，要皆不易之的論也，誠所謂《左傳》文章評點中之翹楚焉。

㈥ 劉大櫆

方苞、劉大櫆、姚鼐，爲桐城三鉅子，言古文義法者，皆宗焉。其中劉大櫆（一六九八～一七七九）以文才名，義理雖不如方苞，而藻采過之。其才之雄，兼集莊、騷、左、史、韓、柳、歐、蘇、曾、王之長（《清史列傳》）。故其爲文，布置襯映，多有學《左傳》者。其論文特重神氣音節，曾謂：「文字工則其人傳，不工則其人雖傳不顯。周以來史籍俱在，而世人讀宋元之史，必不如讀《左》、《史》。」（《文集》卷二，再與左君書）又云：「讀三代秦漢以來賢人志士之所爲文章，慨然想見其用心，欣然有慕乎作者之能事。」（《文集》卷四，汪在湘文集序）此所謂文人之能事，即神氣音節也（說見《論文偶記》）。故其服膺《左》、《史》者，爲其妙於神氣音節也。

劉氏有《論文偶記》，備列文之能事，特推許《左傳》之富豔，謂：「不著脂粉而精彩濃麗，自《左傳》、《莊子》、《史記》而外，其妙不傳。」又云：「周尙文，而周公、孔子之文最盛；其後傳爲《左氏》，爲屈原、宋玉，爲司馬相如，盛極矣。」蓋《左傳》、《史記》之文，所謂絢爛復歸於平淡者也，其濃麗在內在之氣息，非外在之辭藻也；以蘊蓄深厚言，不以設采華美論也。劉氏論文，除「貴華」例舉《左傳》外，它皆推重《史記》。實則，劉氏之所貴，曰奇、高、大、遠、簡、疏、變、瘦、參差、品藻，《史記》固然大備，《左傳》又何嘗無有？觀桐城諸子評點《左傳》，然後知《左傳》義法之整備也。劉氏有評點《左傳》之作（目見劉聲木《桐城文學撰述考》），其有言及此乎？試觀劉氏爲文，署名大櫆、槐、劉櫆；桐城末流變本加厲，美其名曰：於彼於此，音節各有所諧。此一名號雜述之弊，即淵始於《左傳》也⑭。而桐城諸子承其弊，始作俑者則劉氏也。

㈦ 姚範

姚範（一七〇二～一七七一），號薑塢，姚鼐之伯父也。姚鼐之古文法，實由彼啓發之。論文四十七則，多與海峰雷同。於文盛推昌黎，亦極推《左傳》、《史記》，謂《左傳》之文：「摹寫點綴，千古情事如睹；而天然葩豔，照映古今。」（《援鶉堂筆記》卷四四文史）由其所賞歎，乃知其有取法於《左傳》者也。其論學大旨，以駿博為門戶，以沉潛為堂奧，非其明驗乎？

㈧ 曾國藩

曾國藩（一八一一～一八七二）為文，亦取法桐城，然不棄駢體，能矯桐城古文儒緩之病，所謂能入乎其內，又能出乎其外者也。故與桐城始同而終異，體大而義精，另成湘鄉一派，實則桐城之支流耳。曾氏論文學之風格，有所謂古文四象者，其中少陽趣味，詼詭之趣，閒適之趣，於經則舉《左傳》十一首為例：〈士會還晉〉，〈大棘之戰〉、〈師慧過朝〉、〈御叔飲酒〉、〈仲孫速卒〉、〈臧孫出奔〉、〈張骼致師〉，〈崔氏之滅〉、〈慶氏之難〉、〈陽生之立〉、〈白公之難〉，是也。

其〈聖哲畫像記〉云：「《左氏》傳經，多述二周典禮，而好稱引奇誕，文辭爛然，浮於質矣。」此推崇《左傳》文章之浮夸豔富，而又不流於繁冗蕪蔓也。蓋《左傳》之文，最為簡當有法，曾氏嘗曰：「《書經》、《左傳》，每一篇空處較多，實處較少；旁面較多，正面較少。精神注於眉宇目光，不可周身皆眉，到處皆目也。線索要如蛛絲馬跡，絲不可過粗，跡不可太密也。」（《日記》己未八月）今觀王源《左傳評》，方苞《左傳義法舉要》，林紓《左傳擷華》，吳闓生《左傳微》，凡所舉證，知曾氏所言不虛也。是以曾氏《經史百家雜鈔》，每類必以六經冠其端；而《春秋》經之例，則以《左傳》文章實之也。林紓《左傳擷華》稱：「曾氏〈金陵昭忠祠堂記〉，取法《左傳》晉侯使太子申生伐東山皐落氏」，可知其文淵源之一斑。

㈨張裕釗

張裕釗（一八二三～一八九四），字廉卿，師事曾國藩，受古文法。於學無不窺，尤深嗜《左傳》、《莊子》、《史記》、韓、王之文，昕夕諷誦，以究其能。嘗謂：「古人爲文者，若左丘明、莊周、荀卿、司馬遷、韓愈之徒，沛然出之，言厲而氣雄，然無有一字之強附而致之者也。措焉而皆得其安，文惟此最爲難。」《濂亭文集》卷四答劉生書 其推崇《左傳》爲何如也！曾國藩之後，能文章者，此一人而已！張氏爲文，極淡遠雅健之致，能得左、莊、馬、韓之風神者也。

㈩吳汝綸

吳汝綸（一八四〇～一九〇三），字摯甫，師事曾國藩，受古文法，讀書重視圈點評識，有《點勘史記讀本》，《評點左傳》諸作。曾謂：《左傳》與《史記》之文，其施用各有宜稱，不能以繁簡高下之。《文集》卷四記太史公所錄左氏義後 吳氏平日教人讀書，有以《左傳》爲初學入門者《尺牘》卷二上與弓子貞書，有以《左傳》爲中學堂應讀書者（《學堂書目》），又有以《左傳》爲中國專門學者（學堂書目）。唯其用心於《左傳》，似遠不如其沉酣於《史記》也。雖然，其命意摛辭，亦有宗法乎《左傳》者⑮。

㈩ 桐城流裔

桐城諸大家之宗法《左傳》者，說已見上。究其流衍，別有得意當時，足成小宗者，亦并述如後：

王兆符，師事方苞，受古文法。今所行《左傳》義法，即望溪口授，而兆符傳述之者。王氏古文，則入左、史、莊、騷之閫奧，幽奇峭拔，爲其特色（《桐城文學淵源考》卷二）。

李文淵，好學嗜古，爲文謹於義法，著有《左傳評》三卷，議論頗有出魏禧、方苞之上者。惜點次未竟，不幸夭折。書起隱元，盡僖之二十四（錢大昕《左傳評序》）。嘗謂：「記言之文，《左氏》於一篇之中，往往詳述一次，多則四次六次，取其整也。」（三卷）其它如《春秋》之書法、《左傳》之筆法，如順逆、束承、詳略、提煞等，并有述及。

吳士模，爲文原本經術，頗得桐城家法。嘗纂五家文，爲學古文者法：論著取孟子、莊周，敘事取《左氏傳》、《太史公書》，而以昌黎韓子爲歸（《桐城文學淵源考》卷六）。

吳敬承，士模子，篤信馬、韓之義法。力求史遷與左氏於《史記》中，往往能得言外之意，撰有

《讀太史文》《桐城文學淵源考》卷六。

鄧傳密，師事李兆洛，授以過錄錢湘靈批本《左傳》，謂從此隅反，有益學問。其持論多與兆洛合《桐城文學淵源考》卷九。

周樹槐，爲文私淑桐城。嘗謂：文之簡在鍊格，尤在鍊意。其爲文，敘事上希《左氏》，議論追蹤八家《桐城文學淵源考》卷十一。

㈩ 林紓

林紓（一八五二～一九二四），字琴南，號畏盧。自謂嗜《左傳》、《史記》、《漢書》，日不去手。《國文讀本．周秦漢魏文序》先生詔生徒，恆令取徑於《左氏傳》、及馬之《史》，班之《書》，昌黎之文。以爲此四者，天下文章之祖庭也。陳希彭十字軍英雄記序 先生著作甚夥，論著譯述凡二百餘種，其中有《左孟莊騷精華錄》與《左傳擷華》二書，發明《左傳》義法，足可媲美方、姚，所謂桐城之別派也⑱。曾云：「天下文章，能變化陸離不可方物者，止有三家：一左一馬一韓而已。《左氏》之文，無所不能，時時變其行陣，使望陣者莫審其陣圖之所出。」《左傳擷華．序》更謂：《史記》爲史公之創局，然不及《左傳》之千門萬戶，光怪陸離。（桐城吳先生點勘史記讀本序）曾宣稱：以行文論，《左氏》之文，萬世古文之祖也。（《左傳擷華．序》）又謂：「昔人稱《左氏》如冶女良娼」，每心怪其言，今乃知盲左文章固有媚人伎倆也。（《左傳擷華》上，齊侯朝晉評語。）林紓於《左傳》之高妙處，曾舉例言之曰：「譬如首尾背馳，不能繫縲爲一，則中間鎖紐之筆，暗中牽合，使隱渡而下，至於臨尾，一拍即合，使人瞀然不覺其艱瑣，反羨其自然者。」（桐城吳先生點勘史記讀本序）又曰：「或敘致一事，赫赫如荼火，讀者人人爭欲尋究其結穴，乃讀至收束之處，漠然如淡煙青雲，飄渺無迹。乃不知其結穴處，轉在中間。」（桐城吳先生點勘史記讀本序）又曰：「或一事之中，斗出一人，此人爲全篇關鍵，而偏不得其出處，乃於閒閒中補入數行，即爲其人之小傳。卻穿插在恰好地步，如天衣無縫。」（桐城吳先生點勘史記讀本序）又曰：「或敘戰事之規畫，極力敘戰，而不言謀；或極力抒謀，而略言戰；或在百忙之中，而間出以閒筆；或從紛擾之中，而轉成爲針對。其敘戰事，尤極留意，必因事設權，不曾一筆沿襲，一語雷同，眞神技也。」（桐城吳先生點勘史記讀本序）又曰：「於短篇之中，尤有筋力，狀奸人之狙詐，能曲繪而成形；寫武士之驍烈，即因奇而得韻，令人莫可思議，僕亦不能窮形盡相而言之。」（桐城吳先生點勘史記讀本序）其於《左傳》文章之推重，由此可見一斑。

㈢ 吳闓生

吳闓生（一八七八～一九四九），號北江，汝綸子，家學淵深，又師事賀濤、姚永概，受古文法。著《左傳微》一書，以發明《左傳》文章之微詞眇旨。蓋《左氏》義法，方、姚首窺，梅、曾繼起，略有摘抉；吳摯甫則引緒未申，於是北江沉潛專到，窮探發蒙，而成此書。北江曾謂：「《左氏》記事之能，其最長者，在綜挈列國時勢，縱橫出入，無所不舉。故其局勢雄偉，包羅閎麗。止百餘篇文字，而二百餘年天子諸侯盛衰得失，具見其中，芒粒無漏。」與李右周進士論左傳書，《左傳微》卷首 而《左傳》文法之奇，北江以爲有四：曰逆攝、曰橫接、曰旁溢、曰反射；其微恉則曰正言若反而已矣，蓋《左氏》不求見知於人也。又以爲議論敘事，《左》、《史》各有偏勝，而不相能：「史公論議之文，憤鬱激宕，極擅其勝。至紀事則差若平易，未足配《左氏》也。」與李右周進士論左傳書，《左傳微》卷首 此深許《左傳》敘事之善，以爲百世文章之宗祖者也。

註釋

①詳參馮書耕、金仞千著《古文通論》上編第一章，古文義界，一、古文界說，二、三種古文之相互關係，三、古文辨義與正名，各節。頁一～一〇六。

②諸家所述學文之法，詳參王葆心著《古文詞通義》卷六、卷七，〈識塗篇〉二、三所引。

③賈誼《新書》所述春秋史事，有本諸《左傳》者，如〈禮篇〉君仁臣忠云云，本《左傳》晏子言；〈容經〉篇明君在位可畏云云，本《左傳》北宮文子言。有合於《左傳》者，如〈春秋〉篇衞懿公事，〈耳痹〉篇伍子胥一事，〈淮難〉篇說白公勝報仇事，〈君道〉篇紂作梏數千云云，紂囚文王七年之說，〈胎教〉篇晉厲公見殺於匠麗之宮，齊簡公殺於檀臺，皆是也。而劉逢祿《左氏春秋考證》謂：「未聞賈生修左氏傳」，不亦誣乎？評參章太炎《春秋左傳讀敘錄》頁三十二～三十四。

④張高評：〈《史記》筆法與《春秋》書法〉，輯入氏著《春秋書法與左傳學史》，（臺北：五南圖書公司，二〇〇二），頁五十七～一〇三。又，參考張高評〈《春秋》《左傳》《史記》與敘事傳統〉，《國文天地》第三十三卷第五期（二〇一七年十月），頁十六～二十四。

⑤陳衍《石遺室論文》云：《左傳》中最有法度而無一長語者，莫如開卷先經起例五十餘言。此傳五十餘字中，所述之人凡七，其號凡三，其生卒凡五，舉魯宋兩國數十年之夫婦、妻妾、父子、兄弟、父女、姊妹譜系，朗如列眉，可謂簡而有法矣。元次山〈大唐中興頌序〉，僅四十餘字，凡言年者四，言地者七，其人二，而名號四。其名稱之鄭重分明，非《左傳》稱元妃，繼室，魯夫人之義法乎？善學者之異曲同工如此。

⑥韓愈文章風格筆法，有出於《左傳》者，說見方苞、姚鼐評韓文，宋陳長方《步里客談》，以上見《古文通論》頁二五四所引。又見王文濡、張裕釗評文，詳陳新猷《文史綜論》頁一七八所引。又見何焯之說，馬其昶《韓昌黎文集》卷三〈爲人求薦書〉，卷四〈送齊皞下第序〉所引。又魏禧以爲：韓愈〈原道〉文勢，與《左傳》叔向勸子產用刑書昭公六年相同，見《左傳經世鈔》。俞寧世《左選》云：諸侯伐鄭襄公十一年，敘戰寫東西南北法，昌黎祖之，爲〈平淮西碑〉。唐荊川《文編》謂：晉悼治兵命將襄公十三年，章法參差婉雋，昌黎祖之，爲〈上于襄陽〉等書。以上并見《左繡》頁一〇八四、頁一〇九八所引。王源《左傳》評三，以爲韓文公〈祭鱷魚文〉，本《左傳》齊人伐我北鄙僖公二十六年。《醉竹園左鈔》引張賓王謂：韓昌黎〈送董邵南序〉，祖法《左傳》鄭莊公戒飭守臣隱公十一年。

⑦《古文詞通義》卷五頁三引關中《兩朝文鈔》所載雷士俊〈答陳伯璣書〉曰：「唐宋大家諸文佳者，驗之兩漢以至唐虞，皆無不合。如韓〈平淮西碑〉〈南海神廟碑〉，則典謨訓誥；柳〈桐葉封弟辨〉，〈晉文公問守原議〉，則《左傳》、《國語》」，是柳宗元爲文，亦有規法於《左傳》者。

⑧論文非李夢陽之所長，既其所作，亦是文不如詩。故徒有「文必秦漢」之空說，而行文依然舊調。詳參郭紹虞

《中國文學批評史》新編頁二九七~三〇四，又頁三〇八，頁三九三。

⑨ 詳參郭紹虞《中國文學批評史》下卷頁二二四引《弇州四部稿》一二八，〈答陸汝順〉。又《四部稿》六十八〈古四大家摘言序〉。

⑩ 以上關於屠隆、唐順之、歸有光、焦竑之敘述，可參郭紹虞著《中國文學批評史》下卷第三篇明代，第三章〈前後七子與其流派〉，第四章〈與前後七子不同之諸家〉；及緒傳詁著《文學蜜史》第七庚集〈明文略〉。

⑪ 文見孫鑛〈與李于田論文書〉，郭紹虞新編《中國文學批評史》頁三九二引。孫鑛嘗欲輯五車一笈，謂《易》、《詩》、《書》可云三墳，《周禮》、《禮記》、《春秋》三傳可云五典，儀禮、管、老、列、莊、國語、策、騷可云八索，荀、韓、呂、淮南、太玄、史、漢、文選、詩記可云九邱，見《文學蜜史》庚集頁二十四引。

⑫ 說見袁宏道〈與丘長儒書〉，唐順之〈與洪芳洲書〉，〈答茅鹿門書〉；朱彝尊《靜志居詩話》，詳林庚《中國文學發展史》頁四〇二所引。

⑬ 張高評《比事屬辭與古文義法——方苞「經術兼文章考論」》，臺北：新文豐出版公司，二〇一六年。第七章〈比事屬辭與方苞論古文義法〉，第八章〈方苞古文義法與《史記評語》，頁三〇一~四四一。〉

⑭ 左傳名號雜述之弊，詳參晁公武《郡齋讀書志》，《文獻通考》引李燾語，楊升庵《丹鉛雜錄》卷六，章學誠《文史通義．繁稱》；以及馮繼先《春秋名號歸一圖說》。

⑮ 吳闓生〈與李右周進士論左傳書〉，例舉其父汝綸文之所出曰：先大夫銘許淑人曰：「一室失賢兮，吁其謂何言」；銘左文襄曰：「課所已施，威謀孰當」；銘袁文誠曰：「世其孝忠，以永不亡」；皆茹鬱不盡其詞。左傳曰：「君子以齊人之殺哀姜也，爲已甚矣，女子從人者也」，其法與此同也。意之所至，縱筆及之，古今文家其宗此者希矣。文見《左傳微》卷首所引。

⑯ 錢基博《古籍舉要》又云：阮文達《研經堂》三集〈書昭明文選序後〉云云，論文章之奇偶相生，眞乃上接《左繡》爲一脈。世論不敢難文達，而獨致譏《左繡》，多見其不知類也。文見該書〈春秋上〉、卷十頁六十八。

⑰ 張高評〈《西廂記》筆法通《左傳》——金聖歎《西廂記》評點學發微〉，《復旦學報》第五十五卷（總第二六五期），二〇一三年第二期，頁一三四～一四三。

⑱ 葉龍著《桐城派文學史》附錄，頁三〇〇～三一二〈林紓的古文及其與桐城派的區別〉。

第四章

駢儷文章之先河

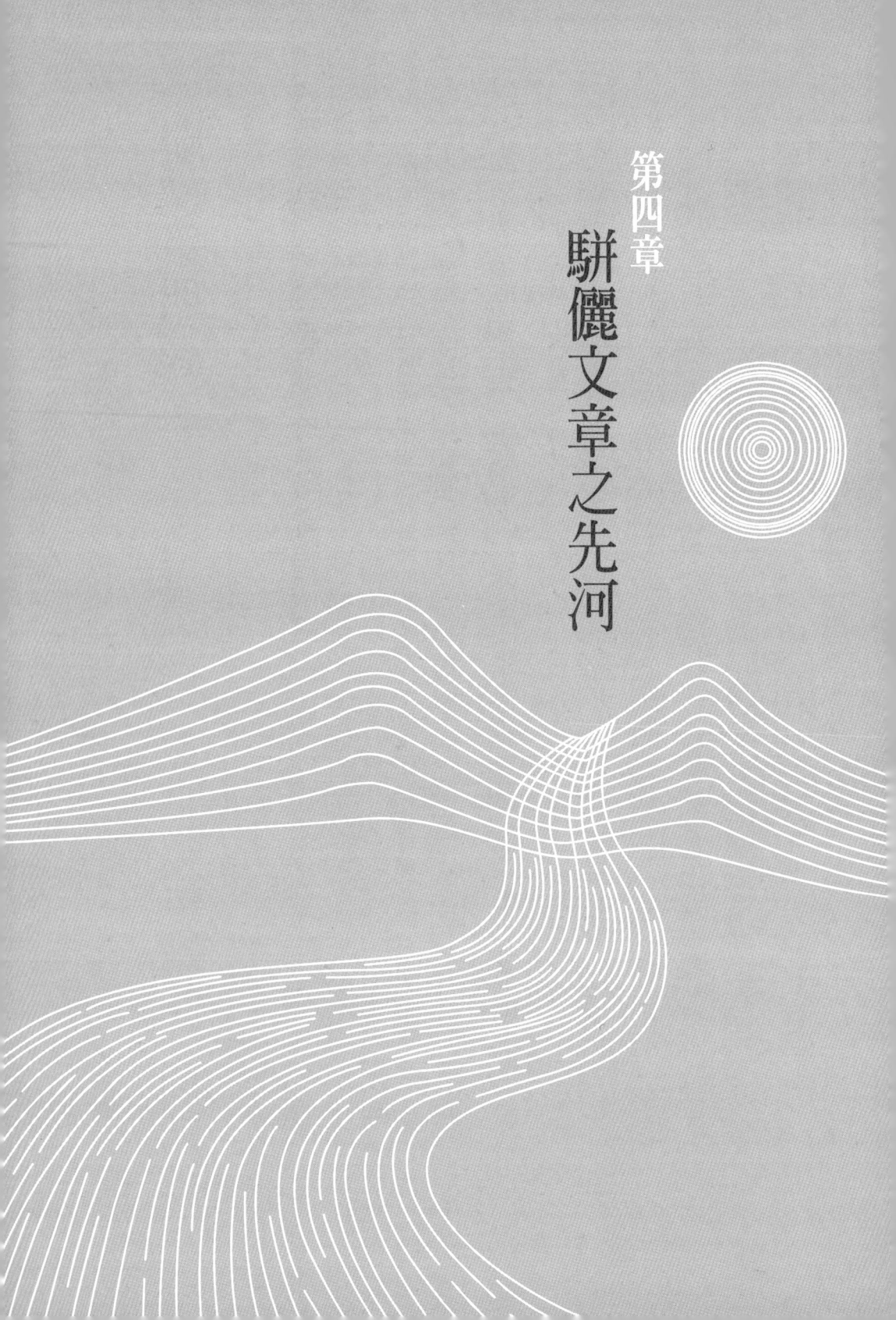

駢文第四

第一節 《左傳》文章多奇偶相生

駢文者，一物而含多名[1]。要之，蓋別於散文而言，專務字句之整齊勻稱，用心語音之平仄相對，考究遣辭之運典藻飾者也。實爲一非散非韻，亦散亦韻之特殊文體，乃舉世所未有，而中華所僅見者也。緣中夏語文之特質，屬單音之孤立語，衍爲詞彙，多用兩字；或取雙字同義，或取兩字對待《馬氏文通》，於是求整飭、講對偶、務聲律、工藻繪，以駢行文，追求工巧。況天地生物，偏於二元，影響文理，如實反應。劉勰所謂：「造化賦形，支體必雙；神理爲用，事不孤立。夫心生文辭，運裁百慮，高下相須，自然成對。」《文心雕龍·麗辭篇》移造化之律以例文，明駢儷之合於自然之理；即就文而論文，麗辭比事，亦出於文理之自然，非矯飾而到也[2]。是以唐虞之世，辭未極文，而〈皋陶〉作贊曰：「罪疑惟輕、功疑惟重」；〈益稷〉陳謨，亦云：「滿招損，謙受益」，率皆儷辭。故知駢言儷句，殆與文字同古矣。雖然，秦漢文學中所表現者，特駢行之語氣耳，與魏晉南北朝時成熟之駢文殊科。然物類之起，必有所始；木水之茂，必有本原，駢文之原始雖繁，其在先秦，必以《左傳》為大宗乎！③《左傳》之文章，雄博恣肆，為百代取則。范甯稱其富豔，韓愈目為浮誇，盧植歎其博物，朱軾推其文章。劉知幾崇其腴辭美句，陸粲取其閎麗鉅衍，歸有光謂其如金碧山水，曾國藩明言其文辭爛然。賀循美其文采若雲月，高深若山海，張寶王賞其藻而嫺於度，奕奕乎備哉。此其夸博典則，有近於駢文之藻飾也。故劉大櫆論文，以為不著脂粉，而精彩濃麗，自《左傳》、《莊》、《史》外，其妙不傳。劉熙載《藝概》：亦謂「《左氏》敘事，紛者整之，孤者輔之，板者活之，直者婉之，俗者雅之，枯者腴之；剪裁運化之方，斯為大備。」（文概）劉開更明言：「《左氏》敘事之中，言多綺合。駢語之體製，於是乎生。」（與王子卿太守論駢體書）三劉之說，洵可發明《左傳》為駢文之先河也。

顧先秦之文，類多駢散合轍，《左傳》自不能例外④。蓋《左傳》之文如龍，出沒飛騰，變化無端，而要歸於駢散兼行，錯偶於奇而已矣。夫一色不能成錦，一音不能成樂，必也參伍而錯綜之乎！孔子云：「物相雜，故曰文」，此之謂也。故歸有光論作文法，謂一篇之中，須有數行整齊處，有數行不整齊處。王源《左傳練要》云：未有不錯綜而可以言文者（卷一頁六）。又云：「必錯綜而後可以言文，未有印板整齊而謂之文章者。」（卷十頁十）馮李驊《左繡》，於文章之奇偶相生，《左傳》之錯偶於奇，一編之中，尤三致其意焉。若曰：「古今作手，總不外整中有散，散中有整。」（卷五頁三十五）又曰：「參差中必有整齊，方成片段。」卷五頁四 又云：「宋人文字整而不能碎，肥而不能瘦，所以去古愈遠。」卷五頁六 李文淵《左傳評》則謂：「記言之文，《左氏》一篇之中，往往詳述二次，多則四次六次，取其整也。若詳述三次，則難於對待，而章法裂矣。」卷二 又謂：「此段用筆甚整，因前半篇敘事皆散也。」卷三晉于是乎作州兵評 故曾國藩有「古文之道，與駢體相通」之語，職是之由。是以奇偶散駢，當相濟爲用；不然，以散濟散，豈是文章？林紓《左傳擷華》云：「善爲文者，因事設權，往往使人不覺；當散則散，當偶則偶。」鄢陵之戰 是矣！善哉劉開之言也，「駢中無散，則氣壅而難疏；散中無駢，則辭孤而易瘠。兩者但可相成，不能偏廢。」與王子卿太守論駢體書 驗之《左傳》，此言不誣！何邦彥《古文草》謂：「世之論文者，以爲古文之體參差不齊，疎疎莽莽。而不知變化之中，仍自整齊，不得以亂頭粗服爲也。繼而知《左氏》之文，排句嚴重，愚於是以《左氏》之局法，運後賢之筆調，不知秦歟漢歟？唐歟宋歟？將近代歟？皆不知其誤也。」《古文詞通義》卷七頁三十八引與梁翼堂論古文書 《左傳》之所以能如此從容委曲，淵懿恣肆者，要皆拜駢散兼行，奇偶相生之賜也。

《左傳》之文，雖散行多於排偶，然亦不乏首尾相配，兩兩對應者。此亦最近駢言儷句之對仗，是即意整言散之雙行意念也。凡世所傳誦，閎麗典贍，姿致蔚然者，多《左傳》綺合之文也。舉其著者言之，如周鄭交質、石碏諫寵州吁隱公三年、臧僖伯諫觀魚隱公五年、臧哀伯諫納郜鼎、師服論名桓公二年、申繻答問名（桓公六年）、曹劌論戰（莊公十年）、晉獻使太子申生伐東山臯落氏（閔公二年）、陰飴甥說秦伯（僖公十五年）、晉公子重耳之亡（僖公二十三年）、富辰諫王納狄后（僖公二十四年）、城濮之戰（僖公二十八年）、燭之武退秦師（僖公三十年）、季文子出莒太子僕（文公十八年）、王孫滿答楚子問鼎（宣公三年）、邲之戰、士會答孫林父（宣公十二年）、呂相絕秦（成公十三年）、鄢陵之戰（成公十六年）、穆姜論艮八之占、晉鄭同盟於戲（襄公九年）、師曠論衛人出君（襄公十四年）、聲子論楚材晉用（襄公二十六年）、吳季札觀樂論國風（襄公二十九年）、子產論壞晉館垣、北宮文子論令尹圍之威儀（襄公三十一年）、醫和論晉侯之疾、祁武恥楚得志于晉、趙武論叔孫豹能（昭公元年）、椒舉說楚王愼禮戒侈、申豐對雨雹（昭公四年）、薳啓彊對楚子問辱晉（昭公五年）、叔向論鄭人鑄刑書（昭公六年）、楚芊尹無宇論執人王宮（昭公七年）、詹桓伯責晉（昭公九年）、申無宇論棄疾爲蔡公（昭公十一年）、子服惠伯論黃裳元吉（昭公十二年）、叔向論取國有五難五利（昭公十三年）、子產論孔張失位（昭公十六年）、郯子論古名官（昭公十七年）、伍員奔吳、晏子諫誅祝史、晏子論和同（昭公二十年）、泠州鳩論鑄無射（昭公二十一年）、楚沈尹戌城郢（昭公二十三年）、子太叔見趙簡子論禮（昭公二十五年）、祝鮀論長蔡於衛（定公四年）、孔子相夾谷（定公十年）、子貢觀禮論二君（定公十五年）、伍員論許越成、逢滑不與楚吳、陳子西論闔廬夫差（哀公元年）、晉侯來魯乞師（哀公二十四年），皆是也。

若斯之比，或意相屬而對，或事相類而對，要皆渾然天成，初非有意媲配者。其視後世駢文之傷於輕靡，嫌乎平板，固不可同年而語也。《左傳》之文，因宜適變，正蘇洵所謂「紆餘委備，往復百折，而容與閒易，無艱難困苦之態」者（上歐陽內翰書）。而綺合錯綜，亦劉海峯所謂「雖排比之文，亦以隨勢屈曲貫注為佳」（《論文偶記》）者也。試檢數例，說之如左：

左氏之文，大抵首尾相配成章法，如城濮之戰，一路散散敘去，卻用閒筆兩兩照應聯絡：「前寫分曹之謀，而曰公說云云，後寫私復之謀，而曰公說云云。前寫使伯棼請戰于楚，後寫使鬭勃請戰于晉。前寫輿人之謀，後寫輿人之誦。前寫曹衞之師，而夾寫子叢戍衞；後寫城濮之戰，而夾寫鄭伯致師。皆映帶成趣，無此即枯直無致矣。」（《左繡》卷七頁十二）又如大棘之戰（宣公二年），敘法極整而變，可作兩截讀：「上半寫華元戰敗事，下半寫華元逃歸事。上半又分兩扇：狂狡倒戟而獲，羊斟與人而敗；一則失禮違命，一則敗國殄民，皆以君子作斷。下半亦分兩扇，入門不怨叔牂，巡功不怒城者；一則寬釋在前，一則含容在後，皆以韻語成文。而甲車俘馘，兵車文馬，兩兩相對，極其整齊。」（《左繡》卷十頁四）又如邲之戰，文亦兩兩相對，故夾敘處皆上下有情：「北師段，敘楚三軍，與敘晉三軍對；飲馬于河，與及河對；聞晉師既濟王欲還，與桓子語對；令尹語與隨武語對，伍參語與彘子語對，南轅與中軍佐濟對，言于王與知莊語對，改乘轅與韓獻語對，次管以待與師遂濟對。」（《左繡》卷十一頁六）

又如鄢陵之戰，尤其通篇一線雙行對寫，每舉一事，必皆有對，全篇凡分戰前、將戰、正戰、戰後四大段，每段又各分數節，每節又各有提挈，大約或正或錯，或近或遠，皆兩兩相對：如「第一節有勝矣，與第二節楚懼不可用也對：一勝一敗，已定一篇之局。三節晉濟楚至，文子欲反；與四節遇于鄢陵，文子不欲戰對：紓憂外懼，照定首尾落筆。五節范匄趨進，與六節楚子登車對：一于楚陳之壓晉軍也，不用實寫，却于郤至口中論出；一于晉陳之疏行首也，亦不用實寫，卻于楚子眼中望出，虛實互用，結構尤奇。七節賁皇以萃王卒策楚必敗，與八節筮史以射其元決王必敗對，先作伏筆。九節違淖掀淖，晉幾陷而幸出；與十節中目中項，楚已傷而不辱對，則此文之正面矣。以下零敘戰日許多閒文，章法忽變：十一節與十八節對，郤至遇楚子之卒，欒鍼遇子重之旌；一則問弓，一則承飲，一稱君子，一表整暇，一則肅使而退，一則兎使而鼓。言詞舉動，色色映帶，是遙對法。十二節韓厥從鄭伯，與十三節郤至從鄭伯對：一從後逐，一從前遮。十四節石首內旌，與十五節唐苟請止對：一欲去旗，一欲免君。十六節養由基再發盡殪，與十七節叔山冉中車折軾對：一以射，一以搏，皆連對法。由是而十九節子反命吏，與二十節賁皇徇師對：一是發狠，一是使乖。二十一節楚乃宵遁，與二十二節晉三日穀對：一收楚敗，一收晉勝。結語又自與起手首尾遙對：一憂于未戰之先，一戒于既勝之後。而其對寫尤妙者，則中間伯州犁以公卒告王，苗賁皇亦以王卒告；一實一虛；一承上，一起下。整整對仗，而又總寫，皆曰國士在，且厚不可當也，以一筆作兩對，分明以此數句爲全文中腰轉捩。」《左繡》卷十二頁十二～二十三

其它，如〈季文子出莒太子僕〉文公十八年，通篇對說，數目相偶，直如天宮寶樹，花花相對，葉葉相

當。〈晉鄭同盟於戲〉（襄公九年），晉八卿鄭六卿兩兩相對；諸侯大夫與鄭大夫門子，亦兩兩相對。遷延之役（襄公十四年），可見《左傳》好以一串之事，作兩對之局。崔氏之滅（襄公二十七年），亦兩兩對敘，足見《左氏》敘事之大凡，亦千古作文之大凡也。《左氏》之文，亦有通篇句句整對者，如衞文中興（閔公二年）是也，有類後世所謂之整章對者。

《左氏》文章之整練，有二字句、三字句、四字句、五字句與六字句者。齊整句式如是，或以敘事，或以說理，或以摹景，或寫治功，或述戰爭，或定義界，要皆理精而調圓，意雋而詞贍，眞千錘百鍊之文也。如「君義、臣行、父慈、子孝、兄愛、弟敬，所謂六順也。」（隱公三年）「竝后、匹嫡、兩政、耦國，亂之本也。」（桓公十八年）「報施、救患、取威、定霸，於是乎在矣。」（僖公二十七年）「救乏、賀善、弔災、祭敬、喪哀，情雖不同，毋絕其愛。」（文公十五年）「德立、刑行、政成、事時、典從、禮順，若之何敵之。」「夫武，禁暴、戢兵、保大、定功、安民、和衆、豐財者也。」（宣公十二年）「聲亦如味：一氣、二體、三類、四物、五聲、六律、七音、八風、九歌，以相成也。清濁、小大、短長、疾徐、哀樂、剛柔、遲速、高下、出入、周疏，以相濟也。」（昭公二十年）「君令、臣共、父慈、子孝、兄愛、弟敬、夫和、妻柔、姑慈、婦聽，禮也。」（昭公二十六年）凡此，皆二字句也。又如「賤妨貴、少陵長、遠間親、新間舊、小加大、淫破義，所謂六逆也。」

（隱公三年）「宣子於是乎始為國政，制事典、正法罪、辟獄刑、董逋逃、由質要、治舊洿、本秩禮、續常職、出滯淹。」（文公六年）「分財用、平板榦、稱畚築、程土物、議遠邇、略基趾、具餱糧，度有司。」（宣公十一年）「是夭子蠻、殺御叔、弒靈侯、戮夏南、出孔儀、喪陳國，何不祥如是。」（成公二年）「子反命軍吏：察夷傷、補卒乘、繕甲兵、展車馬。」（成公十六年）「晉悼公即位于朝，始命百官，施舍已責：逮鰥寡、振廢滯、匡乏困、救災患、禁淫慝、薄賦斂、宥罪戾、節器用，時用民，欲無犯時。」（成公十八年）「火所未至，徹小屋、塗大屋、陳畚挶、具綆缶、備水器、量輕重、蓄水潦、積上塗、巡丈城、繕守備、表火道。」（襄公九年）「蔿掩書土田、度山林、鳩藪澤、辨京陵、表淳鹵、數疆潦、規偃豬、町原防、牧隰皋、井衍沃、量入修賦。」（襄公二十五年）「五聲和，八風平，節有度，守有序。」（襄公二十九年）「侯主社稷、臨祭祀、奉民人、事鬼神、從會朝，又焉得居。」（昭公七年）「三辰有災，於是乎百官降物，君不舉，辟移時，樂奏鼓，祝用幣，史用辭。故夏書曰：辰不集于房，瞽奏鼓，嗇夫馳，庶人走。」（昭公十七年）凡此，皆齊整之三字句也。

又如四字句，「清廟茅屋，大路越席，大羹不致，粢食不鑿，昭其儉也。袞冕黻珽，帶裳幅珽，衡沈紘綖，昭其度也。藻率鞞鞛，鞶厲游纓，昭其數也。火龍黼黻，昭其文也。五色比象，昭其物也。錫鸞和鈴，昭其聲也。」（桓公二年）「服以遠之，時以閟之，尨涼冬殺，金寒玦離。」（閔公二年）「內寵並后，外寵二政，嬖子配適，大都耦國，亂之本也。」（閔公二年）「背施無親，幸災不仁，貪愛不祥，怒鄰不義。」（僖公十四年）「川澤納汙，山藪藏疾，瑾瑜匿瑕，國君含垢，天之道也。」（宣公十五年）「舉不失職，官不易方，爵不踰德，師不陵正，旅不偪師，民無謗言，所以復霸也。」（成公十八年）「大適小有五美：宥其罪戾，赦其過失，救其菑患，賞其德刑，教其不及」；「小適大有五惡：說其罪戾，請其不足，行其政事，共其職貢，從其時命。」（襄公二十八年）「朝聘有珪，享頫有璋，小有述職，大有巡功，設機而不倚，盈爵而不飲，宴有好貨，飧有陪鼎，入有郊勞，出有贈賄，禮之至也。」（昭公五年）「山林之木，衡鹿守之；澤之萑蒲，舟鮫守之；藪之薪蒸，虞候守之；海之鹽蜃，祈望守之。縣鄙之人，入從其政；偪介之關，暴征其私；承嗣大夫，強易其賄。……內寵之妾，肆奪於市；外寵之臣，僭令於鄙。」（昭公二十年）「正其疆場，脩其土田，險其走集，親其民人，明其伍侯，信其鄰國，愼其官守，守其交禮。不僭不貪，不懦不耆。」（昭公二十三年）「闔廬食不二味，居不重席，室不崇壇，器不彤鏤；宮室不觀，舟車不飾，衣服財用，擇不取費。」（哀公元年）

凡此，皆整鍊之四字句也。

又如五字句，「享以訓共儉，宴以示慈惠；共儉以行禮，而慈惠以布政。」（成公十三年）「宴語之不懷，寵光之不宣，令德之不知，同福之不受，將何以在？。」（昭公十二年）「於神爲不祥，於德爲愆義，於人爲失禮。」定公十年「樹德莫如滋，去疾莫如盡。」哀公元年則為五字句也。又如「政寬則民慢，慢則糾之以猛；猛則民殘，殘則施之以寬」；「免父之命，不可以莫之奔；親戚為戮，不可以莫之報。」昭公二十年則有似乎四六文矣。《左傳》每於文章之關鍵處，鋪排整飭之，既表現多元之一統，又展示共相之分化，遂形成渾然之和諧。《左傳》之敘事所以最通達，析理所以最精切，摹寫所以最美妙者，散中有駢，參差中極為整齊故也。《左傳》自道：「若以水濟水，誰能食之；若琴瑟之專壹，誰能聽之。」昭公二十年文貴錯綜之說也。

《左傳》之文，奇偶相生，散整相錯。當散則散，當偶則偶，純任自然，本乎天籟。或前整而後散，或前散而後整，或前偶而後奇，或前奇而後偶，或整齊中見參差。前整後散者，如臧僖伯諫觀魚隱公五年，鄭伯侵陳隱公六年，齊人救邢閔公元年，臧孫訖讖銘功襄公十九年是也。前散後整者，如晉師鞌戰歸成公二年，晉侯蒐於緜上襄公十三年，衛世子蒯聵立衛侯輒來奔哀公十五年，是也。前偶後奇者，如汎舟之役僖公十三年，晉侯使鞏朔獻齊捷成公二年，靈王求后于齊襄公十二年，鄭人殺良霄襄公十三年，晉屠蒯諷君昭公九年，南蒯之將叛昭公十四年，楚白公之亂哀公十五年，是也。前奇後偶者，如楚屈瑕敗鄖師桓公十一年，乘丘之役莊公十一年，叔孫豹如晉襄公十六年，晉侯使韓宣子來聘昭公二年，叔弓帥師圍費昭公十三年，晉荀瑤伐齊哀公十三年，皆其例也。

又有整齊中見參差者，如公子翬如齊逆女桓公三年，四送之，一不送，總見齊侯之送非禮也。如楚武王侵隨（桓公六年），整整三告曰，五謂其，又另以兩謂字作首尾提束，而多少各極其致，是其例也。⑤馮李驊論文，以爲「古文看參差不難，最要識得整齊處。」（《左繡》卷十三頁十呂相絕秦評語）又謂：「文字偶句居多，得單句一宕，則板處皆活。」（《左繡》卷二十一頁六中豐對雨雹評語）《左傳》散整錯綜之謂也。宋文蔚《文法津梁》亦云：「一奇一偶，自有相生之妙。單行之中，亦必間以雙行，文法方見變化。」（上冊頁一〇〇）「大抵鋪敘處多用排偶，轉折處多用散行。」（下冊頁七十三）且馬宗霍《文學概論》亦謂：「文字最忌排行，貴錯綜其勢；散能合之，合能散之，破板爲活。」（頁一四一）以此見《左傳》文章奇筆偶句錯綜之妙也。

明凌約言稱：《六經》而下，近古而閎麗者，數《左傳》爲翹楚。謂《左傳》如楊妃舞盤，廻旋搖曳，光彩射人（《史記評林》卷首頁五十）。章學誠《文史通義．詩教下》亦云：「傳記如《左》、《國》，文逐聲而遂諧，語應節而遽協」，凡此，皆稱美《左傳》之辭藻綺麗，文采暐曄，實不獨音節之曼妙，神韻之緜邈而已也。《左傳》多駢偶，由此益信。

第二節　《左傳》駢行語氣之流韻

《左傳》之排偶，示後人許多法門。語云：「伐薪必於崑鄧，汲水宜從江海」，《左傳》爲文章之奧府，發言摛詞，聯藻交彩，開文法無數蹊徑。

舉其要者言之，如聲子說楚（襄公二十六年），前路參差反覆，閒靜有味。後四段格整而勢橫，有百鍊之鋒，有四溢之趣《左繡》卷十八頁十四，建安諸君之駢文祖之。季文子出僕（文公十八年），一數字，領起許多數目，算博士駱賓王，得《左氏》之一體矣《左繡》卷九頁三十一。觀〈討武曌檄〉一文，信其駢文有得於《左傳》者也⑥。鄭伯侵陳（隱公六年），「長惡」四句，筆意輕雋流逸，宋人四六，乃時似此《左繡》卷一頁二十三。晉侯來乞師（哀公二十四年），臧文仲以楚師伐齊兩段，句句作對偶語，東坡四六文酷似之《左繡》卷三十頁三十九。馮李驊《左繡》，好以整齊論文，桐城文家詆其不脫評點八股文習氣。然阮元曾謂：「八比之文，眞乃上接唐宋四六爲一脈，爲文之正統也。」《研經室三集．書昭明文選序後》阮元論文章之奇偶相生，眞乃上接《左傳》爲一脈。由此推之，則《左傳》文章之排偶，開唐宋四六文之祖庭，可以斷言矣。

考《左傳》之文章，有與六朝以降之駢文特徵相似者，可窺其間之關係焉。一曰雙行之意念，若鄭太子忽辭昏（桓公六年），兩請妻，兩辭，兩人問，兩太子曰，乃至兩我，一詩云，一民謂，無不兩兩相對。晉獻使荀息傅奚齊（僖公九年），前對獻公作兩番，後答里克亦作兩番，故敘事亦各寫兩遍，而引《詩》亦恰好雙調作結。秦醫和論晉侯疾（昭公元年），上半問疾起，博物重賄結。下半視疾起，良醫厚禮結。又各後半皆有一番餘文，遙遙相對，爲兩對法之最明整者。楚殺費無極鄢將師（昭公二十七年），以殺人興謗爲不仁，愛讒自危爲不智，雙調開合，對仗分明。鄭子產作丘賦（昭公四年），國將若之何，敝將若之何，前後相對作章法。民不可逞，度不可改；幅而無禮，幅而無法，調法亦兩兩相配，非有意爲文而何？

二曰排比之句法，如「時，事之徵也；衣，身之章也；佩，衷之旗也。故敬其事則命以始，服其身則衣之純，用其衷則佩之度；今命以時卒，閟其事也；衣之尨服，遠其躬也；佩以金玦，棄其衷也。」（閔公二年）將食衣佩排比鋪寫。「先王之正時也，履端於始，舉正於中，歸餘於終。履端於始，序則不愆；舉正於中，民則不惑；歸餘於終，事則不悖。」（文公元年）典奧質勁，似頌似銘，且兩層皆以韻語成文。又如「《春秋》之稱，微而顯，志而晦，婉而成章，盡而不汙，懲惡而勸善，非聖人誰能修之。」（成公十四年）《春秋》曲筆直書之書法，資鑑勸懲之使命，藉排句之形容，遂昭然若揭。季文子卒（襄公五年），以無字領起四排句，以見其忠。「直而不倨，曲而不逼，遠而不携，遷而不淫，復而不厭，哀而不愁，樂而不荒，用而不匱，廣而不宣，施而不費，取而不貪，處而不底，行而不流。」（襄公二十九年）以十四排句寫三頌之盛德。椒舉說楚王（昭公四年），前以六王二公勸其愼禮，後以三代辟王戒其汏侈，是其例也。

三曰用典與隸事，《左傳》之引用《詩》《書》《易》，與夫謠諺、箴銘、頌贊、舊志，固屬用典；而遣詞運調，亦不離用典與隸事。如聲子說楚（襄公二十六年），稱楚材晉用，歷舉析公、雍子、子靈、苗賁皇之事以論證之。申無宇論棄疾爲蔡公昭公十二年，戒尾大不掉，臚列鄭莊城櫟，齊桓穀，鄭京櫟，宋蕭亳，齊渠丘，衞蒲戚諸實事以曉之。呂相絕秦成公十三年，遠從秦穆、秦康說來，歷數晉獻以下六君之彼我關係，著著將自己好處相形，襯托之妙，遂爾文情絕世。椒舉說楚篇，援六王二公事，勸王慎禮；引三代辟王事，戒王棄汰。凡此，皆《左傳》之用典與隸事也。

左傳辭藻之輝華紛綸，雍容典雅，遂爲後世駢文家用典隸事之淵鑑。金秬香《駢文概論》所謂：「至如樾椒熊虎之狀，弗殺必滅若敖；伯石豺狼之聲，非是莫喪羊舌；星已一終，魯君之歲；亥有二首，絳老之年；鷄憚犧而斷其尾，象有齒以焚其身；虞不臘矣，吳其沼乎；魯昭之將爲櫝，衞懿之鶴乘軒。後人駢文之炫博者，亦遂資以爲獺祭矣。」頁二十 是也。宋徐晉卿有《春秋左傳類對賦》之作，足以見宋人之所取，而後人之所擷矣。

對仗之講求，爲駢文特色之一。《左傳》中之偶句，有與習見之對仗暗合者，枚舉如次：流水對，如「天而既厭周德矣，吾其能與許爭乎？」隱公十一年 「是謂蹷其本，必不有其宗。」襄公十二年 是也。頂眞對，如「象而後有滋，滋而後有數。」僖公十五年 「名以出信，信以守器，器以藏禮，禮以行義，義以生利，利以平民。」成公二年 「服以旌禮，禮以行事；事有其物，物有其容」；「味以行氣，氣以實志，志以定言，言以出令。」昭公九年 是也。迴文對，如「以欲從人則可，以人從欲鮮濟。」僖公二十一年 「我無爾詐，爾無我虞。」宣公十五年「寧我薄人，無人薄我。」宣公十二年「寬以濟猛，猛以濟寬。」昭公二十年是也。同類對，如「裔不謀夏，夷不亂華。」定公十年管仲對伐楚僖公四年，宰孔勸晉侯無會僖公九年，秦晉崤之戰僖公三十二年，詹桓伯辭晉昭公九年，各活寫東西南北方位，是也。異類對，如「山有木，工則度之；賓有禮，主則擇之。」隱公十一年「亡人之憂，不可以及吾子；草莽之中，不足以辱從者。」昭公二十年是也。

又有的名對，如「興也以福，亡也以禍；今吳未有福，楚未有禍；楚未可棄，吳未可從。」哀公元年是也。長偶對，如「君之訓也，二三子之力也，臣何力之有焉；庚所命也，克之制也，燮何力之有焉；燮之詔也，士用命也，書何力之有焉。」成公二年「鳥烏之聲樂，齊師其遁；有班馬之聲，齊師其遁；城上有烏，齊師其遁。」襄公十八年「有酒如淮，有肉如坻，寡君中此，爲諸侯師；有酒如澠，有肉如陵，寡人中此，與君代興。」昭公十二年是也。連珠對，如「周道挺挺，我心扃扃。」襄公九年是也。隔句對，如「雖有絲麻，無棄菅蒯；雖有姜姬，無棄蕉萃。」成公九年是也。

其它，又有遙對、連對、奇對、遞對之例：遙對，如齊師侵蔡伐楚僖公四年，上篇半認半推，下篇前恭後倨，已開後人遙對格法。晏子論和同昭公十二年，聲味兩喻，于和用遙對；「先王之濟五味」云云，後人遙對中紐格，似本于此《左繡》卷二十四頁二十二。連對，如養由基再發盡殪，叔山冉中車折軾成公十六年，是也。

奇對，如「公子成爲右師，公孫友爲左師，樂豫爲司馬，鱗權爲司徒。」文公七年是也。遞對，如富辰諫王勿以狄伐鄭僖公二十四年，「太上四句，與庸勳八句對，都大概說。周公召公與四德四姦對，都雙行實說。如是三句與周之懿德九句對，都是申說。今天子與今周德對，都用其若何作結，語意不同，而格調相準。」《左繡》卷六頁二十六

錢基博曾謂：「左傳文章評點，以《左繡》爲最佳。」《古籍舉要》頁六十八《左繡》既好以整齊論文，欲詳論《左傳》之駢偶者，詳參可也。

註釋

①駢文之異名甚多，文家習用者凡二十餘，如駢體文、駢文、駢體、駢語、駢偶、偶文、偶語、耦文、駢儷文、駢儷、儷語、儷體文、儷辭、駢麗、麗體文、麗文、麗辭、俳語、律語、六朝文、今體、四六文、美文、貴族文學、廟堂文學等，詳參張仁青著《中國駢文發展史》頁三十一～三十五。

②張仁青《中國駢文發展史》，頁三十六～四十四，論駢文產生之因素有六，曰受自然界事物奇偶相對之啓發，曰觀念聯合之作用，曰社會及時代之需要，曰文章本身之需要，曰人類愛美之心理，曰中國語文之恩賜。又《文心雕龍．麗辭》，言駢儷之因於自然：一曰「高下相須，自然成對」；次曰「豈營麗辭，率然對爾」；三曰「句字或殊，偶意一也」；四曰「奇偶適變，不勞經營」；終曰「迭用奇偶，節以雜佩」，聞斯語也，可以息駢散之爭矣。詳參蘄春黃季剛著《文心雕龍．札記》頁一六一。若夫駢文之結構，可詳王力著《古漢語通論》（二十五）頁二九四～三一〇〈駢體文的構成〉。

③駢文體式之形成，《文心雕龍》以爲起於司馬相如、揚雄以後；李兆洛《駢體文鈔》，以賈誼〈過秦論〉，司馬遷〈報任安書〉，揚雄〈解嘲〉，爲駢文之先河。明王志堅〈四六法海序〉，明言駢文形成於魏晉，而昌盛於南北朝。

④金秬香《駢文概論》第一章〈上古至周駢體之起源〉；劉麟生《中國駢文史》第二章〈古代文學中所表現之駢行語氣〉；張仁青《中國駢文發展史》第二章〈邃古駢散文之未分時期〉，第三章〈戰國末年至秦代駢文之胚胎時期〉；皆曾舉例論述駢文之緣起，可參看。

⑤各例解說，文繁不贅。詳參《左繡》諸評。

⑥駱賓王〈討武曌檄〉一文，不惟「以此制敵，何敵不摧；以此圖功，何功不克？」句，本《左傳》齊桓公於召陵之盟言：「以此眾戰，誰能禦之？以此攻城，何城不克？」僖公四年則其用典隸事，亦取資於《左傳》也。如包藏禍心昭公元年，班聲襄公十八年，言猶在耳文公七年，送往事居僖公九年，勤王之勳僖公二十五年，皆是也。由此可見《左傳》文章於駱賓王之影響矣。

第五章

歌詩致用之珠澤

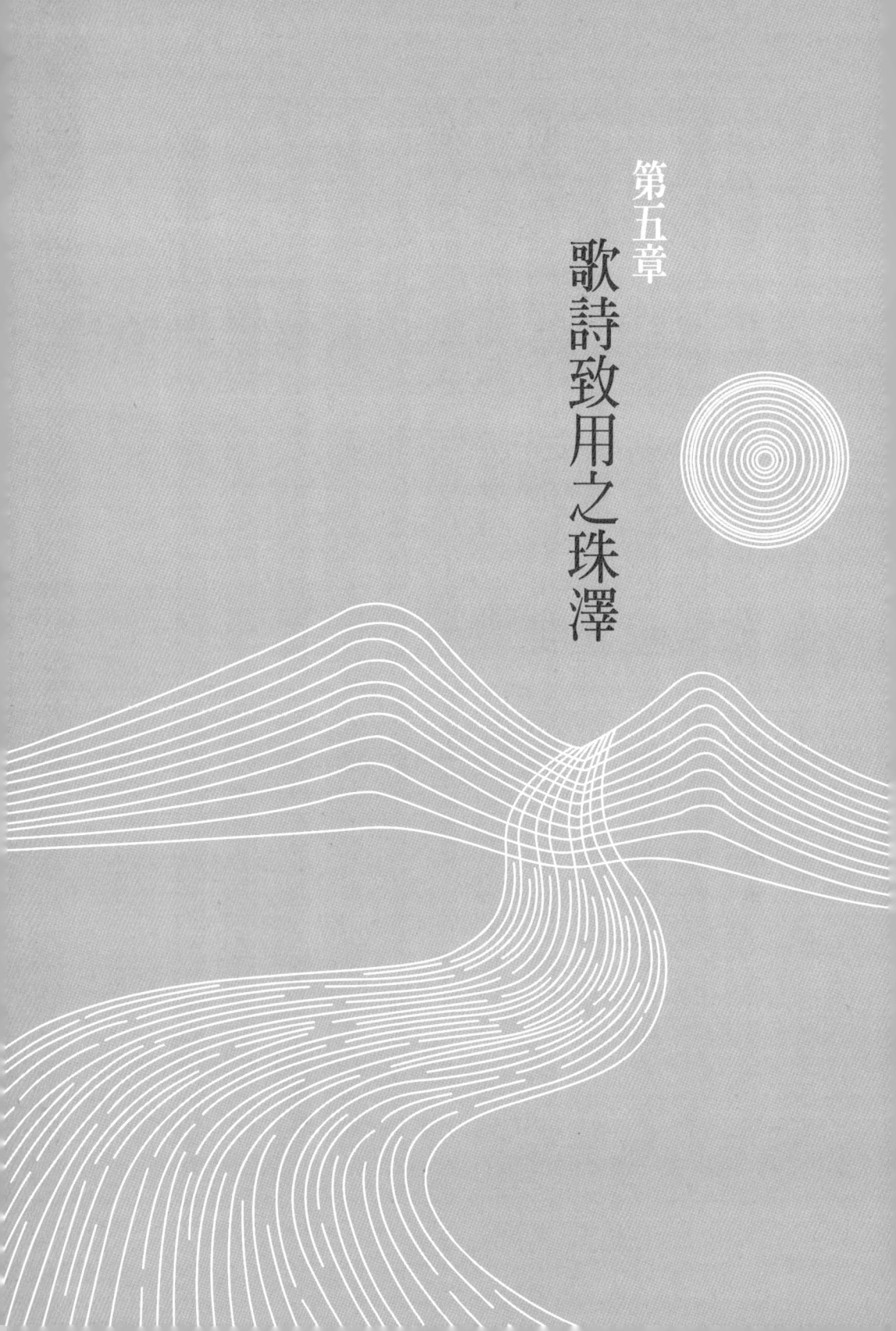

詩歌第五

中夏文化，發源於苦寒磽瘠，謀生不易之黃河上游。經濟之供給既較儉嗇，平原之性質亦較凝重。故其學術思想，多務實際，切人事，貴力行，重經驗，而修齊治平之道術興焉。由是而之焉，遂胎育成一「尚用重於尚知，求好重於求眞」之文化[①]。此一經世致用之發皇，不惟影響文學之編纂與采錄，尤關涉文學之創作與鑑賞。《左傳》載行人之賦詩引詩，即崇尚致用之一端也。[②]

第一節 賦《詩》之性質及其效用

《左傳》載春秋列國諸侯往來，賦詩、引詩、解詩、評詩之事，多達一百八十條，可見先秦談詩風氣之一斑。孔子曰：「誦詩三百，授之以政，不達；使於四方，不能專對。雖多，亦奚以爲？」《論語・子路》其賦詩之謂乎！考春秋士大夫之賦詩，蓋藉以曲達賓主之情意而已，無關於體察詩心，欣賞文學之美。觀《左傳》賦詩三十一，莫不皆然，此其致用之思想使然。蓋詩者，所以言志；賦詩，即所以見志。春秋以來，公卿大夫之賦詩道志，不惟表現專對之儒雅風流，更顯見貴族文化涵養之一斑。然有一言不酬，一拜不中，而兩國爲之暴骨者；亦有賦詩不知，又不答，終有必亡之禍者③，則春秋學者焉可不知詩之爲寓意乎？故孔子曰：「詩可以興，可以觀，可以羣，可以怨。」《論語．陽貨》此之謂也。

賦詩者何？歌誦詩篇之謂也④。《左傳》所載賦詩，或造篇，或誦古，而十九爲誦古，即誦《詩經》之詩，以爲賓主溝通情意之媒介也。賦詩，起於饗燕時應對之曲達；其中有例賦特賦之分；特賦之中，又有自賦爲賦之別，此賦詩之區類也⑤。觀春秋時代之賦詩，取決於志意之所之，詩因於事，不遷事以就詩；事寓於詩，不遷詩以就事。意傳於肯綮毫釐之中，迹略於牝牡驪黃之外《東萊博議卷三賦詩》。若夫賦詩之法，或斷章以取義，或選章而取義，或間取詩序之義，或自造篇章誦之，分述如後：

一、「斷章取義」，爲賦詩之慣例。賦詩者但取所需之義，而不必顧及詩篇之本意。故詩趣或言情，卻可作爲宴賓之賦詩，如子太叔之賦〈野有蔓草〉襄公二十七年，是也。詩趣或寓譏刺，亦可移爲致謝之意，如韓宣子賦〈角弓〉昭公二年是也。此盧蒲癸所謂：「賦詩斷章，余取所求焉。」襄公二十八年之義也，《左傳》固自道之矣。

二、「選章取義」，即選取詩篇之一章或一句以取義也。《左傳》君子所謂：「〈靜女〉之三章，取形管焉；〈竿旄〉『何以告之』，取其忠也。」定公九年是之。選章取義，有明標篇章者，如叔孫令尹享趙孟，賦〈大明〉之首章（昭公元年）；鄭伯享趙孟，子西賦〈黍苗〉之四章（襄公二十七年）；楮師段逆季武子，賦〈常棣〉之七章；韓宣子來聘，武子賦〈節〉之卒章（昭公二年）是之。有僅舉篇名者，則多取首章之義，如晉侯享公，賦〈菁菁者莪〉，公賦〈嘉樂〉（文公三年）；衛侯享韓宣子，北宮文子賦〈淇奧〉，宣子賦〈木瓜〉（昭公二年）是之。有僅舉篇名，而非取首章之義者，如秦穆享重耳，公賦〈六月〉（僖公二十三年），取第二章之義也。晉侯兼享鄭伯衛侯，子展賦〈將仲子兮〉（襄公二十六年），義取卒章之辭也。鄭伯享趙孟，公孫段賦〈桑扈〉（襄公二十七年），趙孟所答，知公孫段固舉卒章之辭也。又有僅舉篇名，實賦全篇者，如魯享宋華定，為賦〈蓼蕭〉（昭公十二年），昭子論定其必亡，舉〈蓼蕭〉全篇而申說之。申包胥乞師，秦哀公為賦〈無衣〉（定公四年），〈無衣〉三章，申胥九頓首，可知秦哀所賦為全篇也。

三、「義取詩序」，如公宴衛甯武子，為賦〈湛露〉及〈彤弓〉，不辭又不答賦（文公四年）；蓋依詩序，〈湛露〉、〈彤弓〉為天子宴賜諸侯者也，於禮不合賓主身分，故甯武子不辭又不答賦。

四、「自造篇章」，謂自作詩也，如鄭伯與其母隧而相見所賦（隱公元年）；鄭人惡高克，為之賦〈清人〉（閔公二年）；秦三良為殉，國人哀之為之賦〈黃鳥〉（文公六年）；此所謂「為之賦」云云，皆自造篇章也⑥。

《左傳》賦詩之斷章取義，選章取義，轉換寫實之詩，而為象徵指涉之意，遂使詩歌成專對與達政之媒介，圓滿完成其致用之價值。考其所以能如此，實緣「漢字為最理想之詩之表現媒介」⑦。美學者菲諾洛莎（Ernest Francisco Fenollosa）論詩之基本原理，謂「隱喻」爲詩之主要裝置，亦爲自然與語言之本質。由於「隱喻」，詩之語言，經常震動出層層之弦外之音，以及與自然之親近關係云云。觀《左傳》之賦詩，非即象徵式之隱喻乎！蓋「隱喻」之用，在「藉自然之事物，以揭示高超之思想，精神之暗示，以及深奧之關係」，正暗合賦詩之曲達賓主情意。亞里斯多德以爲：「隱喻爲詩人天才之標記」；春秋時代公卿大夫之賦詩專對，不辱使命，非深於詩歌之象徵與隱喻，何能至於此哉？

春秋時代宴饗之際賦詩，應對酬答之餘，不惟見先王詩教濡染人心之深，且詩歌致用之目的，亦表露無遺。筆者綜考《左傳》，探究賦詩之實用功效，大致有四：一曰裨情意之曲達，二曰資典禮之祝頌，三曰觀政俗之興衰，四曰見詩史之類通，論次如下：

一曰裨情意之曲達

《尚書・堯典》稱：「詩言志，歌詠言」；《禮記・樂記》亦云：「詩言其志也、歌詠其聲也」。春秋饗宴之際，時時藉賦詩以見賓主之志。蓋取象徵與隱喻之手法，經類比及對照，生發寓意與暗示，於是可作委婉之表達。由於賦詩者之志趣，與所賦詩篇之間，屬性類似，彼此容易發生交感照應，乃振盪出層層之弦外之音，形成無言之妙，與自然之和諧。清章學誠《文史通義・言公上》稱：「其事與文，所以藉為存義之資也。」義寓存於其事、其文之中，故可以因事憑文以表述其義。

考《左傳》之賦詩，曲達情意處凡七端：或以合歡，或以見志，或以請願，或以諷諫，或以慰勉，或以笑罵。(甲)賦詩以合歡者，如晉侯享季武子，范宣子賦〈黍苗〉，季武子賦〈六月〉襄公十九年；鄭伯兼享趙孟、叔孫豹、曹大夫，趙孟賦〈瓠葉〉、穆叔賦〈鵲巢〉，又賦〈采蘩〉，子皮賦〈野有死麕〉，趙孟賦〈常棣〉昭公元年；魯昭享韓宣子，季武子賦〈緜〉之卒章，韓子賦〈角弓〉昭公二年；衛侯享韓宣子，北宮文子賦〈淇奧〉、宣子賦〈木瓜〉昭公二年；昭公燕小邾穆公，季平子賦〈采菽〉，穆公賦〈菁菁者莪〉昭公十七年；凡此，皆嘉會賦詩以合歡也。(乙)賦詩以見志者，如衛獻使師曹歌〈巧言〉之卒章，孫文子知君忌我襄公十四年；晉七子皆賦詩，趙孟以觀其志襄公二十七年；鄭六卿賦詩，韓宣子從知鄭志昭公十六年；楚子賦〈吉日〉，子產乃具田備昭公三年；凡此，皆賦詩以言志之所之也。(丙)賦詩以請願者，如公賦摽有梅襄公八年，期晉及時共討鄭也；子展賦〈將仲子兮〉襄公十六年，乞晉侯赦免衛君也；穆叔賦〈圻父〉〈鴻雁〉之卒章襄公十六年，冀晉之救援也；趙孟賦〈常棣〉昭公元年，願親兄弟之國也，此則藉賦詩以曲達請願之意也。(丁)賦詩以諷諫者，如荀林父賦〈大雅．板〉之三章，以諷勸先蔑聽己之忠告文公七年；榮城伯賦〈式微〉，以勸公歸襄公二十九年；趙孟賦〈小宛〉之二章，勸戒楚令尹之敬威儀昭公元年；祭公謀父作〈祈招〉之詩，以止王心之肆行（昭公十二年），是也。詩可作諷諫之用，左傳師曠之語，詩大序之說，言之詳矣⑧。(戊)賦詩以允諾者，如秦穆公賦〈六月〉（僖公二十三年），允以佐天子者命重耳；叔孫穆子賦〈匏有苦葉〉（襄公十四年），示已將諸所請率魯師濟涇也；秦哀公賦〈無衣〉（定公四年），允申包胥所請將出師助楚也；韓宣子賦〈我將〉（昭公十六年），言志在靖亂而夙夜畏懼天威也，此皆賦詩以見允許之意者。(己)賦詩相慰勉，如季武子賦〈角弓〉，以兄弟昏婚無相遠相慰；賦〈彤弓〉，期使晉君繼文之業相勉（襄公八年），是也。(庚)賦詩以譏刺，如叔孫賦〈相鼠〉，以譏慶封之不知禮儀（襄公二十七年）；穆子使工誦〈茅鴟〉，以刺慶封之不敬（襄公二十八年），是其例也。

二曰資典禮之祝頌

詩歌之運用於典禮，乃其固有之目的。如祭祀採〈小雅．楚茨〉；賓宴用《小雅》〈鹿鳴〉、〈白駒〉，《周頌》〈有客〉；慶賀則用《大雅》〈崧高〉，《小雅》〈出車〉；頌辭則用《周南》〈螽斯〉、〈桃夭〉；儀禮鄉飲酒禮、燕禮、鄉射禮、大射儀各篇言之詳矣，不贅。見於《左傳》者，如「〈三夏〉，天子所以享元侯也；〈文王〉，兩君相見之樂也；〈鹿鳴〉，所以嘉寡君也；〈四牡〉，君所以勞使臣也；〈皇皇者華〉，君所以遣使臣也。」（襄公四年）「諸侯朝正於王，王宴樂之，於是乎賦〈湛露〉，諸侯敵王所愾，而獻其功，王於是乎賜之〈彤弓〉一……。」（文公四年）皆足見賦詩可資典禮之祝頌也。

所謂典禮者有二：鬼神之祭祀，與公卿大夫之燕饗是也。《左傳》賦詩，於鬼神之祝頌，付諸闕如，可以不論；但論燕饗之賦詩。燕與饗有別：「王享有體薦，宴有折俎，公當享，卿當宴，王室之禮也。」（宣公十六年）燕饗，即宴享，此其大較也。《左傳》所載燕饗賦詩之事，有公享公者，有公享大夫者，有大夫享大夫者；有公宴公者，有公宴大夫者，有大夫宴大夫者六種：(甲)公享公而賦詩：如晉侯享公，賦〈菁菁者莪〉，公賦〈嘉樂〉（文公三年）；晉侯兼享齊侯、鄭伯，晉侯賦〈嘉樂〉，國景子賦〈蓼蕭〉，子展賦〈緇衣〉，國子賦〈轡之柔矣〉，子展賦〈將仲子兮〉（襄公二十六年）；楚子享鄭伯，賦〈吉日〉（昭公三年），是之。(乙)公享大夫而賦詩，如穆叔如晉，晉侯享之，金奏〈肆夏〉之三，不拜；工歌〈文王〉之三，又不拜；歌〈鹿鳴〉之三，三拜（襄公四年）；晉侯享楚薳罷，將出賦既醉（襄公二十七年）；公季文子，賦〈韓奕〉之五章，又賦〈綠衣〉之卒章（成公九年）；公享季武子，賦〈南山有臺〉，武子賦〈魚麗〉之卒章是也（襄公二十年）。(丙)大夫享大夫，如叔孫令尹享趙孟，賦〈大明〉之首章，趙孟賦〈小宛〉之二章（昭公元年）；褚師段享季武子，賦〈常棣〉之七章以卒（襄公二十年）是也。(丁)公宴公而賦詩，如鄭伯宴魯文，子家賦〈鴻雁〉，文子賦〈四月〉；子家賦〈載馳〉之四章，女子賦〈采薇〉之四章（文公十三年）；小邾穆公來朝，公與之燕，季平子賦〈采菽〉，穆公賦〈菁菁者莪〉（昭公十七年），是其例也。(戊)公宴大夫而賦詩，如甯武子來聘，公與之宴，為賦〈湛露〉及〈彤弓〉（文公四年）是也。(己)大夫宴大夫而賦詩，如叔孫與慶封食，不敬，爲賦〈相鼠〉（襄公二十七年）；鄭六卿餞宣子於郊，六卿皆賦（昭公十六年）是其例矣。

三曰觀政俗之興衰

《詩・大序》云：「治世之音安以樂，其政和；亂世之音怨以怒，其政乖；亡國之音哀以思，其民困。故正得失、動天地、感鬼神、美教化、移風俗，莫近於詩。先王以是經夫婦、成孝敬、厚人倫、美教化、移風俗。」詩歌爲志意之表現，孔子以爲有興觀羣怨之用，政俗之興衰得失由此可以窺焉。觀《左傳》所載吳季札觀周樂（襄公二十九年），縱論風雅頌，品評列國政俗得失，可以得其端倪。

吳季札觀樂，縱論風雅頌，以政俗興衰之觀點，詳加批評。不惟觀樂而知世代之升降，且爲古代最有系統之具體詩評，於中國文學批評史上，自有其地位。它如音樂之理論，亦有確切之品評，爲古代音樂美學提供寶貴之資料，堪與〈樂記〉相發明。

古者詩樂合一，詩未有不入樂者。季札觀周樂，樂工歌詩，音樂逐詩而成，詩亦以協律爲上。季札蓋由長歌詠歎聲調之美惡之中，領略詩人之思致，與夫詩人所受環境之影響。考季札觀樂所論，厥有四端：⑨

(一) 聲調之概論：如謂邶、鄘、衞之詩「淵乎」，謂齊詩泱泱乎，謂〈秦風〉爲夏聲，謂〈魏風〉

渢渢乎，〈豳風〉蕩乎，謂〈大雅〉熙熙乎，是也。季札觀周樂，雖每詩各歌一二篇以示意[10]，然其聞樂而論，要皆統說此類詩之聲調也。

(二) 詩調之品格：如謂〈鄭風〉其細已甚，謂〈豳風〉樂而不淫，謂〈魏風〉「大而婉，險而易行」；謂〈小雅〉「思而不貳，怨而不言」；謂〈大雅〉「曲而有直體」，謂〈頌〉「直而不倨，曲而不屈，邇而不偪，遠而不攜，遷而不淫，復而不厭；哀而不愁，樂而不荒，用而不匱，廣而不宣；施而不費，取而不貪；處而不低，行而不流。五聲和，八風平；節有度，守有序。」由季札對詩調之品評，上古詩樂之優美，千載之下，猶可想見。

(三) 詩風之激盪：如聞歌〈周南、召南〉，謂始基之矣；聞〈邶〉、〈鄘〉、〈衞〉，以為「衞康叔武公之德如是」；聞〈王風〉，以為「其周之東乎」；聞〈唐風〉，以為「其有陶唐氏之遺民乎？不然，何憂之遠也？非令德之後，誰能若是」；聞歌〈小雅〉，以為「其周德之衰乎，猶有先王之遺民焉」，聞〈大雅〉，以為「其文王之德乎」；聞〈頌〉，以為「盛德之所同也」。見舞〈大武〉者，以為「周之盛也，其若此乎」；見舞〈大夏〉者，以為「勤而不德，非禹其誰能修之」[11]。凡此，要皆推論詩風之所自，以為乃感受聖君賢德之刺激者也。

(四) 詩歌之影響：季札以為詩歌之感召，於人事大有影響。觀詩歌之內容，即可推測政俗與風化之影響情狀。如謂〈鄭風〉「其細已甚，民弗堪也，是其先亡乎」；聞〈齊風〉，謂「表東海者，其太公乎？國未可量也」；又謂〈秦風〉「能夏則大」；說〈魏風〉「以德輔此，則明主也」；論〈陳風〉「國無主，其能久乎」；蓋聲音之道，與政俗相通；言爲心聲，出乎自然故也。劉禹錫謂：「八音與政相通，文章與時高下」；詩歌合樂文爲一者也，又何嘗不然？[12]此詩學所以大有功於世教也。

季札之觀樂、聽詩、見舞，發爲議論，初由聲調之概述，進而考究詩品與詩格；然後上溯其思潮，下究其影響，遂蔚爲精密之詩史觀。開示後人評論詩文，無數法門。如世人稱杜工部詩爲詩史，唐孟棨《本事詩．高逸》《新唐書．杜甫傳》、即因杜甫之詩善陳時事，詩中表見史筆，可覘斯時政俗之得失。此種詩觀，吳季札已開其端矣。

四曰見詩史之類通

古有采詩獻詩之事，王者所以觀風俗、知得失、自考正也[13]。詩既采獻，必經史官考究，明其好惡得失，選取付諸樂工。故朱熹〈詩序〉辨據〈詩大序〉所謂：「國史明乎得失之迹」一語，確定〈詩序〉爲國史所作。史官既嫻於掌故，於詩之本事，自然容易考明。左丘明身爲魯史官，故《左傳》中，時時言及詩之本事。

詩與史之關係本極密切，故孟子曰：「《詩》亡而後《春秋》作。」（離婁下）黃宗羲亦云：「史亡而後詩作。」（《南雷文約》卷四萬履安先生序）故讀詩而不讀史，於事實之背景茫昧無知，即不能深得詩旨。讀史而兼讀詩，則興觀群怨，印象深刻。此種詩史相通之意，可自《左傳》言詩之本事得其消息。章學誠稱：「《春秋》義授，左氏詩有國史之敍，故事去千載，讀者洞然無疑。」（《文史通義．永清縣志文徵序例》）《左傳》除賦詩引詩外，有明言作詩之緣起者，如「衞莊公娶於齊東宮得臣之妹，曰莊姜，美而無子，衞人所爲賦〈碩人〉也。」（隱公三年）此言衞國數世之禍，皆因莊姜無子所致，故衞人閔而憂之，乃作〈碩人〉之詩，所以推原也。又如「冬十二月，狄人伐衞……遂滅衞。衞之遺民……立戴公以廬于曹，許穆夫人賦〈載馳〉。」（閔公二年）此述《詩經》〈載馳〉之本事，言許穆夫人爲衞戴公之姊妹，感宗國之危亡，哀許之力小，不能有救於母國，故作此詩以抒憂。又如「鄭人惡高克，使率師次于河上，久而弗召。師潰而歸，高克奔陳，鄭人爲之賦〈清人〉。」（閔公二年）此述鄭人作清人詩之本事也。又如「秦伯任好卒，以子車氏之三子：奄息、仲行、鍼虎爲殉，皆秦之良也。國人哀之，爲之賦〈黃鳥〉。」（文公六年）此言秦穆公以三良爲殉，秦人哀而作〈黃鳥〉詩之本事也。又如「穆王欲肆其心，周行天下，將皆必有車轍馬迹焉。祭公謀父作〈祈招〉之詩，以止王心，王是以獲沒於祗宮。」（昭公十二年）〈祈招〉之詩，不見於《毛詩》，蓋逸詩，其詩與本事賴《左傳》得以流傳。又如「召穆公思周德之不類，故糾合宗族於成周，而作詩曰：

『常棣之華，鄂不韡韡』云云。」（襄公二十四年）此謂召穆公作〈常棣〉之詩，說與《毛傳》合⑭。又如「武王克商作頌，曰『載戢干戈』云云。」（宣公十二年）此言武王克商，後世追爲作頌，頌其克商之功也（《左氏會箋》）。凡此，皆《左傳》所載之詩本事也。

《左傳》所載詩之本事，大抵皆與《毛傳・小序》相合。史證具在，豈容欺誣？蓋《左傳》所載年代，實爲詩篇流行諷誦之年代；〈詩序〉既依乎國史舊題，毛公復依序作傳，故毛傳〈小序〉所云，不惟脗合《左傳》，亦最接近賦詩之年代也⑮。《毛詩・詩序》，固詩之本事，詩之史傳也；詩史互參，意象彰如杲日，不猶愈於擿埴冥行乎？其後唐孟棨有《本事詩》之作，言詩人因某事而作某詩，雖曰取法《毛詩・詩序》，推而上之，實自《左傳》發其端也。

第二節 引《詩》之性質及其效用

詩歌之實用價值，作爲語言交際之媒介，除賦詩見志，以達政專對，可以藉而興觀羣怨外，最大之效用，莫過於應對言語間之引詩。故伯魚趨庭，孔子訓之曰：「女爲〈周南〉、〈召南〉矣乎！人而不爲〈周南〉、〈召南〉，其猶正牆面而立與！」（陽貨）又曰：「不學詩，無以言。」（季氏）詩歌於言語交際之重要，由此可見。蓋溫柔敦厚，《詩》教也《禮記·經解》；夫教之以詩，則出辭氣斯遠暴慢矣《中說·立命》。《漢書·藝文志》云：「古者諸侯卿大夫交接鄰國，以微言相感。當揖讓之時，必稱詩以諭其志，蓋以別賢不肖而觀盛衰焉。」故孔子曰：「不學詩，無以言」，良有以也。

《左傳》敘事議論詞命之引詩，本屬訴諸權威或大衆之修辭法。春秋時人，浸淫詩教既久，非特以爲修齊治平之資，應對言論亦藉以爲表達之助，裨使說話簡明得體，靈動有力。《左傳》載時人引詩，不皆切合詩經之原意，一如賦詩之因時制宜者然。杜預《春秋經傳》所謂：「詩人之作、各以情言，君子論之、不以文害意，故《春秋傳》引詩，不皆與今說詩者同。」《注》隱公元年 凡言談之際，情境場景與詩相切合，說者輒援詩文以爲談助，此亦詩學致用之一端也。引詩之法，或全引，或略引：全引，如仲尼論寬猛，引詩曰「民亦勞止」十句昭公二十年，此《大雅·民勞》首章之文也。魏獻子辭梗陽人，引《詩》曰「唯此文王」云云十二句，此《大雅·皇矣》之四章文也。略引，如君子曰引《詩》「自詒伊慼」論子臧之自遺其憂僖公二十四年；管仲引《詩》云：「豈不懷歸，畏此簡書」以請救邢閔公元年是也。《左傳》引詩，略引者多，甚有單引一句者，全引者甚少。其中，又分明引與暗用；明引者多，暗用者少。明引，如《詩》曰、《商頌》曰之類風雅皆稱詩曰惟三頌標篇名，此例最夥；暗用如宣子引「我之懷矣，自詒伊感。」宣公二年 君子引「彼己之子，邦之司直」；「何以恤我？我其收之。」襄公二十七年 皆不明稱引《詩》，是其例也。

復考《左傳》之引詩，所以助詞令之發揮者，其用有九：曰言志，曰斷事，曰證說，曰辯論，曰闡釋，曰褒贊，曰諷諭，曰譬況，曰歎惋，茲舉例說明如後：

一曰引《詩》以言志

志者，心之所之也；在心爲志，發言爲詩。出言雖不必皆成詩篇，然現成之詩篇中，苟有與說者之心境契合，與外在之物境相通者，即援而用之，以抒其志，亦不啻如自己口出也。

如宣子引「我之懷矣，自詒伊慼。」（宣公二年）以自傷也。子駟引「俟河之清，人壽幾何？兆云詢多，職競作羅。」（襄公八年）以言己之不及俟晉也。文子引「不僭不賊，鮮不爲則。」（昭公元年）以謙言己之未能也。叔向引「不侮鰥寡，不畏彊禦。」（昭公元年）以言不畏秦強也。子產引「禮義不愆，何恤於人言。」（昭公四年）以言苟有利國，己不憂謗也。是其例矣。

二曰引《詩》以斷事

宋陳騤《文則》謂：「《左氏》采諸國之事，以爲經傳；援引《詩》《書》，莫不有法。推而論之，蓋有二端：一以斷行事，二以證立言。」（丙集）《左傳》於敘事之後，往往不著斷語，祇借詩來虛虛詠歎便足。此等筆訣，開後人巧妙多少！《史記》「太史公曰」之評斷事理，蓋深得其傳者也。

《左傳》之引《詩》以斷事，其法有三：(甲)獨引詩以斷，如叔向引詩曰：「有覺德行，四國順之」，斷祁奚之正直（宣公二年）；君子引詩云：「惟其有之，是以似之。」（襄公三年）斷言祁奚有善。引「君子如祉，亂庶遄已。」（昭公三年）稱晏子之行福止亂。引「人而無禮，胡不遄死。」（昭公三年）以斷言禮之重要。沈尹戌引「誰生厲階，至今為梗。」（昭公二十四年）斷楚子之貽憂後世是也。(乙)合引詩以斷，如君子引「詩曰：『其惟哲人，告之話言，順德之行』；與『為酒為醴，烝畀祖妣，以洽百禮，降福孔階』。」（襄公二年）以斷言季孫之不哲與非禮。又引「詩曰：『于以采蘩，于沼于沚，于以用之，公侯之事』秦穆有焉。『夙夜匪懈，以事一人』孟明有焉。『貽厥孫謀，以燕翼子』子桑有焉。」（文公三年）以斷三人之行事是也。(丙)既引詩又釋其義以斷之，如君子謂：「忠，民之望也。詩曰：『行歸于周，萬民所望』忠也。」（襄公十四年）又北宮文子謂：「詩云：『敬慎威儀，惟民之則』令尹無威儀，民無則焉。民所不則，以在民上，不可以終。」（襄公三十一年）又昭子謂：「詩曰：『不解于位，民之攸塈』今蔡侯始即位而適卑，身將從之。」（昭公二十一年）是其例也。

三曰引《詩》以證說

夫徒托空言，不如徵諸實事之深切著明；事苟可信，不必義起於今，語出乎我而後能服。引《詩》以證立言，亦然。蓋「徵於舊則易為信，舉彼所知則易為從」（黃侃《文心雕龍札記．事類篇》）；引詩以證立言，即援大眾素習信服之詩文，以證吾說之確切不誤也。是以孔子戒子路之勇，近徵《詩經》「暴虎馮河」之語；孟子箴惠王之樂，遠引文王以民力為臺為沼之事。據詩可以證立言，信矣。

考《左傳》引《詩》證說之法有三：(甲)採總羣言以盡義，如公孫枝引《詩》曰：「不識不知，順帝之則」；與「不僭不賊，鮮不為則。」（僖公九年）以證法則之重要，進言夷吾之不能定。又如臧文仲引《詩》曰：「戰戰兢兢，如臨深淵，如履薄冰」；與「敬之敬之，天惟顯思，命不易哉。」（僖公二十二年）以證國君當戒慎恐懼，無卑邾小。又如楚成王引《周頌》：「載戢干戈，載櫜弓矢。我求懿德，肆于時夏，允王保之」；「耆定爾功」；「鋪時繹思，我徂維求定」；「綏萬邦、屢豐年。」（宣公二十年）以證武之眞諦，乃禁暴、戢兵、保大、安民、和眾、豐財者也。(乙)言終引證以作掉，如君子曰引《詩》「君子屢盟，亂是用長。」（桓公十二年）反掉以證無信屢盟適足長亂。又引「惠此中國，以綏四方。」（僖公二十八年）以反掉文公之能刑。又如郤成子引《詩》：「文王既勤止」，以反掉證述非德莫如勤之意。又如叔向引《詩》：「辭之輯矣，民之協矣！辭之繹矣，民之莫矣！」（襄公三十一年）以反掉證明前文所言文辭之重要。又如無宇引《詩》：「普天之下，莫非王土；率土之濱，莫非王臣。」（昭公七年）以反掉前文，證「封略之地，何非君土？食土之毛，誰非君臣」之言。(丙)斷析本文以成言，如君子引《詩》：「所謂『人之無良』者，其羊斟之謂乎！」又如「《詩》所謂『白圭之玷，尚可磨也；斯言之玷，不可爲也』荀息有焉。」（僖公九年）又如孟獻子曰：「《詩》所謂：『有力如虎』者也。」（襄公十年）大叔文子曰：「《詩》所謂：『我躬不說，皇恤我後』者，寧子可謂不恤其後矣！」（襄公二十五年）是其例也。

四曰引《詩》以辯論

《春秋》以屬辭比事爲教，故時人以辯言正辭爲術。辯論最忌空言無事實，故多引錄成言以證之，所謂「持之有故，言之成理」者是也。是以孟軻好辯，言必稱堯舜；荀卿鴻儒，亦喜引《詩》《書》《易》爲論證。《左傳》所載詞令，申說事理，亦多引《詩》，以爲辯論之佐證。

如富辰諫王，引《詩》曰：「常棣之華，鄂不韡韡，凡今之人，莫如兄弟」；「兄弟鬩于牆，外禦其侮。」（僖公二十四年）以作爲不可以狄伐鄭之論據。又如賓媚人說晉，引「孝子不匱，永錫爾類。」（成公二年，下同）作爲必以蕭同叔子爲質，是以不孝令諸侯之論證。引「我疆我理，南東其畝」，駁斥晉人「使齊之封內盡東其畝」之議。又引「布政優優，百祿是荷」，以辯說晉人之苛求不寬。又如郤至責楚，引「赳赳武夫，公侯干城」，以證天下有道時事；引「赳赳武夫，公侯腹心」，以證天下無道時事；前者有禮，後者無禮也，此割裂詩義以爲辯說者也。又如鄖公辛引詩：「柔亦不茹，剛亦不吐，不侮鰥寡，不畏彊禦。」（定公四年）以申辯行事當得其宜，勸其弟不可悖亂弒君。是其例也。

五曰引《詩》以闡釋

摛文出辭，期待能達乎義理。或恐人之未曉其義也，故引申觸類以爲釋，旁推交通以爲解，必至能相互發明而後止。申解之於本論，誠可謂「合之則雙美，離之則兩傷」也。

《左傳》之引《詩》，有發明上下之文理者，亦此類也。《左傳》之引詩以闡理，論其方式有六：或作前茅，或作呼應，或作後勁，或作反襯，或作順承，舉例如下。(甲) 作前茅者，如〈衞〉詩曰：「威儀棣棣，不可選也」，言君臣父子兄弟內外大小，皆有威儀也。〈周〉詩曰：「朋友攸攝，攝以威儀」，言朋友之道，必相教訓以威儀也（襄公三十一年）。又如〈詩〉曰：「協比其鄰，昏姻孔云」，晉不隣矣，其誰云之（襄公二十九年）。又如〈詩〉曰：「雖無德于女，式歌且舞」陳氏之施，民歌舞之矣。(乙) 作呼應者，如官人，國之急也；能官人，則民無覦心。〈詩〉曰：「嗟我懷人，寘彼周行」能官人也（襄公十五年）。又如善爲國者，賞不僭而刑不濫……〈商頌〉有之曰：「不僭不濫，不敢怠皇，命于下國，封建厥福」

此湯所以獲天福也。(丙)作後勁者，如隨武子曰：「子姑整軍而經武乎，猶有弱而昧者，何必楚？……〈汋〉曰：「於鑠王師，遵養時晦」耆昧也；〈武〉曰：「無競維烈」，撫弱耆昧以務烈所可也（宣公十二年）。又如君子曰：恃陋而不備，罪之大者也；備豫不虞，善之大者也……〈詩〉曰：「雖有絲麻，無棄菅蒯，雖有姬姜，無棄蕉萃。凡百君子，莫不代匱」言備之不可以已也（成公九年）。(丁)作反襯者，如〈詩〉曰：「胡不相畏，不畏于天？」君子之不虐幼賤，畏于天也（文公十五年）。又如君子曰：信其不可不慎乎……〈詩〉曰：「文王陟降，在帝左右」信之謂也。又曰：「淑慎爾止，無載爾僞」不信之謂也（襄公三十年）。又如樂祁曰：國君是以鎮撫其民，〈詩〉曰：「人之云亡，心之憂矣」魯君失民矣，焉得逞其志（昭公二十五年）。(戊)作順承，如仲尼曰：寬以濟猛，猛以濟寬，政是以和。〈詩〉曰：「民亦勞止，汔可小康，惠此中國，以綏四方」，施之以寬也。「毋縱詭隨，以謹無良，式遏寇虐，慘不畏明」，糾之以猛也。「柔遠能邇，以定我王」，平之以和也。又曰：「不競不絿，不剛不柔，布政優優，百祿是遒」，和之至也（昭公二十年），是其例也。

六曰引〈詩〉以褒贊

歷史者，治亂得失之林，而人羣之龜鑑也。善善惡惡，賢賢賤不肖，此史學所以經世也。是以積極之褒贊，重於消極之譏貶，垂訓來葉故也。《左傳》既爲春秋之信史，又得乎孔聖之史意，故其書自多褒贊之文。

贊，明也。紀傳意有未明，賴贊以彰顯之（《文心雕龍札記．頌贊篇》）。其體大多四言用韻爲多，《後漢書．贊》最爲精整可法。考其本原，則在《左傳》引《詩》以褒贊人物也。如君子引《詩》：「孝子不匱，永錫爾類。」（隱公元年）以褒獎潁考叔之孝。又引「殷受命咸宜，百祿是荷。」（隱公四年）褒贊宋宣公之宜。又引「愷悌君子，神所勞矣。」（僖公十二年）褒美管仲。又引「君子如怒，亂庶遄沮」；「王赫斯怒，爰整其旅。」（文公二年）以稱美狼瞫之爲君子。又引「彼己之子，邦之司直」讚欒喜；引「何以恤我？我其收之。」（襄公二十七年）嘉向戌。又仲尼引「君子是則是效。」（昭公七年）嘉許孟僖子。又引「樂只君子，邦家之基。」（昭公十三年）褒美子產。又引「永言配命，自求多福。」（昭公二十八年）以稱美魏獻子之忠，是其例也。

七曰引《詩》以諷諭

詩之爲用，委婉而善諷，主文而譎諫，能使言之者無罪、聞之者足以戒，此亦詩學教化之功也。古有採詩之官，王者所以觀風俗知得失自考正也（《漢書．藝文志》）。於是詩歌怨刺之作，一變而爲諫章矣。故王式以三百五篇諫王（《漢書．王式傳》），齊人以三百篇爲諫書。白居易詩所謂：「君兮君兮欲開壅蔽達人情，先向詩歌求諷刺」⑯，是也。

《左傳》引《詩》，亦有此勸戒之意，如韓簡引詩：「下民之孽，匪降自天；蹲沓背憎，職競由人。」僖公十五年 以諷諫惠公，言善惡由公耳。又如子魚引《詩》：「刑于寡妻，至于兄弟，以御于家邦。」僖公十九年 以諫宋公之施教。又如魏絳引《詩》：「樂只君子，殿天子之邦。樂只君子，福祿攸同，便蕃左右，亦是帥從。」襄公十一年 以規勸宋公安樂而思終。又叔孫昭子引《詩》：「經始勿亟，庶民子來。」昭公九年 以勸季平子無動民。又司馬叔游引詩：「民之多辟，無自立辟。」昭公二十八年 以勸諭祁盈之執通室。是其類也。

八曰引《詩》以譬況

譬喻者，基於類化作用，借彼喻此之修辭法也。以其所知，喻其所不知，而使人知之者也。王符《潛夫論．釋難》所謂：「譬喻也者，生於直告之不明，故假物之然否以彰之。」以上本黃慶萱《修辭學》之說 《詩經》，爲公卿大夫嫺熟之書也，故談說之際，每藉以爲譬況，期使喚起鮮明之意象。

《左傳》引詩，亦多用以譬況，如君子引《詩》：「豈不夙夜？謂行多露。」僖公二十年 以喻隨君違禮而行，必有汙辱。又如羊舌職引《詩》：「陳錫哉周。」宣公十五年 以喻晉侯如文王之能施也。又君子引《詩》：「愷悌君子，遐不作人。」成公八年 以言欒書猶文王，能遠用善人也。穆叔引《詩》：「退食自公，委蛇委蛇。」襄公七年 以喻儒孫文子之不順禮也。又子太叔引《詩》：「誰能執熱？逝不以濯。」襄公三十一年 以言禮之於政，猶濯以救熱也。又昭子引《詩》：「不自我先，不自我後。」昭公十年 以喻高彊身自取禍也。又如子產引《詩》：「德音不瑕。」昭公二十年 以言心平德和，亦如周公之德音遠播也。又子太叔引《詩》：「缾之罄矣，惟罍之恥。」昭公二十四年 以喻王室亂矣，晉之恥也。又史墨引《詩》：「高岸為谷，深谷為陵。」昭公三十二年 以喻人事之無常也。凡此，皆譬況之例也。

九曰引《詩》以歎惋

《詩·大序》言：「情動於中，而形於言。言之不足，故嗟歎之；嗟歎之不足，故永歌之；永歌之不足，不知手之舞之足之蹈之也」；此指明嗟歎為永歌與舞蹈之起源，與西洋所謂「語言起於歎聲說」（Theory of interjection）有相通者。詩歌既起於歎聲之反覆節奏，故亦富含咨嗟歎惋之情。《左傳》引《詩》，「一彈再三歎，慷慨有餘哀」者亦多，此皆足以助文情之跌宕者也。如君子引《詩》曰：「人之云亡，邦國殄瘁。」文公六年 以歎秦穆之奪三良。又如孔子引詩曰：「民之多辟，無自立辟。」宣公九年 以歎洩冶所以召禍之故。又君子引《詩》曰：「亂離瘼矣，爰其適歸。」宣公十二年 以歎鄭亂之不息也。又如叔向引《詩》曰：「優哉游哉，聊以卒歲。」襄公二十一年 以自傷獲罪也。又君子引《詩》

「無競維人。」昭公元年以歎國無賢人也。又引《詩》：「蔽芾甘棠，勿翦勿伐，召伯所茇。」定公九年以傷鄧析之不能以一善存身也。凡此，皆引《詩》以助歎惋之例也。

以上所論《左傳》之引詩，率皆特意爲之，間有隨興引之者，如孟獻子曰：《詩》所謂「有力如虎」者也襄公十年，則援用如成語矣。又有引《詩》，而以爲隱語者，如穆子賦〈匏有苦葉〉襄公十四年，取深厲淺揭之義，叔向識其隱語，故退而具舟。又如騆赤答叔孫，謂臣之業在〈揚水〉卒章之四言矣定公十年，則其廋辭爲「不敢以告人」，非後世詩謎之先驅乎？要之，《左傳》賦《詩》引詩，無美不備。一言以蔽之，曰致用而已矣。

註釋

①中原文化之特色，參閱劉師培《劉申叔遺書》〈南北學派不同論〉；章太炎《訄書·原學》；梁啓超《中國學術思想變遷之大勢》頁十八，「近代學風之地理分佈」頁四；羅根澤《周秦兩漢文學批評史》頁十六。

②春秋時代行人之主要任務，考諸《左傳》，約有下列八事：一、告立君，二、結盟，三、請戰，四、媾和，五、求救，六、止戰，七、弔喪，八、告事。詳參張玉書著《先秦時代的傳播活動及其對文化與政治的影響》，頁一四八~九，嘉新水泥文化基金論文，民國五十五年（一九六六年）。

③如晉侯與諸侯宴於溫，使諸大夫舞，曰：「歌詩必類」，齊高厚之詩不類，荀偃怒，使諸大夫盟高厚，以討不庭，高厚逃歸。襄公十六年 此不能專對，而其國爲之暴骨者。又如慶封聘魯，爲賦〈相鼠〉與〈茅鴟〉，皆不知，襄公二十七、二十八年 後遂奔亡。宋華定來聘，爲賦〈蓼蕭〉，弗知又不答賦，昭子斷其必亡。昭公十二年 晉荀鑠如周，籍談爲介，不能對，周王斷其無後，昭公十五年 是其例也。

④皮錫《瑞經學通論》二謂：「《左氏傳》載列國君卿賦詩言志，變風變雅，皆當在無算樂之中。古者詩教通行，必無徒詩不入樂者。」「論詩無不入樂」史漢與左氏傳可證 蓋詩與音樂，實相爲因果者，故近世學者謂：詩無不入樂，此

殆定論也。日人青木正兒云：「詩乃伴奏樂聲之樂章，在於從屬之位置，未有獨立之價值者」，說見岡崎文夫《詩經文王之什考》所引。

⑤ 舉例說明，參考楊向時《左傳賦詩引詩考》頁十一～頁十二。

⑥ 以上所述賦詩之方法，詳參顧頡剛〈詩經在春秋戰國間的地位〉（《古史辨》第三冊頁三二八～頁三三四）；又楊向時《左傳賦詩引詩考》頁十二～頁十八。

⑦ 美國學者菲諾洛莎著《漢字做為詩的表現媒介》（The Chinese Written character as a Medium for Poetry），副題為「詩藝」（An Ars Poetica），不僅為語言學之論著，亦針對所有美學之基本理論研究。其中言及漢字做為詩之表現媒介，其優越性在於及物動詞及隱喻之使用。論及隱喻，謂「中國人之知覺訴諸具體之隱喻，而非依賴抽象之思維。中國詩中每個漢字之暗示力互相作用，正如自然中萬物的互相作用」。詳參杜國清〈論漢字作為詩的表現媒介〉，載《中外文學》八卷九期。

⑧ 師曠謂：「自王以下，各有父兄子弟以補察其政：史為書，瞽為詩，工誦箴諫，大夫規誨，士傳言，庶人謗。」《左傳》襄公十四年 詩大序則謂：上以風化下，下以風刺上；主文而譎諫，言之者無罪，聞之者足以戒，故曰風。」

⑨ 以下分類，大致本方孝岳《中國文學批評》（三）、「吳季札的詩史觀」，舉例命意，間或出於己見。

⑩《左傳》襄二十九年《正義》云：「季札此時遍觀周樂，詩篇三百不可歌盡，或每詩歌一篇兩篇以示意耳，未必盡歌之也。」至所歌究爲何篇，由季札之評語，參以〈詩序〉，可類推而知也。詳參楊向時《賦詩考》頁四一～頁四六。

⑪季札觀樂，除合於《詩》三百篇外，又見「舞大夏」，「舞韶箾」者。詩樂舞既三位一體，故所歌所舞皆詩也。墨子有歌詩三百，舞詩三百之言，安知舞大夏、舞韶箾之非虞夏之詩乎？南宋程大昌詩論謂：吳季札觀樂，「有舞象箾南籥者」；詳而推之：南籥，二南之籥也；箾，雅也；象舞，頌之維清也。柳存仁《上古秦漢文學史》頁四六引可見季札所觀之樂，所見之舞，要皆可以詩視之也。

⑫可參閱皮錫瑞《經學通論》卷二詩經，「論鄭《譜》鄭《箋》之義，知聲音之道與政通」頁四六～頁四七。

⑬此班固《漢書．藝文志．詩賦略》語。采詩獻詩之說，詳參《上古秦漢文學史》第三章頁三十六～三十七。抱懷疑論者，如崔述《讀風偶識》，日人青木正兒「自詩教發展之徑路見疑於采詩之官」，并見柳書頁三十八～頁三十九。

⑭〈常棣〉小序《毛傳》云：「周公弔二叔之不咸，而使兄弟之恩疏。召公爲作此詩而歌之，以親之」。然《國語．周語》中載富辰之諫，則謂「周文公之詩曰」云云，參之毛傳，二說相成而非相反。

⑮詳參黃師永武《中國詩學思想篇》〈怎樣研讀詩經〉，（五）《毛傳》與《左傳》時時相合，（六）毛傳小序是最古的訓詁書，最接近賦詩的年代。頁一一一，頁二七八～頁二八〇。

⑯詳參傅斯年《傅孟真先生集》，中編丙〈齊晉兩派政論〉，又趙虛吾《諫話》，頁一三四～頁一三六「五諫及其它」。白居易詩，見其諷諭詩「採詩官」。

第六章

神話小說之原始

小說第六

小說之濫觴，其爲神話與傳說乎？此中外之所同也。神話雖荒唐詭奇，然不憑虛起，類皆爲現實之象徵性投影，故往往爲古史傳說之前身。傳說雖有史實爲依據，然其所依據，又時時粉飾傳會太過。故論荒誕不經，神話與傳說等，是皆小說之良資材也。古史因代遠年荒，故其傳說，紛紜繳繞。夷考其實，知其無不出於神話之演變者。楊寬《中國上古史導論》謂：「古史傳說中之聖帝賢王，一經吾人分析，知其原形無非爲上天下土之神物。神物之原形既顯，則古代之神話可明；神話明，則古史傳說之紛紜繳繞，乃得有頭緒可理焉」①。蓋神話之漸化而爲古史，實由歷代博物君子之緣飾與潤色，而以之流布焉；《左傳》載子產之詳論實沈臺駘（昭公元年），可以想見矣。顧頡剛有「層累地造成的中國古史」說②，雖論證或有可議，而以之闡明神話與傳說之關係，則頗足取焉。蓋神話與傳說，皆有其歷史之淵源。最早之歷史，與神話傳說之間，有其不可分割之關係。故《左傳》、《國策》，乃至於《史記》之記載，皆無法擺脫神話與傳說之色彩（參孟瑤《中國小說史・緒論》頁七，〈先秦〉頁二）。

日人前野直彬論中國小說之起源，曾舉《左傳》之神話傳說三則以爲例。③神話與傳說，既爲小說之權輿，可證三者之間有其因果關係。《左傳》所載，徵存原始神話與古史傳說不少，要在學者之披沙揀金而已。後世之小說，如《東周列國志》等，多知從此衍化，所以卓絕。且《左傳》之敘夢志怪，記預言，斷吉凶，富含神話色彩，開示六朝志怪、唐人傳奇、無數法門，為其濫觴焉。此本章所以合神話與小說為一章，職是故也。今分類論述如次：

第一節　太古神話之劫餘

太古之初，民智未開，人類基於好奇心之驅使，與夫原始迷信之作祟，對於周遭之事，企圖作一超乎情理之解釋，以表現其願望，滿足其玄想，神話於是誕生。可見神話為原始之思想型態或典型，有其現實之象徵意義④。凡敘述關於宇宙起源，神靈英雄之故事；或解說關於自然界生成之歷程，或宇宙起源，宗教風俗之敘談，皆可謂之神話⑤。

神話發生於太古，即所謂「神化時代」，大致由巫祝之流所傳布。其後文明日進，詩人樂工乃取以入詩，博雅君子又從而傳會潤飾，於是樸野之神話，遂變為美麗奇詭而又不失合理之故事。又其後也，至古代之歷史家，或不明神話之性質，竟以為信史而載存之；或以為史料之荒唐無理，而再行刪削修改，於是所得既非眞歷史，神話之眞相亦并喪失矣。神話而歷史化，神話之劫厄也。左丘明作《左傳》，好引用神話傳說，惜彼時神話多已成歷史傳說。雖然，丘明摭拾其劫餘，亦足爲探索神話初相之材料也。今按諸家對於神話之研究，區分《左傳》之神話爲五類：一曰自然神話，二曰神怪神話，三曰動植神話，四曰歷史神話，五曰風俗神話，茲分別舉例論述如下⑥：

一、自然神話（Myths of Nature）

自然神話，指包含各種自然物及自然現象之神話。《左傳》所見自然神話凡三：太陽神話，星辰神話，山川神話是也。太陽神話有二：其一，晉文勤王，卜偃卜之，曰：「吉！遇黃帝戰于阪泉之兆。」僖公二十五年 後世由此而衍爲太陽神話者多⑦，此其原形初相也。其二，楚無宇言：「天有十日，人有十等。」昭公七年 後世錯會「天有十日」之意，從而傅會后羿善射之傳說，遂衍爲后羿射九日之神話，此語言派學者所謂「由於語言之毛病」而生之神話也⑧。

星辰神話，如士弱曰：「陶唐氏之火正閼伯居商丘，祀大火，而火紀時焉。相土因之，故商主大火。」襄公九年 子產謂「高辛氏有二子，伯曰閼伯，季曰實沈。居于曠林，不相能也；日尋干戈，以相征討。后帝不臧，遷閼伯于商丘，主辰，商人是因，故辰爲商星。遷實沈于大夏，主參，唐人是因……故參爲晉星。由是觀之，則實沈參神也。」（昭公元年）童書業《春秋史》一書以爲：此即「氏族起源論」之神話也（頁十八）。山川之神話者，如鄭莊謂：「許，大岳之胤也。」（隱公十一年）懿氏妻占曰：「姜，大嶽之後也。」（莊公二十二年）此所謂大岳、大嶽，堯四岳也，蓋以山岳爲圖騰者。又如子產謂：「金天氏有裔子曰昧，爲玄冥師，生允格臺駘，臺駘能業其官，宣汾洮，障大澤，以處大原。帝用嘉之，封諸汾川……由是觀之，則臺駘汾神也。」（昭公元年）此以臺駘爲汾水之神之神話也。要之，《左傳》之自然神話，皆以擬人或擬物之手法，表現其神話之初相也。

二、神怪神話（Myths of Cods, Demons, and Monsters）

神怪神話，爲敘述神祇與妖怪行事之神話。《左傳》所載神祇神話，如蔡墨論明堂五神：「木正曰句芒，火正曰祝融，金正曰蓐收，水正曰玄冥，土正曰后土」；「少皞氏有四叔，曰重曰該曰修曰熙，實能金木及水。使重爲句芒，該爲蓐收，修及熙爲玄冥」；「顓頊氏有子曰犂，爲祝融；共工氏有子曰句龍，爲后土。」（昭公二十九年）楊寬以爲此東夷之神話也：五神之名抽象，知其乃神非人也。句芒爲春神，而兼主壽夭；祝融爲火神，而兼爲夏神；蓐收爲秋神，而兼爲農耕之神；玄冥爲冬神，而本爲水神；后土爲土神，又爲社神；其後《禮記．月令》五神諸神位，皆本乎此而衍化也。東方原始神話之六神，與西方原始神話之五神，《左傳》皆有明文。要之，此等神祇，多原本於圖騰者也⑨。

其它，如魯昭公夢襄公祖，此道神行神也（昭公七年）；燕姞夢天使與己蘭（宣公三年），此天使蓋生育之神乎？有神降于莘（莊公三十二年），此神即蓐收，或謂丹朱太陽之神也⑩。《左傳》述妖怪之神話，亦有數則：如石言于晉（昭公八年），龍鬥洧淵（昭公十九年）；外蛇鬥而內蛇傷（莊公十四年），新鬼大而故鬼小（文公二年）；夏禹鑄鼎象物，螭魅罔兩莫能逢之（宣公三年）；是也。若夫魯宋晉齊獲長狄，鄋瞞由是遂亡（文公十一年），此則鬼怪巨人神話之劫餘也。

三、動植神話（Myths of Animals and P1ants）

《左傳》所載之動植神話，常以比擬之手法，敘述社會制度之緣起，此即斯賓塞（Herbert Spenser）所謂圖騰崇拜（Totemism）之神話也⑪。如季文子論出莒太子僕（文公十八年），敘四凶族：渾敦、窮奇、檮杌、饕餮之行事。四凶之號，本皆獸名，而移爲人稱，是取象於惡獸之圖騰也⑫。即八元中之伯虎、仲熊、叔豹、季貍，亦以猛獸爲名，可見圖騰崇拜之一斑。又如子產論晉侯疾，謂「堯殛鯀于羽山，其神化為黃熊，以入于羽淵，實為夏郊，三代祀之。」（昭公七年）鯀化黃熊，為原始變形神話之例，亦圖騰之表徵也⑬。又如郯子論古名官，稱「黃帝氏以雲紀，故為雲師而雲名。炎帝氏以火紀，故為火師而火名。共工氏以水紀，故為水師而水名。大皞氏以龍紀，故為龍師而龍名。我高祖少皞摯之立也，鳳鳥適至，故紀於鳥，為鳥師而鳥名。鳳鳥氏，歷正也；玄鳥氏，司分者也；伯趙氏，司至者也；青鳥氏，司啓者也；丹鳥氏，司閉者也；祝鳩氏，司徒也；雎鳩氏，司馬也；鳲鳩氏，司空也；爽鳩氏，司寇也；鶻鳩氏，司事也。五鳩鳩民者也，五雉為五工正……自顓頊以來，不能紀遠，乃紀於近。」（昭公十六年）案：此乃東夷之神話傳說也。趙鐵寒先生《古史考述》，遂據論少皞氏為鳥圖騰。此所謂「不能紀遠，乃紀於近」，實即圖騰崇拜就近取譬之法也。郯子所謂雲師雲名，火師火名，水師水名，龍師龍名，鳥師鳥名者，本為各別氏族之標識也。由此，益可想見圖騰社會神話之所以然也。

又如龍見於絳郊，蔡墨謂：「古者畜龍，故國有豢龍氏，有御龍氏」；「昔有飂叔安，有裔子曰董父，實甚好龍，能求其耆欲以飲食之，龍多歸之，乃擾畜龍，以服事帝舜，帝賜之姓曰董，氏曰豢龍」；「有陶唐氏既衰，其後有劉累，學擾龍于豢龍氏，以事孔甲，能飲食之，夏后嘉之，賜氏曰御龍氏。」（昭公二十九年）此以龍為氏族圖騰之原始神話也。由圖騰制度之探究，遠古社會之生存意義與宗教信仰作用，可得而窺焉。

四、歷史神話（Myths of Historical Euents）

歷史與神話之界限，每多混淆不清。王國維云：「上古之事，傳說與史實混而不分：史實之中固不免有所緣飾，與傳說無異；而傳說之中，亦往往有史實爲之素地，二者不易區別，此世界各國之所同也。」《古史新證》第一二章總論　今觀左傳所載古史傳說，然後知古史傳說無不出於神話之衍變分化也。楊寬《中國上古史導論》〈綜論〉，頗能闡明歷史與神話之關係。見於《左傳》之上古聖帝賢臣，其原形如下：本爲上帝者，如帝舜、大皞、顓頊、帝堯、黃帝是也。本爲社神者，如禹、句龍、契、少皞、后羿是也。本爲稷神者，如后稷是也。本爲日神火神者，如炎帝、祝融、驩兜、閼伯是也。本爲河伯水神者，如玄冥、鯀、共工、實沈、臺駘是也。本爲嶽神者，如太嶽、皐陶是也。本爲金神刑神或牧神者，如蓐收、啓、太康是也。本爲鳥獸草木之神者，如句芒、夔、龍、渾敦、窮奇、檮杌、饕餮是也。然累代口耳相傳，緣飾附會，於是神話蛻變而爲古史。崔述所謂：「去聖益遠，則其誣亦益多；其說愈傳，則其眞亦愈失。」崔適《豐鎬考信錄》卷二　神話蛻變爲古史之謂也。

外此，《左傳》所載古史傳說，神話色彩較淡者，亦不在少：如在上古，有「烈山氏之子曰柱，爲稷。」昭公二十九年　社稷五祀五官　昭公二十九年，與夫蔡墨所謂豢龍氏、御龍氏之世系　昭公二十九年，是也。其在唐虞，季文子所稱八元、八愷、四凶（文公十八年），叔向母所述有窮后羿滅封豕（昭公二十八年），子產所謂閼父爲周陶正云云（襄公二十五年），是也。其在有夏，如羿浞代夏（襄公四年），少康中興（哀公元年），是也。其在殷商，則如相土祀大火（襄公九年），商湯櫟桑林（襄公十年），伊尹放太甲（襄公二十一年），商紂爲黎蒐（昭公四年），紂之百克而卒無後（宣公十二年）；恃才與衆，亡之道也。商紂由之，故滅（宣公十五年）；紂克東夷而隕身（昭公十一年），是也。其在姬周，則如周饑，克殷而年豐（昭公十一年），文王伐崇（僖公十九年），武王遷鼎（桓公二年），成王定鼎（宣公三年），成王殺管叔、蔡叔（定公四年），是也。凡此，雖不乏信史，然古文傳說或染有神話，崔述《考信錄》極辨之，可以參看。

五、風俗神話（Myths of Customs）

風俗神話，指關於敘述社會制度與風俗習尚之神話。《左傳》所載風俗神話，有關於制作器物者，如「夏之方有德也，遠方圖物，貢金九牧，鑄鼎象物，百物而爲之備，使民知神姦。故民入川澤山林，不逢不若；螭魅罔兩，莫能逢之。用能協於上下，以承天休。」（宣公三年）既鑄九鼎以象物，乃爲最佳之旅行指南（《中國古代旅行之研究》頁七）。顧頡剛以爲：九鼎爲神話之出產地（《古史辨》頁一一九）；胡適之亦以爲：九鼎乃一種神話

《古史辨》頁二〇〇。關於禁忌之神話，如「辰在子卯，謂之疾日。君徹宴樂，學人舍業，爲疾故也。」昭公九年 蓋桀以乙卯日死，紂以甲子日亡，故國君以爲忌日。又如「春王二月乙卯，周毛得殺毛伯而代之。萇弘曰：「毛得必亡，此昆吾稔之日也。」」昭公十八年 此以昆吾見殺之日爲忌也。其它如鄭莊名寤生，姜氏惡之隱公元年；公父定叔十月入鄭，以爲良月就盈數莊公十六年；卜偃斷畢萬之後必大，蓋從萬之盈數必有衆閔公元年，是其例也⑭。又有災厄之神話，如「夏，大旱，公欲焚巫尪。」僖公二十一年 梓愼謂：蛇乘龍，宋鄭其饑襄公二十八年，是也。凡此，皆承自遠古，傳諸後代之風俗神話也。

人類學家畢德尼（David Biduey）曾謂：「神話對人種學家與民俗學家皆有其積極之意義：蓋神話爲人類文化史之記錄，乃建立思想通則之依歸。且神話由集體潛意識浮現出來，其母題可提供動機與行爲之普遍模式。」神話於學術研究之重要性，由此可見⑮。

第二節 志怪小說之濫觴

古人之所謂「小說」，與現代之小說同名而異實，蓋對大達、大道而言也。故《莊子》云：「飾小說以干縣令，其於大達也亦遠矣。」〈外物篇〉《荀子》亦曰：「故智者論道而已矣，小家珍說之所願皆衰矣。」〈正名篇〉莊子、荀子以大達智者，與小說小家對稱，皆以為卑微不足道者也。班固漢志置小說家於九流之外，可以知之矣。然小說雖小道，亦有可觀者焉，其諷諭時政，與詩同功，亦有裨於世道也。

《漢志》所載小說九家，今其書皆亡。以意推之，大抵殘叢小語，歷世相傳，遞有增飾。魏晉六朝後，乃有清言與志怪之小說：就內容而言，凡事雜鬼神，報兼恩怨；情鍾男女，離合悲歡；敘述雜事，記錄異聞；記載狐鬼，敘述怪異，綴輯瑣語；為遊記，為雜志，寓勸戒，廣見聞，資考證者，皆可謂之小說。就形式而言，凡用典雅之駢文或散文，以記述碎雜而可驚可愕之事者，亦可謂之小說⑯。是「小說」之涵意，已迴異前矣；然先秦志人志怪之素材，在在為六朝志怪及唐人傳奇之濫觴，其中尤以《左傳》為翹楚焉。

《左傳》為春秋之信史，此自《左傳》之曆法、文風、思想與引書諸內容，可作明證。信史在求眞，頗與科學近似，一若與美學文學絕不相關者，其實不然。蓋史書若不施文設采，而一味求眞，未有不流於枯燥堆砌、沉悶無生氣者。質木枯澀非文，整輯排比亦非文也；是以史家秉筆吮毫之際，不得不顧及文采之風韻與圓神，此則非用心於情采不能矣。是以精善如《四史》，猶不免機祥災異小說家之言，此王充所謂：「俗人好奇，不奇，言不用也。」《論衡．藝增》《左傳》又何嘗不然？

《左傳》敘述史事，手法有與小說同者，蓋藉此點染，以促使文章之生動，事迹之傳世，更進而昭垂戒勸，以爲經世致用。傳神之妙，盡在阿堵！豈可因其類似小說家言而疑之？宋呂陶曾謂：「昔者左丘明解《春秋》，好言卜筮；司馬遷作《史記》傳龜策，《漢志》載雜占，《唐史》述卜相，大率可以明吉凶，著善惡，爲小人之深戒，有輔于教也。」《淨德集》卷二十八〈書術〉是以《左傳》雖信史，然文質相扶，點染在所不免。若字字摭實，誠有難於措筆者。《左傳》云：「言之無文，行而不遠。」襄公二十五年《左傳》文章或類小說，實不害其爲信史也。況其所言，皆歸本於勸懲，寓情於諷諫？矧小說源於神話傳說，與古史密切相連。《左傳》，春秋之古史也，其荒誕不經處，頗似小說，遂以此見疑。有舉子不語怪力亂神，而疑左氏非與孔子同恥之丘明者，吾以此解之，庶幾知著述與修身不同科也。

夫六朝小說多志怪，李唐小說多傳奇，探索其本源，咸以《山海經》爲其鬻叢，余則以《左傳》爲其濫觴也。大抵《左傳》爲歷史小說，論其本體爲歷史，言其表現手法則近小說也。《論衡．案書》謂：「《左氏》得實明矣，言多怪，頗與孔子不語怪力相違反也。」范甯《穀梁傳集解．序》曰：「左氏豔而富，其失也巫。」楊士勛註：「謂多敘鬼神之事，預言禍福之期：申生之託狐突，荀偃死不受含，伯有之厲，彭生之妖是也。」柳宗元《非國語》上，〈卜〉，亦云：「《左氏》惑於巫，而尤神怪之。」凡此，皆《左氏》記賢人君子之言鬼神，即所以昭垂戒勸也。

甚矣！丘明之好奇也，實與史遷同一多愛也⑰。故《左傳》載夢幻、占驗、妖祥等，雖失之巫，然不可謂左氏確信妖祥之事，特以此寄其詼詭之趣，寓其勸戒之旨，以圓神其文章，流傳其史迹而已。普利布蘭（E. G. Pulleyblank）所謂：「歷史小說之編入《左傳》，雖使其書之爲信史之確實性有損，但由是而大爲生動，且其魔力大多亦有賴於此。」（語見《中國文化之垂統》頁一三四）蓋世好奇怪，古今同情；不見奇怪，謂德不異（《論衡．奇怪》）；志怪，則德異而事傳矣；《左傳》中鬼神行徑之譎而不正，適如策士運籌之不厭詭詐，要所以垂戒勸也。此《左氏》所以好怪、尚力、喜亂、稱神之故也。孟瑤《中國小說史》謂：「我國早期小說之內容，逃不出搜奇志怪。」案之《左傳》，理或然也。考《左傳》以小說之手法，志怪奇之史事者，凡三端：一曰記夢，二曰預言，三曰述奇，分論如下：

一、記夢以著其幻

夢之性質與意義，常因時代觀念與文化背景而有不同。《周禮．春官．大卜》掌三夢之法：曰致夢，觭夢，咸陟，則三代之解夢法也。又有所謂六夢：一曰正夢，二曰噩夢，三曰思夢，四曰寤夢，五曰喜夢，六曰懼夢（《周禮．春官．占夢》），是則夢之六種徵候也。有形神相接而夢者，亦有形神不接而夢者，要皆不出於想，所謂日有所思，夜有所夢是也。錢鍾書《管錐編》引葉子奇《草木子》卷二下：「夢之大端二：想也，因也。想以目見，因以類感。」又引惲敬《大雲山房文稿》初集卷一云：「《周禮．占夢》三曰思夢，樂廣所言『想』也。正夢、噩夢、寤夢、喜夢、懼夢、廣所言『因』也。」⑱因夢者，視、聽、嗅、味、觸覺感官，睡夢中與外界交接，所引發之夢境是也。

質言之，夢爲各種刺激與觀念之聯合作用，爲一象徵式之語言，富含意義與價值。斯學也，泰西學者推闡最精，自佛洛依德（Freud, Sigmund）奠立夢之心理分析，佛洛姆（Erich Fromm）繼往開來，楊格（Jung Carl J.）發現集體潛意識，有關夢與文學之研究，已有相當之成就可資借鏡。彼等以爲：夢爲吾人因現實環境之刺激，所表現之潛藏欲望；爲睡眠狀態下，一切有意義及重要之心理活動表徵；爲內心最完美或最邪惡天性之投影。且夢中因注意力集中之故，是以遠較清醒時聰慧；心思之精緻，更能作正確之判斷云云。⑲

今觀《左傳》記夢，多有妙用，有暗合心理分析學派之說者：(一)或將戰而夢，如晉文公夢與楚子搏，楚子伏己而盬其腦僖公二十八年；韓厥夢其父謂己，且辟左右成公二年；呂錡夢射月中之，退入於泥成公十六年；中行獻子夢與厲公訟，公以戈擊之，首隊於前，跪而戴之，奉之以走襄公十八年，是也。(二)或將生育而夢，如燕姞夢天使與己蘭，而生鄭穆公宣公三年；叔孫穆子夢天壓己，而生豎牛昭公四年；武王邑姜夢帝謂己命子曰虞，而生唐叔虞（昭公元年），是也。(三) 或因恩怨而夢，如魏顆夢結草之老人（宣公十五年），鄭人夢伯有之將殺帶段（昭公七年），衛侯夢渾良夫叫天無辜（哀公十七年），是也。(四) 或因疾病而夢，如晉侯夢大厲，被髮及地、搏膺而踊；又夢疾爲二豎子，居肓之上膏之下（成公十年）；晉侯夢黃熊入于寢門（昭公七年），是也。(五) 或夢而死亡，如小臣夢負景公登天，而晉人以爲殉（成公十年）；聲伯夢涉洹而食瓊瑰，三年果死（成公十七年），是也。(六) 或夢而即位，如孔成子夢康叔謂己立元（昭公七年），宋元公夢大子欒即位（昭公二十五年），曹人夢衆君子立於社宮（哀公七年），宋得夢己爲烏，謂夢美必立（哀公二十六年），是也。(七) 或夢而淫奔，如泉丘人有女，夢以其帷幕孟氏之廟，遂奔僖子（昭公十一年），是也。(八) 或夢要求，如楚子玉夢河神求瓊弁玉纓（僖公二十八年）；衛成公夢康叔，謂相奪其享（僖公三十一年）；趙嬰夢天使謂己，祭余余福汝（成公五年）；衛侯夢孌人求酒於大叔僖子，不得（哀公十六年），是也。(九) 或夢遠行，如昭公將適楚，夢襄公祖（昭公七年），是也。(十) 或夢畀地，如趙宣子夢文公授之陸渾（昭公十七年），是也。(十一) 或夢裸歌，如趙簡子夢童子贏而轉以歌（昭公三十一年），是也。清周大璋云：「《左氏》喜言夢，人皆以爲誇誕；然而孔子亦夢見周公、武王亦云朕夢協朕卜，然則夢果可盡謂之妄耶？」（韓席籌《左傳分國集注》頁四八二～四八三）斯言得之。

一切夢，皆屬有意義而重要之象徵式語言，若密碼然；夢之分析，即是解讀之工作。《左傳》之占夢釋夢，亦此類也。佛洛伊德以爲：眞正之夢，爲吾人潛藏欲望之表現，此即夢之隱義。醒覺後所記扭曲變形之夢，是爲顯夢。而扭曲、變形、及僞裝，改頭換面之過程，乃夢之工作。夢之形成，由隱夢轉化爲顯夢，其關鍵在凝縮作用，轉移作用，與夫續發渲染作用⑳。援心理分析學說以印證《左傳》之記夢，足相發明，如穆子夢天壓己，弗勝；顧而見人，黑而上僂，深目而豭喙（昭公四年），此隱匿之潛意識，出現於夢中，而形相被扭曲與改頭換面者。其它如晉侯夢大厲（成公四年），聲伯夢瓊瑰（成公十七年），其扭曲變形之象，亦可想見也。又如楚子玉夢河神求瓊弁玉纓而不予（僖公二十八年），燕姞夢天與己蘭而生子（宣公三年），趙嬰夢天使祭之將福己（成公五年），趙宣子夢文公授之陸渾（昭公十七年），此皆潛藏欲望之表徵，受現實環境之刺激，所作之反理性欲望之幻想滿足，夢遂成內在欲望與焦慮之投影。又如武王邑姜夢帝謂己命子曰虞（昭公元年），孔成子夢康叔謂己立元（昭公七年），宋元公夢太子欒即位（昭公二十五年），曹人夢衆君子立於社宮（哀公七年），宋得夢己爲烏（哀公二十六年），若此之夢，則爲自身熱情與野心之混合，或爲對己才能之洞識矣。又如晉文公夢與楚子搏（僖公二十八年），魯昭公夢襄公祖（昭公七年），知夢之扭曲變形，有與現實全然相反者矣。又如韓厥之夢其父謂己旦辟左右（成公二年），中行獻子夢與厲公訟墜首而奉走（襄公十八年），趙簡子夢童子裸而轉以歌示吳其入郢（昭公三十一年），呂錡夢射月中而退入於泥（成公十六年），小臣夢負公登天（成公十年），可見夢中遠較清醒時爲聰慧，心思更精緻，甚而可以前知預斷，蓋夢中注意力集中故也。夢爲最高尚及最有價值作用之表現，益信然矣。又如晉侯夢疾爲二豎子，衛侯夢孫良夫，泉邱女夢以其帷幕孟氏之廟，鄭人夢伯有將殺帶段；凡此，皆神與物接，壓抑而爲潛意識。睡眠中，因不與物接，遂使最邪惡或最美好之天性浮現無遺。要之，一切夢皆有其象徵之意義也。

《左傳》記夢，凡二十七則，多清雋有味，若頰上三毫，要皆所以助文趣也。後乎此者，專務幻境奇情，彌離其本矣。如《幽明錄》之楊林（焦湖玉枕），傳奇小說之《枕中記》、《南柯太守記》，《櫻桃青衣》，《異夢錄》、《秦夢錄》、《三夢記》等，皆以夢境爲其主題。夢之寫作，既可騁其想像之自由，園地既經開拓，唐大歷後，乃成爲傳奇全盛之時期。其中白行簡之〈三夢記〉，有與《左傳》記夢之手法類似者，疑《三夢記》奪胎於《左傳》也[21]。下而至於元、明、清，戲劇小說多有取乎夢矣，如元王實甫《西廂記》〈草橋驚夢〉、馬致遠《漢宮秋》〈幽夢孤雁〉；明湯顯祖《牡丹亭》、《紫釵記》、《邯鄲記》、《南柯記》，合稱玉茗堂四夢，或稱《臨川四夢》。清初孔尚任《桃花扇》之〈餘韻〉，《紅樓夢》之第一、第五回，以及無名氏之《蝴蝶夢》，其著者焉。凡此，皆各有其神妙，皆以夢爲人生之默化，而衍繹之者。沿波討源，固當以《左傳》記夢爲嚆矢也。

二、預言以神其說

《左氏》好奇，不惟記夢以著其幻，亦多預言以神其說。其所預言，億則屢中；遂致疑於後儒，以爲天人茫昧之際，不應徵驗若此，蓋從後傳合乃爾也[22]。是則不然；考《左傳》論斷前知所以多中者，實準「見乎筮龜，動乎四體」二語。誠如吳曾祺所謂：「《左氏》一書，每以舉動容止決人之吉凶禍福，無不奇中。」趙汝楳所謂「命占之要，本於聖人，其法有五：曰身，曰位，曰時，曰事，曰占。」（《易雅·占釋第九》）《左傳》占驗，參稽此五法，故其億也多中，而其驗也不爽。雖然，亦有不盡徵驗者[23]；可見丘明故舉諸懸驗於行事者，以示來世而已（莊公二十三年杜注），是以多載其驗者，尠載其不驗者也。呂祖謙謂：「二百四十二年之間，左氏載其驗於書者纔數十事耳。是數十事者聚於《左氏》之書則多，散於二百四十二年，則希闊寂寥，絕無而僅有也。乃若誕漫無驗，不傳於時，不錄於書者，吾不知其幾萬矣。」（《東萊博議》卷八）此言是也，而說者以爲事後之附會，非實情也。

《左傳》之前知，於事爲預言，於文則爲伏筆呼應，張本、逆攝也。金聖歎謂：文章最妙，是目注彼處，手寫此處，一部《左傳》都用此法（西廂記讀法）；林琴南謂：《左氏》往往于遠處埋根，後來爲絢爛之文，皆非不根之論《左傳擷華》頁一三八，綺交脈注之謂也，伏應之謂也，預言之謂也。蓋文章能預作伏筆，則如奇葩未放，先見滿庭綠影；如明月未來，先見一天珠斗，令人游目騁懷，愛不忍釋，此則預占地步之妙也。吳闓生稱：「左氏喜談神怪，然止籍以蕩寫胸臆瓌奇之趣耳，其本意則決不惑妖祥也。」《左傳微》〈鄭文公卒〉評語 此則不可不知也。考《左傳》之預言，為文之伏筆與呼應，以引發讀者之興味者，其類凡四：曰占卜，曰形相，曰機祥，曰歌謠，分列如次：

因卜筮而臆中者，如懿氏卜妻敬仲莊公二十二年，畢萬筮仕于晉閔公元年，卜楚丘之父卜筮成季閔公二年，秦伯卜伐晉、晉獻公筮嫁伯姬僖公十五年，晉文卜筮勤王僖公二十五年，晉侯筮戰于鄢陵成公十六年 施氏卜宰成公十七年，穆姜筮往東宮襄公九年，孫文子卜追鄭皇耳襄公十年、崔武子筮取棠姜襄公二十五年，蒲癸王何卜攻慶氏襄公二十八年、莊叔筮其子之生昭公五年，孔成子筮立元或縶昭公七年；南蒯筮叛事，子服惠伯釋黃裳元吉昭公十二年；趙鞅卜救鄭，陽虎以周易筮之哀公九年，衛侯卜夢渾良夫哀公十七年、巴人伐楚，楚卜帥哀公十八年，皆是也。又有引證《周易》，以示言信行徵者，如王子伯廖引《周易》〈豐〉之〈離〉，料鄭公子曼滿不過三歲必滅亡宣公六年；子太叔引《周易》在〈復〉之〈頤〉，斷楚康王將死襄公二十八年，是也。㉔

依形相而前知者，如鄧曼婦人，知莫敖之必敗桓公十年；然明君子，識程鄭之將亡襄公二十四年；越椒豺狼之聲，子文以為弗殺必滅若敖氏宣公四年；伯石豺狼之聲，叔向母謂非是莫喪羊舌氏昭公二十八年；商臣蠭目而豺聲，子上知爲忍人文公元年；鄭伯視流而行速，貞伯言其將死成公六年；單子視下而言徐，叔向謂其必死昭公十一年；莫敖趾高氣揚，鬭伯比知其必敗桓公十三年；儋括足高視躁，愆旗已歎害成襄公三十年；楚武王心蕩，鄧曼知其祿盡莊公四年；吳夫差有墨，司馬寅知其國勝哀公十三年；叔服言文伯有後於魯文公元年；甯似謂三君皆將強死文公十年；士蔿謂國將饑莊公二十七年；宮奇知虞不臘僖公五年；推而至於鄭錡將軍，成子受脤成公十三年；齊高厚太子光會諸侯襄公十九年；事皆不敬，賢達識其必亡不反不免，是其例也。

據機祥而論斷者，如卜偃識虢亡之兆僖公二年；叔典明齊亂之機僖公十六年；春無冰，梓慎卜占宋鄭必饑，裨竈卜占周王及楚子將死襄公二十八年；鳥鳴亳社，其妖先告於宋災襄公三十年；伯夙謂楚氛甚惡襄公二十六年；梓慎言魯祲非祥昭公十五年；文伯豫知於鄭火昭公六年，裨竈先見於陳亡昭公九年；星出婺女，裨竈知晉侯將亡昭公十年；歲在豕韋，萇弘識蔡侯之禍昭公十一年，此類是也。

藉歌謠而先覺者，如歌詩，則齊有異志襄公十六年；吹律，則楚多死聲襄公十八年；聽衞，則憂而不困；歌魏，則險而易行襄公二十九年；圃杞之歌，兆南蒯之將叛昭公十二年；跦跦鸜鵒，應魯侯去國之謠昭公二十五年，是也。

若斯之比，《左傳》以歷史敘事說《春秋》，所謂先經以始事。於古文、敘事，皆所謂預設伏脈，爲後文張本，以使讀者游目騁懷者也。後世相傳預言之書，如姜子牙之〈乾坤萬年歌〉，諸葛亮之〈馬前課〉，李淳風之〈推背圖〉、〈藏頭詩〉，黃蘗禪師之〈仙機詩〉，邵雍之〈梅花詩〉，劉伯溫之

〈燒餅歌〉等，雖出僞託，未嘗不淵源乎《左傳》之占驗也。㉕

三、述奇以妙其情

左氏好奇，每每描寫鬼神妖夢怪異之事，清馮李驊《左繡．讀左卮言》曾舉例說之曰：「如〈登僕見巫〉篇（僖公十年），凡寫兩遍；〈二豎大厲〉篇（成公十年），凡寫三遍；〈鄭瞞〉（文公十一年），凡寫五遍。〈伯有〉（昭公七年）妙于突起；〈蛇鬬〉（莊公十三年），妙于插入；〈陸渾〉（昭公十七年），妙于倒煞。」要之，左氏述奇，誕戲皆有筆法，故不墮齊諧惡道中。曲盡其情，所以妙達文趣也。

王充謂《左傳》：「言多怪，頗與孔子不語怪力相違反。」（《論衡．案說》）歐陽脩省試「左氏失之誣論」，中有「石言于晉，神降于莘，外蛇鬥而內蛇傷，新鬼大而故鬼小」之文。世人但譏《左氏》好奇，豈知天下原有異事，他人寫不出，《左氏》特寫得出。寫得出，遂謂之不經，而以爲未嘗有是，寧有是理？且《左氏》之述奇，亦有其故：《左氏》遇有所惡之人與事，往往取妖妄以驚之弄之，猶云妖由人興，不自作也（韓席籌《左傳分國集注》頁二六三引劉培極語）。吳汝綸云：《左氏》「全書所記神怪，特因爲詭麗之觀而已也。」（《左傳分國集注》頁一〇〇引子產不禳火評語）又稱：「《左氏》每以穿鑿爲奇。」大凡幻境奇情，怪物誕語，皆文之美料；

但看其描寫如何，安頓何如耳。蓋《左傳》紀事之書，事以紀文，情因事顯；事可見可盡，情不可見不可盡，故書事以見情，述奇以類情，此《左氏》所以多志怪也。

《左傳》之志怪，除上所述記夢預言之外，尚多有之，如蛇乘龍而爲災於宋鄭（襄公二十八年），水勝火而不利於子商（哀公九年），陽氣微而不宜震電（隱公九年），寒雨過而乃有木冰（成公十六年），宋雨螽兮禍焉可逭（文公三年），齊有彗兮妖莫能勝（昭公二十六年），梁山崩而晉邦恐（成公五年），桓宮災而魯國憂（哀公三年），孛見而四國皆禍（昭公十七年），日食而二邦有惡（昭公七年），地動而南宮震（昭公二十三年），日食而叔輒哭（昭公二十一年），宋見星隕（僖公十六年），晉聞石言（昭公八年），良霄驚鄭（昭公七年），赤雲夾日（哀公六年），彭生化豕（莊公八年），長狄絕種（文公十一年），申生顯靈，狐突遇鬼（僖公十年），秦諜復蘇（宣公八年），雄鷄斷尾（昭公二十二年）；乃至於介葛盧能辨獸音（僖公二十九年），晉文之柩有聲如牛（僖公三十二年），老人結草以亢杜回（宣公十五年），皆其例也。若夫終彼歲星，晉侯數魯襄之齒（襄公九年）；算乎亥字，史趙知絳老之年（襄公三十年），誇博矜異，又一類也。

日記夢，日預言，日述奇，是所謂殘叢小語也，今命之日《左傳》志怪小說。蓋六朝志怪，其素材手法有脫胎乎《左傳》者矣。林琴南以爲，〈晉侯夢大厲〉篇，起處「被髮及地，搏膺而踊」八字，雖以《酉陽雜俎》之筆，不能到也。通篇全說夢話，《南北史》中往往襲之。（《左傳擷華》成公十年）不惟《南北史》志怪師法《左傳》之技，即南北朝小說之言鬼怪者，亦襲取《左傳》之筆意或素材，《列異傳》，《靈鬼志》，《甄異記》，《搜神記》，《搜神後記》，其著者焉[26]。乃至於後世之說部，如唐之傳奇，宋之《太平廣記》，尤稱志怪之翹楚。甚至如《東周列國志》等，雖多附會渲染，而大體則本諸《左傳》以立言也。[27]

註釋

①楊寬《中國上古史導論》，第十八篇綜論，一、〈古史傳說與神話〉。其它，學界之治神話者，如沈雁冰《中國神話研究ABC》，馮承鈞《中國古神話研究》等，無不以爲古史傳說出於神話之演變。

②顧頡剛與錢玄同先生論古史書，謂「層累地造成的中國古史」有三個意思：其一，時代愈後，傳說的古史期愈長。其二，時代愈後，傳說中的中心人物愈放愈大。其三，即不能知道某一件事的眞確狀況，但可以知道某一件事在傳說中的最早狀況。說詳《古史辨》第一冊中編。顧氏於《古史辨》第一冊自序又謂：這種「新鬼大而故鬼小」的現象，實亦適用古史系統的成例，是積薪般層累起來的。

③前野直彬《中國小說的起源》，曾舉《左傳》文公十八年季文子出莒僕，言帝高陽以降神之旨意；襄公四年魏絳諫君，引后羿之神話；又昭公元年，子產論實沈、臺駘二神爲崇，以此三者爲中國小說之濫觴，足見其關係。見鍾行憲譯文，載《幼獅月刊》三五卷四期。

④李亦園主編《中國神話》，段芝緒言云：「神話不但爲先民集體潛意識之表現，亦爲民族精神文化之重要部分。神話與傳說不僅如其它形式之文學相同，表達一個民族之感情，且經常更深一層地蘊含一個民族對宇宙存在之看法，對人類生活之願望，以及對倫理價值標準之判斷。」頁八。

⑤神話有其通性：傳承、敘述而實在者，爲其表面之通性。說明性、人格化、野蠻之要素，爲其內部之通性。說詳林惠祥著《神話論》頁一～頁三。

⑥林惠祥《神話論》分神話爲八類，其中開闢神話，死亡靈魂冥界神話，與英雄傳奇神話，爲《左傳》所無，故從缺。

⑦謝六逸《神話學ＡＢＣ》，以爲後世由《左傳》黃帝戰於阪泉衍生之神話，有《山海經．大荒北經》：「蚩尤作兵伐黃帝，黃帝乃令應龍攻之冀州之野。應龍畜水，蚩尤請風伯雨師，縱大風雨。黃帝乃下天女曰魃，雨止，遂殺蚩尤。魃不得復上，所居不雨。」又《太平御覽》卷十五引《志林》：「黃帝與蚩尤戰於涿鹿之野，蚩尤作大霧彌三日，軍人皆惑。黃帝乃令風后法斗機作指南車以別四方，遂擒蚩尤。」等等。謝六逸云：黃字可解爲太陽或田土之色。在蚩尤戰爭的故事裏，是暴風雨神的反對，有太陽神的性質。他得了旱魃便殺了蚩尤，在這一點也可以想像。」若此言可信，則《左傳》所載爲神話初相也。

⑧自語言演變之觀點，分析神話形成之原因者，謂之語言派之神話學。二千年前，孔子與蘇格拉底已注意及神話與語言之關係：《呂氏春秋》愼行論〈察傳〉，述孔子解釋「夔一足」之神話；柏拉圖《對話集》中Phaedrus章二二九節，記蘇格拉底解釋希臘當時流傳之Boreas神話及Orithyia神話，詳《世界文學大系》冊七頁六七三～頁六七八，是也。至十九世紀德籍英國教授米勒（Friedruch Max Miiller），始眞正建立語言學派之神話學。斯賓塞（Herbert Spenser）亦以語言解釋神話：以爲古人將宇宙萬物擬人化，是由於名字即語言之誤解（Mis Conception）。

⑨說詳楊寬《中國上古史導論》第八篇二，古帝與五帝之組合，《古史辨》第七冊頁二六〇～頁二六五。郭沫若亦以為此等神，亦原本為圖騰者，說見郭氏《先秦天道觀之進展》，前引書頁四〇三引。

⑩劉文淇《春秋左氏傳舊注疏證》莊公三十二年，引《北齊書文苑傳》：制詔問樊遜禍福報應，對曰：「造化之理，既寂寞而無傳，報應之來，固難得而妄設。但秦穆有道，句芒錫祥；虢公涼德，蓐收降禍。」是舊說以神為蓐收也；〈周語〉謂丹朱之神，與舊說異。

⑪斯賓塞以為：蠻族祖先之名，常有用動物名者，如熊狼山犬等，他們的子孫忘記了眞意，或者便誤解其祖先為眞的熊狼山犬等，因之而發生對於該種動物之崇拜。凡謂某民族生自某種動物，或動物形的神，謂之圖騰崇拜。

⑫杜預《集解》引服虔說，以渾敦為獸名；《山海經．西山經》：「邽山有獸焉，其狀如牛蝟毛，名曰窮奇。」《正義》據服虔引《神異經》：「檮杌狀似虎，毫長二尺，人面虎足豬牙，尾長丈八尺」；一說惡木斷木之名也，見《韻會》，焦循《孟子正義》。服虔又案《神異經》云：「饕餮，獸名，身如羊，人面，目在腋下，食人」。是四凶之義，本皆惡獸或惡木之名也。

⑬鯀之變形，說法不一，除《左傳》謂化為黃熊外，《國語．晉語》八，《楚辭．天問》亦以為言。郭璞《山海經注》引開筮，則謂化為黃龍。陸德明《釋文》段氏《說文注》皆以為黃能。《史記正義》引梁元帝《左傳音》，則以為化成鼈。王嘉《拾遺記》則謂化為玄魚。說雖紛紜，要皆屬變形神話也。

⑭ 禁忌一詞，泰西謂之答布（taboo）。林惠祥《文化人類學》謂：答布則教人不應當怎樣做，以避免所不要的結果。答布所根據的原理，也是象徵律與接觸律二種，和魔術一樣。信答布的人以爲若觸犯了這種神秘的禁令，則由於象徵或接觸的緣故，不幸的結果自然會降臨。

⑮ 張靜二撰《比較文學中的類比研究》，載《中外文學》八卷七期頁三九。

⑯ 小說之界義，詳參章學誠《文史通義》，內篇〈詩話〉。《四庫全書總目》卷一百四十「小說家類」，王文濡《古文說部叢書序》，及楊鴻烈《中國文學雜論》頁二一九～頁二二一「什麼是小說」。

⑰ 語見《歐陽脩全集》外集卷十〈辨左氏〉，又劉熙載《藝概．文概》。

⑱ 錢鍾書《管錐編》（臺北：書林出版公司，一九九〇），《列子張湛註》，〈周穆王〉，頁四八八～四九六。

⑲ 詳參佛洛姆著，葉頌壽譯《夢的精神分析》，第三章夢的性質，第四章佛洛依德與楊格。

⑳ 語見前書第四章《佛洛伊德與楊格》，頁六九。

㉑ 《左傳》敘晉厲公夢大厲，被髮及地，搏膺而踴。公覺，召桑田巫，「巫言如夢。」（成公十年）《左傳》又敘中行獻子夢與厲公訟，墜首而戴奉以走，見梗陽之巫皋。他日見諸道，「與之言，同。」（襄公十八年）孔成子夢康叔謂己立元，史朝亦夢康叔謂己云云，史朝見成子告之夢，「夢協。」（昭公七年）此三夢與白行簡〈三夢記〉所謂「兩相通夢」者，相類，疑白氏之作或奪胎於此。其它二者：彼夢有所往而此遇之，此有所爲而彼夢之，則《左

傳》所無矣。

㉒語見宋葉夢得《春秋考》，《四庫全書總目》提要。參拙作《左傳導讀》第三章第一節「左氏非丘明」；第五章第二節「論左氏不傳春秋」，「六、緣飾增續」諸文所引及所駁。

㉓《左傳》預言興亡禍福之故，不必盡驗。說詳顧炎武《日知錄》卷五，「左氏不必盡信」。又拙作《左傳導讀》第四章第一節，〈論左傳成於戰國時說〉所引諸家駁文。

㉔宋呂祖謙：《東萊左氏博議》卷八，列舉《左傳》卜筮二十一例，且詳加闡說。臺北：廣文書局，一九八一年影印清光緒十四年錢塘瞿氏校刊足本，頁二五五～二六〇。

㉕張高評〈《左傳》預言之基型與作用〉，《春秋書法與左傳學史》，臺北：五南圖書公司，二〇〇二年，頁三七～五五。上海：上海古籍出版社，二〇〇五。

㉖南北朝志怪小說襲《左傳》之筆意與素材者，所在多有，舉例如下。取《左傳》之素材者，如《搜神記》卷六，彭生化豕，內外蛇鬥，龍鬥洧淵三則；卷十四，虎乳子文等，是其例也。其它六朝志怪之言報應、神鬼、占卜、夢魘、復甦、妖怪等，《左傳》早導其源矣。

㉗詳參孔另境《中國小說史料》頁一〇六引《常談叢錄》，云：今觀其書，於附會處，每多細意體會，豈妄為添飾之比哉！又引《餐櫻廡隨筆》云：《東周列國演義》起周幽迄秦政，臚敘事實，與《左》《國》史鑑十九符合，鑿壁虛造之言較少。

第七章 通俗文學之遠源

俗文學第七

古之所謂小說，相對於大道而言。意涵殘叢小語，《漢書．藝文志》所謂「道聽塗說者之所爲也」。見諸《左傳》者，除神話傳說外，尚有隸屬後世俗文學之歌謠諺語，與隱語廋詞①。雖流別頗繁，要皆原本於勸懲，寓情於諷刺；可以觀風俗，知得失，亦研考上古社會風俗之一助也。顧後世所謂通俗文學者，多失之鄙陋無文，是以代遠年荒，或地域隔閡，遂成難以索解之死物，《尚書》之〈盤庚〉、〈酒誥〉，春秋時之〈越人歌〉（《說苑．善說》），蒙元之戲曲是也。②《左傳》之通俗文學則異於是，大率不因時移勢異而難知，不爲時過境遷而費解，通俗而不失文雅故也。《史通》稱美《左傳》：「〈鵜𪂹〉〈鸜鵒〉，童豎之謠也；〈山木〉〈輔車〉，時俗之諺也；〈皤腹〉〈棄甲〉，城者之謳也；〈原田是謀〉，與人之誦也；斯皆芻詞鄙句，猶能溫潤如此。」（言語）孔子曰：「言之無文，行而不遠。」（襄公二十五年）《左傳》之言文詞雅，是以不朽若是。

通俗文學者，指流行於草野民間，爲廣大民衆傳誦與熱愛，而富有文學價値者。大體包含歌謠、曲子、講史、話本、南北曲及地方戲，變文、彈詞、鼓詞、寶卷等講唱文學，民間傳說、笑話、謎語等雜體文學。通俗文學爲最富有民衆精神之文學也。文學本不離人生日用，不宜離羣孤立，英浪漫詩人渥滋渥斯（Wordsworth）主張，文學宜採取日常生活與日常用語。法小說家左拉（Emile Zola），亦每每驅遣下層社會之口語入文。由此觀之，通俗文學雖失之樸野，然上下同好，不啻若自己口出，猶葑菲，有足多者焉。是以談風雅者在所不棄，爲其不離民生日用故也。

《左傳》無美不備，多爲後世文學之遠源，通俗文學又其一也。《左傳》敘事記言涉及平民社會者雖少，然多有；而列國君卿大夫之私生活記載，則流傳甚富，蓋春秋爲十足之貴族社會故也（錢穆《國史大綱》頁三十七）。《左傳》所載既爲彼時社會之情狀，則其中有後世所謂俗文學者，如歌謠、諺語、隱語、白話是也。又有可供後世通俗文學如變文、鼓詞、戲劇之資材者，皆足珍貴。茲分內涵與影響論述之：

第一節 《左傳》通俗文學之內涵

一、歌謠

歌謠者，出乎眞情至性之自然流露，爲政俗之反映，社會之寫眞，與夫生活之迴響者也。其情樸實，其意懇摯，其語自然，其調協和，故頗富民俗與文學之價值。《左傳》所載歌謠，凡二十則，風格與《三百篇》不同，從可見詩風變遷之一斑。

《左傳》之歌謠，文體或略近國風，如聲伯夢歌：「濟洹之水，贈我以瓊瑰。歸乎歸乎，瓊瑰盈吾懷乎。」成公十七年 此夢中作詩之權輿也。或體格與《詩經》無異，如士蔿賦詩：「狐裘尨茸，一國三公，吾誰適從。」僖公五年 此與鄭莊公賦：「大隧之中，其樂也融融」；武姜賦：「大隧之外，其樂也洩洩。」隱公元年 同屬短賦，乃抒情之小詩，賦之胎始也。或為騷體，如吳申叔儀歌：「佩玉橤兮，余無所繫之。旨酒一盛兮，余與褐之父睨之。」哀公十三年 則與騷體之歌謠有同風者矣。或奇詭有致，為漢魏樂府之前驅者，如渾良夫譟：「登此昆吾之虛，緜緜生之瓜。余為渾良夫，叫天無辜。」哀公十七年 是也。要之，《左傳》之歌謠，大抵與《三百篇》殊科，尤其襄、昭、定、哀間之作品，句法多長短參差，格調多輕俊，藻澤加濃厚，詩風之變遷，可得而窺焉。

《左傳》之歌謠，依性質言，可分三類：一曰童謠，如卜偃引童謠：「丙之辰，龍尾伏辰，均服振振。取虢之旂，鶉之賁賁，天策焞焞。火中成軍，虢公其奔。」僖公五年 又如士伯引童謠：「鸜之鵒之，公出辱之，鸜鵒之羽，公在外野。往饋之馬，鸜鵒跦跦，公在乾侯，徵褰與襦。鸜鵒之巢，遠哉遙遙。稠父喪勞，宋父以驕。鸜鵒鸜鵒，往歌來哭。」昭公二十五年 此二者，極似後世圖讖之詞。蓋人事雖繁，皆在思慮之內；文義雖衆，皆具因禪之能也③，故其臆中如此。

二日即事歌謠，如魯國人誦：「臧之狐裘，敗我於狐駘。我君小子，朱儒是使。朱儒朱儒，使我敗於邾。」襄公四年 又如南蒯鄉人歌：「我有圃，生之杞乎，從我者子乎？去我者鄙乎？倍其鄰者恥乎？已乎已乎，非吾黨之士乎？」昭公十二年 又如萊人歌：「景公死乎不與埋，三軍之士乎不與謀，師乎師乎，何黨之乎？」哀公五年 又如齊人歌：「魯人之皋，數年不覺，使我高蹈。唯其儒書，以爲二國憂。」哀公二十一年 此四者，皆即事諷刺詠歎之誦歌，出乎田夫野老所唱，鄉鄙兒童所歌，貴族社會中難能可貴之平民文學也。它如晉輿人誦：「原田每每，舍其舊而新是謀。」僖公二十八年 鄭輿人子產誦：「取我衣冠而褚之，取我田疇而伍之。孰殺子產，吾其與之」；「我有子弟，子產誨之；我有田疇，子產殖之。子產而死，誰其嗣之。」襄公三十年 又皆社會大衆之心聲，政俗良窳之反映也，有興觀羣怨之用焉。

三日滑稽歌謠，如宋城者謳：「睅其目，皤其腹，棄甲而復。于思于思，棄甲復來」；華元驂乘答謳：「牛則有皮，犀兕尚多，棄甲則那？」役人又謳：「從其有皮，丹漆若何？」宣公二年 描繪華元面目，神龍活現。又如宋築者謳：「澤門之皙，實興我役；邑中之黔，實慰我心。」襄公十七年 宋野人歌：「既定爾婁豬，盍歸吾艾豭。」定公十四年 尤可見民衆文藝之興味，其譏諷詼諧，謔而不虐，頗得風人之旨，又通俗文學之另一特色也。

外此，又有晉侯〈投壺詞〉：「有酒如淮，有肉如坻。寡君中此，爲諸侯師」；齊侯〈投壺詞〉：「有酒如澠，有肉如陵。寡人中此，與君代興。」（昭公十二年）其體類乎頌，疑後世遊戲之歌謠，或胎源於此也。若夫師曠驟歌北風又歌南風（襄公十八年），齊莊公拊楹而歌（襄公二十五年），趙簡子夢童子婉轉而歌（昭公三十一年），魯人虞殯之歌（哀公十一年）等，只存其目，未載其詞。要之，此類謠、誦、歌、謳、賦、詞，或徒歌，或協律，蓋介乎《詩經》與《楚辭》間之雜歌詩也。

二、諺語

諺語者，流傳於民間，簡鍊通俗而意味雋永之語句，反映人民生活經驗與智慧結晶者也。一般皆與歌謠並稱，合名謠諺，蓋皆天籟自鳴，直抒胸臆，如風行水上，自然成文。其流布皆由於輿誦，故《左氏正義》（僖公五年）以逍遙訓謠，許愼《說文解字》以傳言訓諺，謂發於近地者，即可行於遠方；播於時賢者，即可傳之來哲也（劉毓崧古謠諺序）。故欲探風雅之奧者，必先問謠諺之塗；取其意在言外，宣達上下之情，而與風雅相表裏也。④

《左傳》所載詞命，多有引諺語以相佐證發明者，有時諺，有古諺；有明引，有暗用；或整齊，或參差；或押韻，或不押韻；或對仗，或不對仗；凡三十餘則，大抵皆彼時通俗之話語，大衆化之語言形式也。引古諺者，如羽父引周諺：「山有木，工則度之；賓有禮，主則擇之。」（隱公十一年）虞叔引周諺：「匹夫無罪，懷璧其罪。」（桓公十年）；子文引古人有言：「知臣莫若君。」（僖公七年）子產引古言：「畏首畏尾，身其餘幾。」（文公十七年）又引「其父析薪，其子弗克負荷。」（昭公七年）鄭伯宗引古言：「雖鞭之長，不及馬腹。」（宣公十五年）韓厥引古言：「殺老牛，莫之敢尸。」（成公十七年）狐突聞之：「神不歆非類，民不祀非族。」（僖公十年）寧武子亦曰：「鬼神非其族類，不歆其祀。」（僖公三十一年）外此，則時諺也。

《左傳》引諺，亦有暗用而不明言者，如虢叔引「哀樂失時，殃咎必至。」（莊公二十年）士蔿引「無喪而慼，憂必及之。」（僖公五年）謝息引「挈瓶之智，守不假器。」（昭公七年）子太叔引「嫠不恤其緯，而憂宗周之隕。」（昭公二十四年）公子光引上國言：「不索，何獲？」（昭公二十七年）外此，皆明言引諺也。

《左傳》引諺，句法有參差者，如士蔿引諺：「心苟無瑕，何恤乎無家。」（閔公元年）劉定公引諺：「老將至，而耄及之。」（昭公元年）子產引諺：「蕞爾國，而三世執其政柄。」（昭公七年）樂豫引諺：「庇焉，而縱尋斧焉。」（文公七年）是也。又有引諺但取單句者，如子產引：「鹿死不擇音」（文公十七年）；子文引諺：「狼子野心」（宣公四年）；伯宗引諺：「高下在心」（宣公十五年）；子服惠伯引諺：「臣一主二」（昭公十三年）；子產引諺：「無過亂門」（昭公十九年）；魏子引諺：「唯食忘憂」（昭公二十八年）；戲陽速引諺：「民保於信」（定公十四年）；宋公引人有言：「唯亂門之無過」昭公二十二年；各就所需以援引，則與格言成語同功矣。外此，是皆整偶之句法矣。《左傳》引諺，有押韻者，如孔叔引諺：「心則不競，何憚於病。」僖公七年羊舌職引諺：「民之多幸，國之不幸也。」宣公十六年晏子引諺：「非宅是卜，唯鄰是卜。」昭公三年以及羽父引周諺，虞叔引周諺，士蒍引諺，公子光引上國言昭公三年，皆是也。《左傳》引諺，亦有對仗工整者，如宮之奇引諺：「輔車相依，脣亡齒寒。」僖公五年子瑕引諺：「室於怒，市於色。」昭公十九年以及羽父引周諺，羊舌職引諺，晏子引諺昭公十九年，是也。

由《左傳》所載春秋時之諺語，不惟可知前人之智慧與經驗，且可進窺當時之世俗風尙，與夫方言俗語。於社會學、語言學之研考，有足多者焉。《韓非子》曰：「古無虛諺，不可不察也。」姦劫弑臣劉勰謂：「文辭鄙俚，莫過於諺；而聖賢詩書，採以爲詞談。」《文心雕龍．書記》此之謂也夫！

三、隱語

隱語者，遯辭以隱意，譎譬以指事者也。《文心雕龍．諧隱》又謂之廋辭《國語．晉語》五，即後世之謎語《說文新附》言部，先秦殘叢小語之小說也。明楊愼《丹鉛雜錄》稱：漢人好作隱語卷九；《漢書．藝文志》載隱書十八篇；考其淵源所自，則《左傳》有焉。

見於《左傳》之隱語，如還無社求拯於楚師，喻智井而稱麥麴：冬，楚子伐蕭，遂圍蕭，蕭潰。還無社與司馬卯言號申叔展，叔展曰：「有麥麴乎？」曰：「無！」「有山鞠窮乎？」曰：「無！」「河魚腹疾奈何？」曰：「目於智井而拯之，若爲茅絰，哭井則已。」明日蕭潰，申叔視其井，則茅絰存焉，號而出之（宣公十二年）。此所謂「麥麴」、「山鞠窮」、「河魚腹疾」云云，皆隱語暗言也。軍中無敢正言，故出語如是。（參俞樾《羣經平議》卷二十六）又如叔儀乞糧於魯人，歌佩玉而呼庚癸：吳申叔儀乞糧於公孫有山氏，曰：「佩玉繠兮，余無所繫之。旨酒一盛兮，余與褐之父睨之。」對曰：「粱則無矣，麤則有之。若登首山以呼，曰『庚癸乎』，則諾。」（哀公十三年）此以庚癸爲隱語，相約以濟朋也（參《左傳正義》說）。蓋軍中不得出糧與人，故機急而作隱語。又如問絳老之年，答以亥有二首六身：絳縣人或年長矣，有與疑年，使之年，曰：「臣小人也，不知紀年，臣生之歲，正月甲子朔，四百有四十五甲子矣。其季於今，三之一也。」吏走問諸朝，師曠曰：「魯叔仲惠伯會郤成子于承匡之歲也……七十三年矣。」史趙曰：「亥有二首六身，下二如身，是其日數也。」士文伯曰：「然則二萬二千六百有六旬也。」（襄公三十年）絳老言年，故作四百有四十五甲子之隱語，令人揣測；史趙言其日數，亦作隱語以懸疑之，所謂會義適時，頗益諷誡也，趙孟終悟使民以時之諫。此固左公藝術上「不關心之滿足」，而當時社會文化之水準，亦藉以照耀千古。

其他如《左傳》之賦詩見志，究其作用，多類後世詩謎與歇後語，故楚子賦〈吉日〉，子產乃具田備；叔孫賦〈匏有苦葉〉，叔向退而具舟（詳第五章賦詩節）。騶赤欲逐侯犯，謂臣之業在〈揚水〉卒章之四言（定公十年），亦以隱語暗示己意也。

四、白話

《左傳》既載春秋當時社會之情狀，爲求傳眞逼肖，敘事載言，亦多間雜其時之白話，如告日「諗」（閔公二年）；答曰「合」（宣公二年）；教曰「惎」（宣公十二年）；毒亦曰「惎」（定公四年）；獲曰「止」（哀公十二年）；賁曰「肭」（宣公二年）；埋曰「側」（襄公二十五年）；緩曰「皋」（哀公二十一年）；用曰「由」（昭公八年）；巡曰「撤」（襄公二十五年）；斷獄曰「蔽」（昭公十四年）；水濁曰「滋」（哀公八年）；細小曰「鋭」（昭公十六年）；小便曰「旋」（定公三年）；買穀曰「糴」（莊公二十八年）；若斯之比，皆當時通行之白話也。其中有可與今之方言相印證者，爲比較語言學之重要資料，更爲唐代以降白話文學之先驅。從而見「言之不文，行而不遠」之教，洵不誣也。若夫春秋諸國之方言，尤爲地域性之白話，已詳語文章，不贅。

由此觀之，後世之隱語、廋詞、燈謎、詩謎，歇後語、白話等，有關文字遊戲及民俗活動之倫，或以《左傳》爲其嚆矢也。

第二節 《左傳》通俗文學之影響

《左傳》之謠諺隱語，爲後世通俗文學之遠源，爲研究民俗學及語言學之重要資料，已如上述。外此，《左傳》故事對於後世俗文學之影響，尙有二端：曰變文，曰戲劇，敘述如下：

變文，本唐代僧侶爲宣揚佛法，所採說唱之講經方式，又稱講唱文學或俗講文學。至五代宋初，遂演爲民間藝人說講中國歷史與民間故事之文體。寶卷彈詞一類之民間通俗作品，皆其流亞也。敦煌寫本中，有《伍子胥變文》凡四卷：存巴黎圖書館者兩卷：P三二一三及P二七九四；存倫敦不列顛博物院者兩卷：S六三三一及S三二八；屬史傳變文。變文之人名與故事之輪廓，本於《左傳》者少，據子書野史以衍化者多，此乃通俗文學之特色，不奇不足以引人入勝，故務爲可驚可愕，必欲臻於十足之小說而後已。故《伍子胥變文》，較諸《左傳》，但見其迭次演變與擴大。雖彌離其本，探其本源，自當以《左傳》爲蠶叢焉。

鼓子詞者，係由詞與傳奇小說合成，用同一詞調而重疊之，夾以散文，詠敘一事，蓋以合鼓而歌得名（李曰剛《中國文學史》）。南港中央研究院歷史語言研究所傅斯年圖書館，庫藏有《春秋左傳鼓詞》抄本六十九冊，乃演述戰國七雄故事者。既與《春秋》無涉，更與《左傳》事蹟迥不相關，蓋率意誤題耳！

戲劇者，合曲、白、科三者而成，以扮演一故事，為雅俗共賞，老少咸宜之通俗文學也。《左傳》之故事，有足為元人雜劇之資者：據鍾嗣成《錄鬼簿》，羅錦堂《現存元人雜劇本事考》，有下列各齣：(1)《弒齊君》，又名崔子弒齊君，李子中撰。(2)《介子推》，即火燒介子推，曹楝亭刊本作《晉文公火燒介子推》，蓋本《左傳》僖公四年及二十四年本事，而附會之者，狄君厚撰。(3)《趙氏孤兒》，曹本作《趙氏孤兒冤報冤》，蓋合《左傳》成公八年與《史記．趙世家》而成者，紀君祥撰。(4)《鄭莊公》，即孝諫鄭莊公，曹本作《潁考叔孝諫莊公》，李直夫撰。(5)《越王嘗膽》，即《棲會稽越王嘗膽》，蓋本《左傳》《國語》而附益之者，宮大用撰。(6)《哭晏嬰》，曹本作《齊景公哭晏嬰》，鄭德輝撰。(7)《九合諸侯》，姚本作《齊桓公九合諸侯》，朱權撰。(8)《楚昭公》，本《左傳》昭公二十年，定公四年五年事而渲染之者，鄭廷玉撰。(9)《伍員吹簫》，融會《左傳》昭公二十年，《史記．伍子胥列傳》，《吳越春秋》等書而成者，李壽卿撰，可謂集子胥故事之大成矣。

以上，為有關《左傳》俗文學之敘述，春秋時代之大眾文藝與平民文學，得《左傳》之徵存，可以覽焉。知此乃貴族社會中之通俗文學，自當珍視之云。

註釋

①說詳游國恩著《先秦文學》，十七，謂先秦所謂小說，約有四端：一曰歌謠諺語，二曰神話傳說，三曰寓言設語，四曰隱語廋詞。其三，為《左傳》所無，故略之。

②周紹賢撰〈言之不文行而不遠〉，載《師大國文學報》第二期，頁三七四~頁三八〇。

③語本蘄春黃季剛《文心雕龍札記．正緯》之言。童謠之以為鑒戒，以為將來之驗，有益於世教，說見僖公五年卜偃引童謠下杜氏《集解》。

④諺語之定義，《左傳》隱公十一年杜注以為俗言，《國語．越語》韋《注》以為俗之善謠也，《禮記．大學》朱《注》以為俗語，《漢書．五行志》以為俗所傳言，《文心雕龍．書記》則以為：「直語也，廛路淺言，有實無華」；說雖不同，義實相貫也。

第八章 傳記文學之祖庭

傳記第八

傳記文學，本屬歷史文學之一支。中國自司馬遷作《史記》後，列傳之體始粲然大備；故言中國之傳記文學，皆推太史公爲嚆矢。然列傳之體，非司馬遷所自創，《史記》之前固有之矣，史遷特集其大成而已①。《文心雕龍．史傳》曰：「經文婉約，丘明同時，實得微言，乃原始要終，創爲傳體。傳者轉也，轉受經旨，以授於後，實聖文之羽翮，記籍之冠冕也」；由此觀之，劉勰固以《左傳》爲傳體之鼂叢矣。

考諸《左傳》，魯十二公行周正朔，以事繫年，則《史記》本紀所取則也。敬仲辭卿（莊公二十二年），敘傳及其子孫，分明爲世家手法。宛濮之盟（僖公二十八年），本傳元咺，中間卻詳敘甯武子，史家附傳濫觴於此。晉侯殺其世子申生（僖公四年），傳敘奚齊，史家附見之法，作俑於斯。閔公之薨（閔公二年），共仲、哀姜合傳，參差中見整齊，合傳之正格也；晉侯伐衛（文公元年），衛成孔達合傳，合傳之變格也；箕之役（僖公三十三年），郤缺、先軫合傳，而意有賓主；楚伐絞（桓公十二年），傳一人而兩事相反，則合傳之體權輿於《左傳》矣。乃至於斷案稱引君子之言，則論贊亦發源於《左傳》也。據是，而謂中國傳記文學胎始於《左傳》，誰云不然？

傳記之書，其流已久，蓋與六藝先後雜出。古人文無定體，經史亦無分科；《春秋》三家之傳，各記所聞，依經起義，雖謂之記可也。《文史通義．傳記》三傳雖可名傳記，然《公》、《穀》爲歷史哲學，其義深；《左傳》爲歷史文學，其文美。故三傳中獨《左傳》擅歷史文學之名，亦唯《左傳》稱傳記文學之目。傳記文學者，合傳記與文學爲名也：具歷史之眞，又不失文學之美，唯獨《左傳》有之。彼賬簿式之《春秋》，《文選》式之尙書，雖極莊嚴典重，而讀者寡味矣。《左傳》之文則不然！劉知幾曾謂：「年在紈綺，便受《古文尙書》，每苦其辭艱瑣，難爲諷誦。雖屢逢捶撻，而其業不成。嘗聞家君爲諸兄講《春秋左氏傳》，每廢書而聽。逮講畢，即爲諸兄說之。因竊歎曰：若使書皆若此，吾不復怠矣。」《史通．自敘》《左傳》所以能移人若是，緣其富含文學之興味故也。

史學貴眞，文學尙美，傳記文學既爲史學文學之統一物，故須兼具眞與美。一味強調客觀之眞，無視其枯燥瑣碎乏味，將令人難以卒讀。讀不終篇，其書亦將不傳。必也運用藝術之手法，表現歷史之眞實，言文而事信，方臻至善。傳記而兼具文學，始能化斷爛朝報爲引人入勝之篇什，栩栩如生之人物；方能自枯燥之廢紙墟中，建立燦爛輝煌之瓊樓玉宇。其中自有藝術之想像，與夫文學之技巧。合歷史之眞實與文學之美妙而一之，方稱爲傳記文學。持此義以準《左傳》，則誠乎中國傳記文學之祖庭也。今人糜文開、裴普賢合著之《詩經欣賞與研究》謂：中國文學堪與希臘、印度史詩相媲美者，非《詩經》之〈大雅〉，而是與印度史詩同時完成之《左傳》。《左傳》乃一部寶貴之歷史，亦爲一部文學之傑作。其長度可與希臘、印度之史詩相比。其描寫戰爭之精彩生動，亦決不相讓。而希、印之神話，雖稱史詩，實在祇是文學；《左傳》卻是文學之傑作，又爲眞實之歷史。（初集頁三七八）由此觀之，推《左傳》爲中國傳記文學之開山，誰曰不宜？

除貴眞、尚美外，崇善更爲中國傳記文學之特色。蓋史學所以經世，固不可空言著述也。凡懲勸褒貶，皆所以資鑑也。故中國史家下筆注重褒貶，中國傳記文學特重道德倫理觀念，以之爲教育人格，移風易俗之資材。其於泰西或新體之傳記文學，專務事實，不重主觀之評價，不尚文學之修飾，固迥乎不侔矣②。左丘明作《左傳》，最先強調歷史之懲惡勸善作用，嘗稱美《春秋》曰：「《春秋》之稱，微而顯，志而晦，婉而成章，盡而不汙，懲惡而勸善。」（《左傳》成公十四年）又曰：「《春秋》之稱，微而顯，婉而辨。上之人能使昭明，善人勸焉，淫人懼焉，是以君子貴之。」（《左傳》昭公三十一年）其實，《春秋》固足以語此，而《左傳》尤足當之。自此以降，《春秋》之筆削褒貶，及其懲惡勸善之作用，皆盛爲後人所稱道。即《春秋》之爲賢者諱，齊桓、晉文，皆錄其稱霸之事功，亦爲後代史家所師法。凡此，皆中國歷史資鑑觀念之表現，而以《左傳》爲祖庭焉者也。

要而言之，中國傳記文學之精神，在求眞求善求美。衡諸《左傳》，多具體而微；較之泰西傳記文學，亦有形肖而貌似者。今并述之，以見《左傳》確爲中國傳記文學之始祖。至於承先啓後而集大成，則數《史記》最稱翹楚。

第一節 《左傳》具傳記文學之真

歷史記載不可能全眞，然貴能極近於眞。古今中外之史學家，所兢兢業業慘淡經營者，即在充分還原歷史事實之眞相，與夫史實與史實間相互之眞正關係。蓋歷史而流於虛幻荒誕，將毫無意義與價值可言。新傳記派之宗師史特拉齊（Lytton Strachey）主張：勇敢尋求眞實與客觀，於傳記人物不作任何批判。然描摹傳記人物之眞相，瑕瑜美惡，未嘗隱藏③。此梁啓超、胡適之二氏所醉心提倡之新傳記文學理論也。

夫史官執簡，當如鑑空衡平。苟愛而知其惡，憎而知其美，美惡必書，斯爲實錄。劉知幾謂：左丘明作《左傳》，皆據周典，能成不刊之書，著將來之法。又謂其躬爲魯史，博總羣書，廣包它國，每事皆詳。又謂其上詢夫子，下訪同門，凡所採摭，實廣聞見。又稱美《左傳》之書爲實錄，曰：善惡必彰，眞僞盡露。（以上具見《史通・申左》）《左傳》之純眞精神，由此可見矣。

《左傳》之爲實錄，蓋援經立傳，廣包諸國史乘，所謂百國寶書是也。「總而合之，編次年月，以爲傳記。又廣采當時文籍，故兼與子產、晏子及諸國卿佐家傳，并卜書及雜占書，縱橫家、小說諷諫等，雜在其中……故比餘傳，其功最高，博采諸家，敘事尤備，能令百代之下，頗見本末。」（唐陸淳《春秋集傳纂例》）《左傳》資材，雖不必盡然，而謂博采諸家，以爲傳記，則近之矣。是以《左氏》述臧哀伯諫桓納鼎，周內史美其讜言；王子朝告於諸侯，閔馬父嘉其辨說。凡如此類，其例實多，斯蓋當時發言形於翰墨，立名不朽，播於他邦。而丘明仍其本語，就加編次者也（《史通・申左》）。語其大，則春秋之禍在於楚，主盟上國，勢迫宗周，爭長諸華，威凌強晉，其事固不可遺略；然若駒支與於晉會，長狄埋於魯門，葛盧之辨牛鳴，郯子之知鳥職，斯皆邊隅小國，人品最微，猶復收其瑣事，見於方冊，（《史通・探賾》）其鉅細靡遺，傳信一代之史事，可以想見。蓋時人出言行事，丘明入記，雖有討論潤色，終不失梗概云，此《左傳》所以爲實錄也。新傳記文學主張：充分利用對話與原件④，《左傳》敘事載言，固有之矣。

呂祖謙《左氏傳說》有〈看左氏規模〉一篇，謂：「看《左傳》須看一代之所以升降，一國之所以盛衰，一君之所以治亂，一人之所以變遷。能如此看，則所謂先立乎其大者，然後看一書之所以得失」云云。此謂讀《左傳》應先著意於論世知人，留心於風俗制度之大者。夫如是，然後於《左傳》敘事之輕重奇正，用筆之神妙精微，始可洞見。今觀《左傳》一書，大而一代一國之升降，小而一人一物之變遷，無不因物賦形，括囊全局。而肌理縝密，又不失黍纍；文心所至，歎爲觀止矣。此與胡適之等所倡，謂傳記文學當注意傳記人物時代與環境之描述，《留學日記》卷七傳記文學可謂不謀而合。蓋非如此，不足以表現歷史之眞也。

歷史並非科學，然歷史之纂述，史學之建立，卻非科學方法不爲功。蓋歷史纂述，貴能於變幻中求逼眞，故不能不求其纂述方法之精確。精確之道，即是科學方法。中國史學家強調例、義例、凡例、體例，此即史學家纂述歷史之科學方法也。見於《左傳》者既有五十凡例以釋經，又有書、不書、先書、後書、故書、不言、不稱、書曰筆削書法之類，以曲暢其義。遂使史料之取捨依違，興亡之本末原委，經國之猷謨偉略，風教之盛衰，政事之得失，鉅細畢陳，洞然可觀。史家所以能比較正確而清晰之表現史實眞相，賴有此科學方法耳，而《左傳》有之。

中國史官有一優良傳統，即不畏強權，無視利誘；不爲政治而歷史，乃爲歷史而歷史。史官之超然地位，舉目世界無出其右者。《左傳》載：晉董狐書法不隱，直書趙盾弒其君宣公二年；齊太史四人不畏亂臣，實錄崔杼弒其君襄公二十五年；爲存春秋之信史，而甘冒生命之危險。爲後世史學純眞之精神，樹立良好之典範。宋邵雍謂史書：錄實事而善惡形於其中；朱熹謂：直書其事而善惡自見（《朱子語類》）；呂大圭謂：《春秋》據事直書，而善惡自見（《春秋五論》二）；若是之比，皆發源於《左傳》之史例，杜預所謂「盡而不汙，直書其事，具文見意」（《春秋經傳集解．序》）者也。《左傳》之不虛美，不隱惡，據事直書，是非自見；與新傳記文學宗師史特拉齊所謂：傳記文學之法，在不批評，不判斷，獨著重顯露（吳奚眞譯現代傳記文學之特質）；可謂說歸一揆，先後輝映。要皆爲史學之眞，信史與實錄，樹立標竿與風聲也。⑤

史書之有論贊，自《左氏傳》始。《左傳》每發議論，多假君子以稱之：或云君子曰（凡四十五則），或云君子謂（八則），或云君子是以知（二則），或云君子是以（二則），或云君子以爲（二則），或云君子以（二則），或云君子不以（一則）。要皆所以辯疑惑，釋凝滯，若愚智共了，固無俟商榷，丘明「君子曰」者，其義實在於斯（《史通．論贊》）。議論雖不免主觀，而作用則純乎客觀：蓋既標以君子，則其中所云，爲主觀之發抒，與上文客觀之記述，此疆彼界，固判若涇渭也。其後司馬遷等宗法其體用，乃有太史公曰、贊曰、論曰、序曰、詮曰、評曰、議曰、述曰之名。宋司馬光主編《資治通鑑》，有「臣光曰」；清蒲松齡撰作《聊齋志異》，而綴以「異史氏曰」，皆其流亞。要之，其體主觀，其用則純爲客觀而發者也。

歷史非科學，然發現歷史事實，則需科學方法。以科學方法纂述歷史，大致不外歸納、比較、分析、綜合諸法。《左傳》之爲傳記文學，諸法亦多具體而微，如《左傳》每發議論，每假君子以稱之，此種論贊體式，極得綜合之眞諦。西方史家所謂「所有最後之綜合，即解釋。」（杜維運《史學方法論》頁一一五所引）此之謂也。古籍爲竹書，簡帙重大，左氏成此傳，必參閱多種文字而歸納之。二百四十二年之事變，方能略具始終；且赴告之情，策書之體，始能一二見之，此歸納之功也。如季札有「衞多君子」之言，乃就石碏、史鰌、蘧瑗諸人言行而得也，非《左傳》歸納之效乎！屬辭比事，《春秋》教也；《左傳》既翼經而作，敘事議論尤多用類比、對比之法，「若一傳之中，彼此相形，而得失見；一人之事，前後相絜，而是非昭。晉、楚俱用夾寫，傷楚強之由於晉衰也；魯、鄭每爲並敘，傷季孫之不如鄭臣也。抉盛衰之關，立事爲之矩，莫不舉一例餘，而旁通四達。桓與文相比，襄、靈、厲、悼與桓、文相比，而升降可見。伯未興之前，與有伯相比；有伯之後，與無伯相比，而世變可知。」（清姜炳璋《讀左補義．綱領下》）《左傳》之屬辭比事，要皆比較、歸納、分析、類推方法之運用也。⑥敘述曲折之史事，而能頭緒清楚，娓娓動聽，此則非分析不爲功，如《左傳》述晉楚城濮之戰（僖公二十八年），可謂左氏善於分析之代表。其中《左傳》敘事，徵存若干兵法謀略，提示晉勝楚敗之所以然，體現史書資鑑經世之功能。⑦其他，如楚軍之驕態，晉軍之機智，固活躍紙上；即晉下軍之擊潰楚右師，晉中軍上軍之夾攻楚師，楚中軍之完師不敗，亦皆歷歷如繪。左氏於取材行文之際，苟不預作分析，何能臻此理想之境界？⑧凡此，皆左丘明纂述《左傳》之科學方法，具傳記文學之眞者也。

第二節　《左傳》備傳記文學之美

傳記文學之纂述，洞見歷史之眞，方法須科學；而表現歷史事實，則非文學之技巧與藝術之想像不爲功。文筆之清晰流暢，曲折優美，固需文學技巧；而史事之精心安排，材料之斟酌運用，眞相之顯微闡幽，尤賴高度之文學技巧以達。苟能此也，加之以藝術之想像，則體圓用神之傳記文學，其庶幾乎！不者，資料之殘缺孤立，史事之割裂不貫，無史家之想像以彌縫之，將儼然斷爛朝報也，何足以傳？由此觀之，傳記文學之幾於藝術品，圓而多神，渾如天成者，文學技巧之講求，藝術想像之發揮，固如鳥翼車輪之不可缺一也⑨。《左傳》之爲傳記文學，洵有此美焉。

《左傳》成公十四年「君子曰」稱：「《春秋》之稱，微而顯，志而晦，婉而成章，盡而不汙，懲惡而勸善，非聖人孰能脩之？」孔子作《春秋》，其「如何書」之約文屬辭，前四句已作清晰提示。左丘明因《春秋》而作《傳》，以歷史敘事解說《經》文，亦皆運用上述之書法以敘事。《左傳》昭公三十一年「君子曰」亦云：「《春秋》之稱，微而顯，婉而辨。」微而顯、志而晦、婉而辨、婉而成章諸法，曲筆諱書多用之，爲古今忌諱敘事之修辭要領⑩。盡而不汙，示據事直書，善惡自見之筆法，爲實錄信史之敘事要法。曲筆與直書交相爲用，皆脈注綺交歸本於「何以書」之義。孔子之《春秋》如此作，左丘明《左傳》亦如是解說《春秋》。《左傳》以歷史敘事傳《經》，所以眞、善、美兼具者，曲筆與直書書法之巧妙發用，實居重要關鍵。

《左傳》文學之美，爲中國歷史文學之傑作，前人言之夥矣：劉勰謂其「實聖文之羽翮，記籍之冠冕。」（《文心雕龍．史傳》）劉知幾稱其「工侔造化，思涉鬼神，著述罕聞，古今卓絕。」（《史通．雜說上》）說詳本書第三章「古文家法」所述，不贅。歐陽脩《集古錄．唐田布碑跋》云：「田布其人其事，至爲壯烈；惜作者庾承宣無左丘明、司馬遷之文筆爲之傳神，遂使其人其事汨沒不彰」。歐陽脩之宗仰左丘明，蓋服其文學技巧之圓神也。茲舉要臚述《左傳》之文學技巧，以見其歷史文學之美；若夫其詳，則可參《左傳文章義法撢微》各節所論。錐指管窺，亦足見其概云。

呂本中云：「文章從容委曲而意獨至，惟《左氏》所載當時君臣之言爲然。」（《呂氏童蒙訓》）此杜預所謂《左傳》其文緩也。蘇東坡稱：「意盡而言止者，天下之至言也；然言止而意不止，尤爲極至，如《禮記》、《左氏傳》可見。」（《呂氏童蒙訓》引）此梅堯臣所謂含不盡之意見於言外者也。劉知幾謂《左傳》：「綱紀而言邦俗也，則有士會爲政，晉國之盜奔秦；邢遷如歸，衛國忘亡。其款曲而言人事也，則有犀革裹之，比及宋手足皆見；三軍之士，皆如挾纊。斯皆言近而旨遠，辭淺而意深。雖發語已殫，而含意未盡，使夫讀者望表而知裏，捫毛而辯骨，覩一事於句中，反三隅於字外。」（《史通．敘事》）《左傳》所以「使讀者尋繹不倦，覽諷忘疲。」者（《史通．載言》），以此也。

昔干寶著《史議》，歷詆諸家，而獨歸美《左傳》，云丘明能以三十卷之約，括囊二百四十年之事，靡有孑遺，斯蓋立言之高標，著作之良模也。（《史通．煩省》）此稱美《左傳》文學之簡潔洗鍊也，劉知幾亦謂：《左氏》爲書，不遵古法：言之與事，同在傳中；然而言事相兼，煩省合理。（《史通．載言》）《左傳》之爲書，其言簡而要，其事詳而博；文雖闕略，事甚昭著。其文字之通達，誠有獨絕古今者，奉爲史家文字之準的，誠不誣也。傳記文字必如此，而後足以傳世。

從容委曲與煩省合理外，傳記文學亦尙爾雅。劉知幾論《左傳》文章，縱然如謠、諺、謳、誦，亦不失溫潤爾雅：「至如鶉賁鸜鵒，童豎之謠也；山木輔車，時俗之諺也；皤腹棄甲，城者之謳也；原田是謀，輿人之誦也；斯皆芻詞鄙句，猶能溫潤若此，況乎束帶立朝之士，加以多聞博古之識者哉？則知時人出言，史官入記，雖有討論潤色，終不失其梗概者也。」（《史通．言語》）孔子曰：「言之無文，行而不遠。」（襄公二十五年）爾雅之謂也。

左丘明作《左傳》，敘事之藝術，已臻乎化境：史實較《春秋》詳盡曲折，文辭比《春秋》優美委婉，且敘事有系統，有別裁。於重大史事，尤能溯原究委，前後照應，使讀者相悅以解。杜預〈春秋序〉所謂：「其文緩，其旨遠。將令學者原始要終，尋其枝葉，究其所窮。優而柔之，使自求之；饜而飫之，使自趨之。若江海之浸，膏澤之潤，渙然冰釋，怡然理順，然後為得也。」非有高度之文學技巧，其誰能之？史家撰史，雖不能流於辭章之學，然亦不可忽視之。《孟子．離婁上》稱孔子作《春秋》所謂「其文則史」者，此之謂也。蓋辭章明暢優美，方能清楚而生動表現史實，辭明而事明，歷史始能流傳久遠。若《左氏傳》者，可謂能此矣。

講究文學技巧之神妙外，豐富之歷史想像，尤為傳記文學不可或缺之因素。泰西史學家強調：一位完美之史學家，必須具有足以使其敘事感人，與歷歷如繪之想像。（杜維運《史學方法論》頁一九六引）此則非賴藝術之想像不為功也。然史家之運用想像，實與文家殊科；文家可以天馬行空，自由馳騁其想像，史家之想像則需與歷史眞實合拍，同其實情。詳言之，「史家追敘眞人實事，每須遙體人情，懸想事勢，設身局中，潛心腔內，忖之度之，以揣以摩，庶幾入情合理。」（《管錐篇》上，頁一六六）《左傳》敘事載言，確有豐富之藝術想像，如鉏麑槐下之詞（宣公二年），渾良夫夢中之譟（哀公十七年），介推與母偕逃前之問答（僖公二十四年），誰聞而誰述之耶？凡此，或為密勿之談，或乃心口相語，屬垣燭隱，何所據依？上古既無錄音之具，又乏速記之方，駟不及舌，而何其口角親切，如聆謦欬歟？無它，皆左丘明設身處地，依傍性格身分，假之喉舌，想當然耳，運乎歷史想像之辭也。方中通謂：「《左》《國》所載，文過其實者強半。」《陪集》卷二〈博論〉正謂擬想之辭也。錢鍾書謂：「《左傳》記言，而實乃擬言、代言，謂是後世小說院本中對話賓白之椎輪草創，未遽過也。」[11]信乎斯言也！雖曰文勝質之病，亦《左傳》饒歷史想像之效驗也夫！

第三節　《左傳》饒傳記文學之善

理想之歷史，除體質眞，文章美外，其用則歸於懲勸，傳記文學亦然。蓋「史之爲用，記功司過，彰善癉惡，得失一朝，榮辱千載。」《史通．曲筆》國之傳記文學，富含教育人格之使命，目的在直接教導爲人之道。此種道德教育之注重，垂數千年，實非泰西或新體傳記所可比擬。考其根源，則《左傳》君子曰所稱「《春秋》五例」之懲惡勸善，實發其端成公十四年。而此五例者，實左丘明作史所懸之鵠的，殫精竭力，以求或合者也。錢鍾書以爲：雖以之品目《春秋》，而《春秋》實不足語於此。《管錐編》頁一六一～頁一六二昭公三十一年《左傳》「君子曰」亦謂：君子所以貴乎《春秋》者，在於「善人勸焉，淫人懼焉」。筆者以爲，此正左氏以歷史敘事解釋《春秋》之作用，以史傳經之功能正在於此。由左丘明之楬櫫五例，可徵史家不徒紀事傳人，又復垂戒致用。善之史用，大矣哉！

《左傳》爲羽翼聖經而作者也，《春秋》嚴夷夏之防，定名分之實，獎善貶惡，賢賢賤不肖，《左傳》以史傳經，作用不二。如「趙孟以無辭伐國，貶號爲人；杞伯以夷禮來朝，降爵稱子；虞班晉上，惡貪賄而先書；楚長晉盟，譏無信而後列；此則人倫臧否，在我筆端，直道而行，夫何所讓？」（《史通．惑經》）嚴定褒貶，所以勸善貶惡也。吳闓生所謂：「左氏每遇凶奸之人，其誅伐之情，恆溢于言外。前敍太史、南史等，痛詆崔氏也；此段以凶人而得惡果，敍來險絕快絕。」（《左傳微》卷七）凡《左傳》所載，其善可師，其惡可鑒，與夫嘉言懿行，隱顯聞望，生死榮哀，乃至於一言一行之微，苟可以風天下，昭旂常，炳緗素，示來世者，莫不昭然可指。其事核，其文蔚。千載之下，想望其爲人，若將物色髣髴而歆畏存焉。凡周之所以王與所以衰，華衰之所由榮，斧鉞之所由辱，二百五十五年間，洞若觀火。此史學所以經世，固非空言著述也。若《左傳》者，可謂兼而有之矣。

《春秋》爲尊者諱，爲賢者諱，故齊桓、晉文，皆錄其功；魯桓遇害，而云「彭生乘公，公薨於車」，所以敦風俗而厚人倫也。凡《左傳》之顯微闡幽，勸善懲惡，界嚴華夷，正名辨實，其要皆歸本於禮，亦即歸趣於至善也。蓋禮者，天之經也，地之義也，民之行也（昭公二十五年）；可以經國家，定社稷，序民人，利後嗣者也（隱公十一年）。此自《左傳》稱引君子之言：或曰禮，或曰非禮，可得而知。歷史既所以傳世，故當富含垂戒致用之意義。否則，歷史而充斥殺伐、乖戾、浮誕、譎詭，縱容姦回逆竊之行，崇獎黷武爭雄之事，雖曰實錄，價值安所見乎？故曰：禮，善之本也。鄭玄曰：《左氏》善於禮，（六藝論）誠有見而言也。故鄭莊至孝，晉獻不明，《左傳》錄其〈大隧〉〈狐裘〉之什，其理讜而切，其文簡而要，足以懲惡勸善，觀風察俗。（《史通·載文》）若斯之比，《左傳》實多，此特其一端耳。歷史之道德教育，略備於是。故曰：《左傳》之載文，富於傳記文學所標榜之善，洵不誣也。

第四節　餘論

《左氏傳》之爲書也，體則編年，而用爲傳記。凡春秋之人才，上至公卿大夫，下至方伎列女，非《左氏》雄古嚴密之文，孰能暢敘發揚若是其靈動哉！列傳之體，雖大成於司馬遷《史記》，然春秋大夫，自管仲、晏嬰、伍子胥外，無與焉，他亡論矣。若柳下惠、臧文仲、子產、子文、百里、狐偃、趙襄諸人，其人品材幹，豈減於管、晏者？而概不爲傳，得無疎乎？幸賴《左氏》傳之，始存其事功、學問、道德。此宋王當之《春秋列國諸臣傳說》，明劉節之《春秋列傳》，邵文莊之《春秋名臣傳》，章大吉之《左記》，唐順之之《左氏始末》諸書，之所由作也。雖割裂原文，易編年爲紀傳，難免變亂體例之病；而怡然理順，渾如天成，亦足見《左傳》富於傳記文學之價值也。

自南宋袁樞著《通鑑紀事本末》，於是得其啓迪，治《左傳》之學者遂知重組《左傳》。易編年爲紀事本末者，如南宋章沖《春秋左傳事類始末》，明唐順之《左氏始末》、孫範《左傳分國紀事本末》、張問達《左傳分國紀事本末》、清馬驌《左傳事緯》、高士奇《左傳紀事本末》；民初吳闓生《左傳微》、韓席籌《左傳分國集註》諸作，多本《左傳》敘事之文見本末，而易編年爲紀事本末體。若非《左氏》敘事傳人如實如真，諸書將無所適從。宋王當《春秋臣傳》，以《左傳》爲文本，就十二公中，標舉春秋諸臣一九〇人。蓋梳理《左傳》諸臣事迹，加之以論贊，而略加褒貶予奪者。清康熙間嶺南勞孝輿著《春秋詩話》五卷，臚列賦詩、解詩、引詩、拾詩、評詩，⑫多拆解《左傳》賦詩引詩史事，分類重組之。雖因詩而及人與事，固《左傳》敘事傳人之分流也。

諸家所述，《左傳》之傳記，有以下諸類：德行、言語、政事、文學，其大宗焉，《左傳》本之以評騭人物也。賢聖、純臣、奸臣、忠臣、獨行；辭令、佞臣、讒臣；后妃、宗室、宦豎、亂臣、霸鎮、名臣、盜賊；文學、俠勇、大戰、禮樂、方伎、列女等，其別子焉。綜而觀之，頗足見當時人才出處語默之大節。其記載之信實，其垂戒之殷切，其文辭之達雅，洵足稱中國傳記文學之祖庭矣。⑬

註釋

①《史記．伯夷列傳》：「余悲伯夷之志，睹逸詩可異焉」下，接以「其傳曰」云云二百餘字，此史公所本之「傳」也。又《史記．魏世家》《索隱》引《世本》曰：「桓子生文侯斯，其傳曰云云」，則世本中有《傳》，蓋史公所本也。而班彪、皇甫謐、顏之推等皆以為：世本乃左丘明所作，說詳陳槃《不見于春秋大事表之春秋方國稿》頁二五所引。果爾，則司馬遷之體例，多本諸左丘明也。

②居浩然撰〈傳記文學與教育〉，原載傳記文學二卷六期，後收入《什麼是傳記文學》，頁一三〇～頁一三八。

③程滄波撰〈論傳記文學〉，原載《傳記文學》一卷三期。又，吳奚真譯〈現代傳記文學的特質〉，原載《傳記文學》一卷五期。後并輯入《什麼是傳記文學》。

④參閱杜呈祥撰〈傳記與傳記文學〉，原載《傳記文學》一卷二期。又，徐訏撰〈談現代傳記文學之素質〉，原載《傳記文學》三卷一期，後并編入《什麼是傳記文學》。

⑤錢鍾書《管錐編》頁一六三曰：「不隱不諱而如實得當，周詳而無加飾，斯所謂盡而不汙（the whole truth, and nothing but the truth）。」釋《左傳》史例「盡而不汙」，最稱允當。

⑥ 趙友林：〈《春秋》三傳「注疏」中的屬辭比事考〉，北京大學《儒藏》編纂中心《儒家典籍與思想研究》第三輯，二〇一一年四月，頁八七～一〇一。

⑦ 張高評〈《左傳》敘戰徵存兵法謀略——〈城濮之戰〉之敘戰與資鑑〉，《古典文學知識》第一九八期，二〇一八年第三期（五月），頁一二五～一三五。

⑧ 本節所述歷史之科學方法理論，多本杜維運《史學方法論》第五、六、七、八章。其中「分析方法」之論證，則直接採自此書頁一二五～頁一二六所述。

⑨ 杜維運《史學方法論》，第四章史學方法科學方法與藝術方法，又第十二章歷史想像與歷史眞理頁一九六。

⑩ 張高評《左傳之文韜》，高雄：麗文文化公司，一九九四年。四、〈《左傳》之史筆與詩筆——以形象性、精煉性爲例〉，頁一六五～一八一。〈《左傳》敘事與言外有意——微婉顯晦之史筆與詩筆〉，頁一八三～二〇七。張高評〈《春秋》書法與忌諱敘事——以征伐匈奴之相關人事爲例〉，書稿。

⑪ 前人於《左傳》之歷史想像，有致疑之者，如紀昀《閱微草堂筆記》卷十一曰：「鉏麑槐下之詞，渾良夫夢中之譟，誰聞之歟？」李元度《天岳山房文鈔》卷一〈鉏麑論〉曰：「又誰聞而誰述之耶？」詳《管錐編》頁一六五所述。錢先生謂：蓋左氏非記言也，乃代言也。如後世小說，劇本中之對話獨白也。

⑫ 清勞孝輿撰，毛慶耆點校：《春秋詩話》，廣州：廣東高等教育出版社，一九九六年。

⑬如此分頻，頗見粗疏。姑記於此，以俟他日之隅反耳。若夫所本，則唐順之《左氏始末》，顧棟高《春秋大事表》之〈春秋人物表〉、〈春秋列女表〉而已！

第九章
敘事文學之軌範

敘事第九

敘事之文，昉於古史官，比事屬辭，《春秋》之敎也。其變無窮，其數未易盡，故今古文人其才多盡於敘事。文之爲體博矣，而以敘事爲尤難。清李紱曰：「文章惟敘事最難，非具史法者，不能窮其奧窔也。」（《秋山論文》）章學誠云：「敘事之文，題目即在文辭之內，題散而文以整之，所謂事徵實而難巧也。」（《論課蒙學文法》）日人齋藤謙亦謂：「凡作文，議論易，而敘事難。譬之敘事，如造明堂辟雍，門階戶席皆有程式，雖一楹一牖，不可妄移易。議論如空中樓閣，不厭出新意，故難易迥異。」（《拙堂文話》卷七）

蓋敘事尙實，太文，則失其所以爲眞；不文，又失其所以爲傳。如何敘事，方能翔實而又不失生動，固非兼具四長之良史不能矣。故劉知幾稱：「史之美者，以敘事爲先」；又云：「國史之美者，以敘事爲工。」（《史通．敘事》）纂史如此，爲文亦然。清方苞《史記評語》云：「觀史公所增益，益知《左氏》敘事神施鬼設之奇。」（〈齊太公世家〉評）王葆心謂：「作文敘事最難」；朱筠則曰：「學文必自敘事始。」（《古文詞通義》卷九）善哉乎諸家之推言之也！敘事誠最難而又當首務者矣！而《左氏傳》最精工於敘事。

第一節 《左傳》長於敘事

章學誠曰：「文辭以敘事爲難。今古人才，騁其學力所至，辭命議論，恢恢有餘。至於敘事，汲汲形其不足，以是爲最難也。」（《文史通義》外篇三上朱大司馬論文）考文章敘事所以尤難，蓋翻空易奇而徵實難巧，敘事文記寫客觀眞實發生之事與人，要求不虛美，不隱惡，文直而事核，如實錄、爲信史，所以爲難也。

然自啖助以下諸家，多盛贊《左傳》敘事之善：一則曰：「博采諸家，敘事尤備，能令百代之下，頗見本末。因以求義，經文可知。」（唐陸淳《春秋集傳纂例》）再則曰：「《左氏》之敘事也，述行師，則簿領盈視，哤聒沸騰；論備火，則區分在目，修飾峻整；言勝捷，則收獲都盡；記奔敗，則披靡橫前；申盟誓，則慷慨有餘；稱譎詐，則欺誣可見；談恩惠，則煦如春日；紀嚴切，則凜若秋霜；敘興邦，則滋味無量；陳亡國，則淒涼可憫；或腴辭潤簡牘，或美句入詠歌，跌宕而不羣，縱橫而自得。若斯才者，殆將工侔造化，思涉鬼神，著述罕聞，古今卓絕。」（《史通·雜說上》）三則曰：「《左氏》先經以始事，後經以終義，依經以辨理，錯經以合異，是記事之史，《左氏》其首也。」（韓菼《左傳紀事本末·序》）四則曰：敘事之法，「離合變化，奇正相生，如孫、吳用兵，扁、倉用藥，神妙不測，幾於化工，其法莫備於《左傳》。」章學誠論課蒙學文法五則曰：「左氏爲魯史官，亦不可以直書者，而能曲曲傳之。其敘事之精善，非後世史家所及也。」陳澧《東塾讀書記》卷十六則曰：「人徒知《左氏》爲文章鼻祖，不知《左氏》文多敘事。其詞多列國聘享，會盟、修好、專對之所施；否則，戰陳、禦侮、取威、定霸之謀。」陳壽祺《左海文集》與高雨農書七則曰：「《左氏》敘事，紛者整之，孤者輔之，板者活之，直者婉之，俗者雅之，枯者腴之。翦裁運化之方，斯爲大備。」劉熙載《藝概．文概》八則曰：「《左氏》工紀事，委婉深曲，多寄意於語言之外，讀者不可徒滯拘於字句間也。」韓席籌《左傳分國集註》頁四九則曰：「《左氏》之敍事也，旁顯側映，以左射右，以後照前，如折俎之牲，散之不成其形，合之復完其情，所謂意到而句不到也。」又曰：「以字攝句、以句攝篇，意以不盡爲奇，詞以不費爲貴，氣以不弛爲上。讀者但見其淵然之光，蒼然之色，而無條暢快利之形，如高山深淵，回互應伏，觀者意有虎豹龍蛇穴其中，而特未之見，乃所以爲貴也。」馬宗霍《文學概論》頁六十五引《叔苴子》語

若斯之比，要皆盛推《左傳》敘事之神妙者也。蓋《左氏》於文，反覆低昂，無所不究其至；其敘事有系統，有別裁，能溯原竟委，前後呼應。觀《左傳》之敘事，洵乎規矩方圓，不可勝用矣。蓋左丘明所述，除本於孔子《春秋》所記外，復參考百二十國寶書，比事而屬辭之，其中有筆削、有別裁，歷史編纂之學於斯稱勝，故記事特詳①。以其敘事特詳，故治《春秋》者，往往據《左氏》之敘事，參以

《公》、《穀》之大義。信乎有經而無傳，使聖人閉門思之，十年不能知也（桓譚《新論·正經》）。揚言捨傳求經者，實或陰求諸《左傳》之敘事，猶私窺謎底而射覆也。由此觀之，《左傳》之敘事，不獨臻藝術之化境，饒文學之價值；且因以求義，經文可知，更富史學與經學之不朽價值焉。

《左傳》之歷史敘事，淵源於《春秋》屬辭比事之書法。晉杜預〈春秋序〉解說《春秋》五例，其四曰「盡而不汙」，所謂直書其事，具文見義，最是《左傳》以史傳經之常法。排比相近或相關之史事，羅列相反相對之話語，由於事外無理、理在事中，敘事載語之際實已寓含論斷，猶《史記》著錄史事，可以「不待論斷，而於序事之中即見其指。」[2] 爰始要終，本末悉昭，為古《春秋》記事之成法；比次史事，具文見義，可以體現《春秋》之微辭隱義。《左傳》直書實錄春秋史事，無論歷史敘事、或文學敘事，皆為中國敘事傳統開示若干法門。[3]

第一節 《左傳》敘事法舉要

杜預〈春秋序〉稱美《左傳》之敘事，謂：「其文緩，其旨遠，將令學者原始要終，尋其枝葉，究其所窮。優而柔之，使自求之；饜而飫之，使自趨之。若江海之浸，膏澤之潤，渙然冰釋，怡然理順。」主張「原始要終」以通觀全書，「尋其枝葉，究其所窮」以考敘事。劉熙載《藝概》亦曰：「微而顯，志而晦，婉而成章，盡而不汙，懲惡而勸善；《左氏》釋經有此五體，其實《左氏》敘事亦處處本此意。」（文概）《春秋》一書既標榜五例，左丘明復據以為作史之懸鵠，無怪乎其敘事精善若此也。故眞德秀《文章正宗》錄《左傳》為冠冕，分辭命、議論、敘事三項，而敘事最有體要。如伐楚盟昭陵（僖公四年），齊桓公之霸也。戰於韓（僖公十五年），秦、晉兵爭之始也。戰於泓（僖公二十二年），宋襄求霸之終事也。戰於城濮（僖公二十八年），晉文公之霸也。濟河焚舟（文公三年），秦穆公之霸也。戰於邲（宣公十二年），楚莊王之霸也。鄢陵之戰（成公十六年），言楚之不競也。霸業與《春秋》相始終，《左氏》纖悉具備。而敘次城濮、邲、鄢陵諸大戰，綜複雜之事，尤《左氏》所專擅焉，說詳《左傳文章義法撢微》〈鍛句〉一章，不贅。

為史家權輿。其敘事文質事核，世稱實錄，信乎能原始要終，觀變知風矣。若夫以簡鍊生動之筆，敘錯

敘事之法，學者論之夥頤，李紱《秋山論文》援舉九類，《漢文正典》臚列十一目③，毛宗崗《讀三國志法》列舉十二則④，章學誠〈論課蒙學文法〉楬櫫二十三種⑤，要皆不足以盡《左傳》也。馮李驊著《左繡》，評點學之善本也，稱賞《左傳》之敘事，謂全出乎自己之剪裁。拈點其中敘事之法三十餘，美之曰：「種種手法，開天地未有之奇，作古今莫越之準。況詞條豐蔚，經術湛深，又有溢乎重規

疊矩之外乎？」〈讀左卮言〉章學誠稱：「敍事之文，莫備於《左氏》。」《丙辰劄記》此言良是。

《左傳》以歷史敍事解說孔子《春秋》經，解經之功最高。而所謂歷史敍事，其實本於「屬辭比事」之《春秋》教《禮記·經解》。清章學誠《文史通義·答客問上》稱：「史之大原本乎《春秋》，《春秋》之義，昭乎筆削。筆削之義，不僅事具始末，文成規矩已也。」又云：「所以通古今之變，成一家之言者，必有詳人之所略，異人之所同，重人之所輕，而忽人之所謹。」⑤筆削之義，體現爲屬辭比事；屬辭比事，表現爲詳略、異同、重輕、忽謹之敍事方法上。⑥《左傳》敍次諸大戰，最可見屬辭比事之敍事義法。⑦茲將《左傳》敍事之法，條舉如左，以見《左傳》確爲敍事之軌範，史界之太祖焉：

一曰正敍法：文質詳略，各當其適是也。如周鄭交質隱公三年，正敍其交質與交惡，由於王之失信；齊桓公卒僖公十七年，敍齊亂後，而立無虧；楚子侵陳宣公元年，正敍楚侵陳宋，晉以伐鄭楚救之，是其例也。

二曰原敍法：敍事之原本要終者也；如鄭伯克段於鄢隱公元年，自姜氏偏愛釀禍，原原本本敘來；秦穆伐晉僖公十五年，將晉惠之失，與秦伯之所以伐晉，原始要終敍之；晉公子重耳出亡僖公二十三年，歷敍遊狄、衞、齊、曹、宋、鄭、楚、秦諸國始末；鄭穆公刈蘭宣公三年，《左傳》敍事原始要終，本篇別成爲鄭穆公一小傳。《左傳》體爲編年，然敍事多原始要終，本末悉昭，故原敍法不少。

三曰順敘法：循時間先後順序，從前事依次敘起，後入正傳者，最爲敘事常法。如衞宣公烝於夷姜（桓公十六年），通篇順敘，文甚直質；楚司馬子良生子越椒（宣公四年），從越椒之生，依序敘到越椒之滅是也。

四曰逆敘法：將其人其事之結局扼重先敘，然後逆溯從前，以著本末者是也，如會於稷以成宋亂（桓公二年），先敘宋亂而會，然後逆溯宋之所以亂，會之所以成；晉人敗狄於箕（僖公三十三年），先敘郤缺獲白狄子，然後追溯郤缺之所以獲舉；鄭伯蘭卒（宣公四年），先敘鄭伯蘭之卒，然後追溯鄭伯之所以名蘭是也。

五曰對敘法：對比敘事，蓋屬辭比事之法。以兩文或兩文以上敘兩人兩事，或同時或不同時，事或相關或相反，回互激射，以明是非功過之所在者。《左傳》敘戰，往往於兵謀、將帥、士氣、兵力作對比敘事，如城濮之戰（僖公二十八年），邲之戰（宣公十二年），鄢陵之戰（成公九年），對敘晉、楚二軍，或通篇一線雙行對敘（詳參《左繡》評語）。又如申之會（昭公四年），平丘之盟（昭公十三年），亦兩兩對敘：一寫楚之示侈，椒舉規楚子示禮，叔向勸晉侯示威；一寫楚戮慶封，晉執季孫，皆兩相映對而敘次之也。對敘法之經典篇章，多富於駢儷文風，如晉楚城濮之戰、邲之戰、鄢陵之戰，每舉一事，必皆有對。無論戰前、將戰、正戰、戰後，《左傳》敘戰多一線雙行對寫，可作對敘之代表。參考本書第四章〈駢儷文章之先河〉。

六曰類敘法：比事之書法，有類比，有對比；前者爲類敘，後者爲對敘。類敘法者，解散史事，分類重組而敘之，事有主從，筆有輕重，類聚羣分之法也。如長狄絕種（文公十一年），本敘僑如一人，連類以及緣斯、焚如、榮如與簡如。又如晉楚邲之戰（宣公十二年），因彘子不肯設備，連類而預書敗後之三事；因敘楚之乘廣，連類而及晉之廣隊。晉楚鄢陵之戰（成公十六年），因養由基之射，連類而及呂錡夢中之射；遂從呂錡夢占所射必楚王，而以及戰二字，直入射共王中目。（方苞《左傳義法舉要》）又如鄭穆公卒（宣公三年），就夢蘭、御蘭、徵蘭、名蘭、刈蘭諸事跡，類聚次敘之，遂成鄭穆公一篇傳奇。（林紓《左傳擷華．鄭穆公刈蘭》）晉侯獳卒（成公十年），始也因夢而病，繼則病復變為夢；且巫言如夢，小臣更因夢而為殉，藉夢之奇類敘如此。周原伯絞虐其輿（昭公十二年），一虐民而為民所逐，一去族而為民所誅，亦連類而敘之。大抵類敘數事，必以一事為主，用筆方有輕重，立格方有剪裁（《左繡》定公元年晉執仲幾評語）。史書合傳之法，如《史記》〈管仲晏嬰列傳〉、〈老子韓非列傳〉、〈孫子吳起列傳〉、〈廉頗藺相如列傳〉、〈屈原賈生列傳〉等等，蓋脫胎於此。

七曰側敘法：專敘題之某一點或某一方面，其餘或帶敘或竟不敘，以收烘托之效者是也。如召陵之盟（僖公四年），側重敘齊桓一邊，而楚帶敘。晉重之得國，就從者一邊敘出（僖公二十四年）。南宮萬奔陳（莊公十二年），寫萬多力，側敘其乘車輦母，一日而至。犀革裹之，手足皆見。邲之戰（宣公十二年），中軍下軍爭舟，亂軍爭渡，側寫舟中之指可掬。麻隧之戰（成公十三年），亦側寫晉呂相之詞令，預言晉帥乘和，此皆側寫其一而顯露其餘者。若夫《左傳》前半出色寫一管仲，後半出色寫一子產，中間出色寫晉文公、悼公、秦穆、楚莊數人稱霸。而春秋之世變可見，此又全書之側敘也。

八日帶敘法：以一人一事爲主，而帶敘餘人餘事，此史書附傳法、附見法之權輿。如城濮之戰（僖公二十八年），侵曹處，帶敘帶議：「數之以其不用僖負羈而乘軒者三百人也」；又三罪結案處，中間卻帶敘許多大事。鄢陵之戰（成公十六年），正敘戰事，於偪仄處，忽帶敘楚、鄭之君，故能寬展不迫。晏嬰請繼室於晉（昭公三年），此正敘也；而齊爲陳氏，晉盡公族，因晏子受禮，叔向從宴，遂相語及；又因晏子屨賤踊貴一語，而追敘更宅納諫，則爲帶敘之帶敘矣⑧。

九日串敘法：合兩人兩事之相涉者而敘之，通篇一串，如公子慶父出奔莒（閔公二年），上寫共仲，下寫哀姜，事可干涉，筆筆串出。城濮之戰（僖公二十八年），曹衞串敘，以爲此役起本。邲之戰（宣公十二年），二憾皆命串敘，遂令欒伯與魏錡，宜斷而反聯，魏錡與趙旃，宜聯而反斷，敘事之妙，生龍活虎矣。叔孫婼如晉葬晉平公（昭公十年），而以鄭子產作陪，賓主串敘，兩邊皆透。

十日虛敘法：意含事外，欲言又止，純在空際蕩漾，此文章之有神味者也。古人所謂用心於筆墨之外者，庶幾近之。如周鄭交質（隱公三年），「澗溪沼沚」四句十六字，止爲要反挑王子狐、公子忽。兩家俱用所愛子弟爲質，乃是不必。金聖歎謂：「自古至今無限妙文，必無一字是實寫。」《第六才子書西廂記》卷四 又云：「從來妙文，決無實寫一法。」同上《左傳》敘事善用虛，多見虛處傳神之妙。又如鄢陵之戰巢車之望一段（成公十六年），虛寫戰情，借乙口敘甲事，摹寫場景鬚眉畢露，藉言記事，旁觀虛敘，遂爾花團錦簇，最是一篇精神凝聚處。若夫虛實互見，兩兩對敘，尤稱千秋獨步。餘詳《左傳文章義法撢微》第二章〈虛實〉。

十一曰追敘法：事已過而復述說當初是也。《左傳》追敘前事，多用一「初」字，如鄭伯克段於鄢（隱公元年），此是二初三遂之文（金聖歎《唱經堂左傳釋》）；韓之戰（僖公十五年），追敘晉獻公筮嫁伯姬於秦；彭衙之役，敘狼瞫取戈斬囚事（文公二年）；鄭伯蘭卒（宣公三年），中間追敘羣公子不立；大原之役（昭公元年），追敘魏舒崇卒之議；楚子軫卒（哀公六年），城父為正傳，而中間兩段追敘，早見其生平。又有追敘前事，不用「初」字者，如采桑之役（僖公八年）是也。王源《左傳評》謂：「追敘之法，乃凌空跳脫之活法也。」（卷三頁十六）洵知言也。

十二曰連敘法：事雖不類而文意相連者也。如紀人伐夷（隱公元年），伐夷、有蜚兩事本不相干，因不書而連敘；改葬惠公（隱公元年），因葬而連敘；杞伯來朝（成公十八年），連敘五事；祁勝與鄔臧通室（昭公二十八年），連敘兩人兩事是也。

十三曰插敘法：事有前後若不相涉，然不敘其事，則本事為無根；若不斟酌位置，又失之不倫無理，於是出之以插敘之法，而敘事渾然天成矣。如鄭門蛇妖（莊公十四年），本敘鄭厲公入國誅貳，插敘此段，篇法遂有橫雲斷嶺之妙。如晉侯伐衛（文公元年），於前半晉人伐衛，則插敘一朝王事；於後半衛人伐晉，則插敘一謀陳事。晉欒氏之亂（襄公二十三年），中間插敘欒氏力臣督戎，帶起魏豹；於是敘魏豹之敗欒氏，遂不費力而理順矣。鄭殺其大夫公子嘉（襄公十九年），首尾正傳，中插一段旁傳，從主插賓也。楚子麇卒（昭公元年），先插敘伍舉，以伏下文。申之會（昭公四年），君子謂云云結上，橫插有法。平丘之會（昭公十三年），倒插羊舌鮒攝司馬一筆；楚子在蔡（昭公十九年），奢事在後，亦先倒插敘事。插敘，又稱爲插筆。林紓《畏廬論文》謂：「敘到喫緊處，非插筆則眉目不清，故必補其所以致此之由；敘到紛煩處，非插筆則綱要不得，故必揭其所以必然之故。」（插用筆）爲清眉目，得綱要，往往出以插敘，《左傳》有之。

十四曰暗敘法：事未至而逆揭於前，此文中伏脈，絕佳呼應也。如城濮之役（僖公二十八年），猶未戰也，而蔿賈詰責子文，以痛子玉之敗；崤之戰（僖公三十二年），秦師未東，而蹇叔哭師曰：「晉人禦師必於殽」；三郤之難（成公十七年），猶未兆也，而范文子怒逐其子（成公十六年）以憂晉國之亡。重耳之奔走流離（僖公二十三年），一亡公子耳，而所如皆有得國氣象；楚靈、夫差方其極盛（昭公三年、哀公十二年），踔厲中原，而勢已不可終日。若此者，皆吉凶未至，而先見兆徵者也。暗敘法，與預敘法有相通處。然暗敘重在草蛇灰線，使人不覺；而預敘法，重在預作張本，爲後文蓄勢經始。

十五曰直敘法：據事之實情，以書其曲折者。《左傳》載《春秋》五例所謂「盡而不汙」，劉知幾《史通．直書》所謂「直書其事，不掩其瑕」；朱熹所謂：「直書其事，而善惡自見」者是也。如晉侯使太子申生伐東山皋落氏（閔公二年），晉獻之不父，申生之愚孝可知；赭丘之戰，華登以吳師救華氏（昭公二十一年），其中有兵機，有陣法，有戰勢，有謀略，自起自住，自伏自應。信史實錄之精神，直書之效也。

十六曰婉敘法：設詞婉曲，寓以微情也。如展喜犒師（僖公二十六年），嚴正中有許多回護；甯武子來聘（文公四年），措詞謙婉而絕妙；呂相絕秦（成公十三年），詞氣委婉，從容而意獨至。直敘使人神聳，婉敘令人意移，《左傳》之敘事信有之矣。婉敘法，猶曲筆，即微而顯，志而晦，婉而成章之曲筆書法。婉敘之曲筆與直敘之直書，構成敘事傳統書法之二大頂樑柱。

十七曰平敘法：得直敘婉敘法之中而用之，蓋隨文所遇，自然經營：剪裁得宜，安頓恰妙之謂也。韓愈〈樊紹述墓誌銘〉所謂「文從字順各識職」是也。如齊崔杼弒其君光（襄公二十五年），本平敘無奇，然序崔杼之娶棠姜，乃先許東郭偃、陳文子不可之言，則波瀾也；序莊公淫棠姜被弒，而及賈舉諸人爭爲之死，則亦波瀾也。敘晏子之不死（襄公二十五年），則詳載君死社稷之論，亦波也；敘崔慶立景公，而大書晏子之盟言，與太史之直筆，皆波也。乃至於敘叔孫之內女，閭丘之載妻，點染映帶處，莫非波矣；此則平敘法之妙也。

十八曰語敘法：藉言語以敘事，事即寓乎言中，所謂藉言記事，以敘述爲主之法也。如鄢陵之戰（成公十六年），巢車之望，虛敘法兼語敘法也。韓原之戰（僖公十五年），徒父解占語，慶鄭諫乘異產語，韓簡視師語，子桑引古語，皆所以明晉惠之必敗也。宋襄之霸（僖公十九、二十一、二十二年），專以子魚言作眼目，以見宋襄霸業之不成。公子重耳出亡（昭公二十三年），雖一流亡公子，然自僖負羈妻口中道出，自鄭叔詹諫語表述，自楚成王饗燕周旋所言，重耳得賢佐人才，可以得土有國，而成人上之人。昭公之難（昭公二十五年），純以子家子語作眼，以見公出而不復，要在不納子家之諫也。始初，以擬言代言敘事，此一層；繼之，則藉言以記事；其終，則記言以論斷是非功過。語敘之效用，大矣哉！顧炎武《日知錄》稱：「於敘事中寓論斷，惟太史公能之。」（卷二十六）其實，《左傳》敘事尤長於此妙。唐劉知幾《史通・敘事》稱敘事之體有四，其三曰「因言語而可知」，即此是也。

十九日瑣敘法：集猥屑瑣碎而敘之，而不失事外遠致，情韻不盡者是也。如《左傳》敘晉楚三大戰：城濮之戰、邲之戰、鄢陵之戰，於人極其忽略處，於事極其瑣碎處，於情於景極其冷淡寂寞處，每著意描寫，令讀者於千載後，猶眉飛色舞。此司馬遷、歐陽脩、歸有光得之，所以獨步當時者也。如晉重出亡（僖公二十三年），若許大經濟，卻從兒女事敘起；它如載塊、戈逐、觀浴、揮盥等，皆瑣碎事也，而極絢爛可愛。偪陽之役（襄公十年），寫秦堇父，叔梁紇，狄虒彌三力士，亦閒筆點染法。欒氏之亂（襄公十三年），中間敘宣子慄懼，使婦人輦以如公；范鞅急智詐取魏舒，道遇欒樂，注矢不中，亦以瑣碎事鎔成片段。楚子伐徐（昭公十二年），雨雪一段，剝圭一段，皆用閒筆點染法。平丘之盟（昭公十三年），前後描寫子產處，俱是閒情點綴，最耐觀玩。其後古人作傳志，往往毛舉細故，極意摹寫，而生動婉摯，神理逼眞，要皆得《左氏》瑣敘閒筆法也。瑣敘法如國手之閒閒布子，當知處處皆要著也。

二十日補敘法：敘中所闕，重綴於後之法也。凡事頭多者，《左傳》多以補敘法處理之⑨。如城濮之戰，〈河神〉篇（僖公二十八年），補敘子玉敗績文尾，凸顯子玉偏執自敗個性；〈三罪〉篇（僖公二十八年），補敘伐木益兵文尾；〈宛濮〉篇（僖公二十八年），補敘衞侯奔楚文尾；〈巫臣挾纊傳蕭〉（宣公十二年），爲邲戰文尾是也。楚鬬越椒之亂（宣公四年），本敘鬬椒家族興亡事跡。下半節竟將已死之子文，作成列傳；從死後倒繞，說其生時。《左傳》於子文死後，補敘生平：前敘越椒之生，有熊虎狀而豺狼聲；類及令尹子文之生，補敘「鬬穀於菟」之命名由來（林紓《左傳擷華》卷上）。或爲敘事之原始要終，或因左氏好敘奇人奇事，故有補敘之法。

二十一曰陪敘法：此借賓形主，烘雲托月之陪襯敘事法也。如畢萬之後必大（閔公二年），畢萬以魏爲大名，反襯申生以逃爲令名；畢萬之天啓，又反射申生之天祚；欲寫太子不得立，卻極力舖張畢萬必復其始。狄人歸季隗（僖公二十四年），於季隗只點一筆，而通篇單敘叔隗一邊，晉文之忘舊可知，絕妙激射法也。介之推不言祿（僖公二十四年），以晉文起結，中間極寫介推母子，蓋亦從賓見主，總譏晉文得國，報施甚疎也。又如聲子說楚復伍舉（襄公二十六年），前半幅以勸賞、恤民陪襯畏刑；後半篇以析公、雍子、子靈、苗賁皇之楚材晉用謀害楚國，烘托伍舉之逃楚奔晉。將賓位寫得透徹，便反應得此主十分精神來。又如向戌弭兵（襄公二十七年），極寫楚之無信，便自透露晉之有信，皆陪敘法之絕妙者。

二十二曰突敘法：憑空立案，語語爲後文張本，方東樹《昭昧詹言》所謂「語不接而意接」者是也。如陳人殺其公子御寇（莊公二十二年），莫之與京下突敘「陳厲公蔡出也」云云；臧孫紇出奔邾（襄公二十三年），臧孫立悼子下突敘「孟氏之御」云云；子產止厲（昭公七年），突敘曰「伯有至矣」，皆悠然遠引之敘事法也。

二十三曰預敘法：先敘一事，以爲後文照眼作地，兼以蓄勢；筆法如東海霞起，總射天台，此預敘法也。又謂之張本，猶戲曲之有楔子，《左傳》之先經以始事，即此法也。如周鄭交質（隱公三年），爲繻葛之戰（桓公五年）之楔子；子玉治兵，晉文蒐乘（僖公二十七年），爲城濮之戰（僖公二十八年）預作一襯。晉重之亡（僖公二十三年），衞文公不禮焉，曹共公觀浴，爲下侵曹伐衞張本；宋襄贈馬，爲晉救宋張本；鄭文公不禮焉，爲秦晉圍鄭張本；重耳與楚子對話，爲城濮之戰起本。邲之戰（宣公十二年），趙嬰齊具舟于河，爲中軍下軍爭舟占地步。鄢陵之戰（成公十六年），預伏姚句耳與往；昭公奔陽州（昭公二十六年），預伏叔孫昭子如闞，皆饒遠體遠神之敘事法也。《左傳》敘諸大戰役，每多鐵口直斷，預言成敗，皆預敘法也。

二十四曰提敘法：浩瀚繁雜之事，提綱挈領而敘之是也。《左傳》長篇多於篇首總挈綱領，如此，方不散漫，頗收提醒之效。提敘、預敘有先發先導作用，猶《左傳》解經之先經以始事。如楚子伐隨

（桓公八年），言隨少師有寵；屈瑕伐羅（桓公十三年），謂莫敖必敗；晉重之亡（僖公二十三年），稱得人，妙在無迹。富辰諫王（僖公二十四年），妙在單提；楚子圍宋（僖公二十七年），稱子玉剛而無禮，不可以治民，照後悅禮樂而敦詩書及晉文教民，倒提也。曰報施、救患、取威、定霸，於是乎在；一戰而霸，文之教也，或原提，或以束爲提。王孫勞楚（宣公三年），對以在德不在鼎，總提也。晉楚邲之戰（宣公十三年），晉士會稱楚「德、刑、政、事、典、禮不易，不可敵也」。呂相絕秦（成公十三年），絕秦字突提，後不更露。晉悼公即位（成公十八年），凡六官之長皆民譽，所以復霸，總提束提也。韓起如楚送女（昭公五年），叔向曰楚王汰侈已甚，已將後案一語道破，倒提敘事法也。大凡敘事之法，先將大意或一時大局提明，則理之是非，人之賢否，勢之成敗，事之禍福，國之興亡，總如破竹。不待詞費，不須周折，自使觀者井然，而鐵案如山，千秋莫易。

二十五曰結敘法：一篇敘事文字之收筆法也，即結穴也。《左傳》之結敘，飄渺無迹，變幻莫測，如岳武穆過師，元帥已雜偏稗而行，使人尋迹不得。《左傳》敘事有結敘補敘，猶釋經之後經以終義。如莒弒其君庶其（文公十八年），以「以其舉十六相去四凶也」兩句結束上文；楚武王侵隨（桓公六年），以「所謂馨香無讒慝也」兩句總束上言。先結賓，後結主，乃一定之法，如甯母服鄭（僖公七年）；或引經斷結，如荀息傅奚齊之引《詩》（僖公九年），天王出居于鄭之引《春秋》經（僖公二十四年）；或拈字作結，如皐落氏之役（閔公二年）；滅庸之役文公十六年，以兩「不可」作結是。或以牽上搭下之筆，借作雙收，如城濮之戰僖公二十八年，末二句一句結盟語，一句結通篇。或引書作掉尾，如郤缺論歸衞田文公七年；或懸空作掉尾，如鄫之會哀公七年，一結悠然不盡，意味無窮。

二十六日拖敘法：拖敘一筆，以歸結上文，弔動下文，如餘波蕩漾，纏綿多情。如鄭伯克段於鄢隱公元年，篇末考叔一案；城濮之戰，文末能以德攻一語；子產壞晉館垣襄公三十一年，結尾拖敘叔向數言，皆其例也。它如殽之戰僖公三十三年，秦穆言「不以一眚掩大德」，拖一筆調動後文「遂霸西戎」。城濮之役僖公二十八年，立舟之僑以爲戎右，既了曹案，又拖出一事點染生色，亦其例也。

二十七日錯敘法：主敘一人一事，而以他人他事相雜相錯出之。《左傳》解釋《春秋》，或錯經以合異，即錯敘之法。如公子翬如齊逆女桓公三年，總提一句，下分四項，四送之，一不送，以見齊侯之送非禮。楚武王侵隨桓公六年，整整三告曰，五謂其，又另以兩謂字作首尾提束，以見隨侯之當修政成民也。戴公廬曹閔公二年，卻從惠公敘起，又以齊子諸人相雜而出，最見錯綜之妙。

二十八日搭敘法：牽上搭下之敘事法，亦一篇之關棙也。如趙盾弒其君夷皋宣公二年，宣子驟諫，本應上將諫，卻起下公患；攻之本對上賊之；而彌明殺之，又對下靈輒免之，以遂自亡也。郤犨送孫林父成公十四年，上截寫林父，下截寫成叔，中間搭敘，由賓入主。叔孫豹伐秦襄公十四年，以遷延之役頓斷，而另以報櫟之敗作提，皆搭敘法也。《史記》合傳之過渡，本此。如〈管晏列傳〉、〈屈原賈生列傳〉皆是也。

二十九曰夾敘法：敘事之外，尚夾雜他體以行文者，是爲夾敘法。夾雜之體，或爲議論，或爲案斷；夾雜之處，或前或中或後；要之，因事命篇，體圓用神，此《左傳》夾敘之法也：曰先敘後斷法，如周鄭交質隱公三年，楚子入蔡莊公十四年，緜上之蒐襄公十三年，趙鞅圍衛定公十年，凡《左傳》稱引君子，及一切敘事後之論斷皆屬之。曰先斷後敘法，如宋督弒君桓公二年，郎之戰桓公十年，趙盾弒其君夷皋宣公二年，皆先事而斷，先斷以起事也。曰先敘後議法：如師服論名桓公二年，先敘命名，後議兆亂；士弱論宋災襄公九年，前敘人事，後論天道；子產止厲昭公七年，敘處極其奇特，議處極其精微。曰前議後敘法，如曲沃伐翼桓公二年，首段就命名論其兆亂，次段就封國論其本弱，末段乃詳敘其亂弱；如晉人執虞公僖公五年，前載宮之奇諫語，後敘晉滅虢執虞公事是也。曰敘議兼行法，如長勺之戰莊公十年，未戰之前謀與戰，當戰之時謀取勝，既勝之後謀萬全；晉重之亡僖公二十三年，至秦、楚，用議論，至曹、衛、鄭，探敘事，各有氣燄與波瀾；齊請繼室於晉昭公三年，前後敘兩家婚媾與憂亂，述言中夾敘事，敘事中又夾述言，是謂敘議兼行法。

曰敘議夾寫法，如魏絳論和戎（襄公四年），前半極言伐戎之害，後半極言和戎之利；衞侯出奔齊（襄公十四年），處處敘衞侯自取，而以定姜之言斷之；如宋、衞、陳、鄭災（昭公十八年），本敘四國火災，前後卻雜論天道人事是也。曰以敘爲議法：如梁伯益其國（僖公十八年），首句「梁伯益其國而不能實也」直起，以敘爲議；如鄭人圍許（成公九年），「是則公孫申謀之」，以敘爲議；如華元善令尹子重（成公十一年），聞楚人使歸復命「矣」，矣字拖下，以文貫事，即以敘爲議也。此種以敍事見議論之法，最見精微深密，非默會於語言之外，不能感悟而得也。曰敘議各自成文法，如斷道之盟（宣公十七年），上半以徵會辭齊爲起訖，下半以一執一緩爲起訖，各自成文，意有相發。如新築之戰（成公二年），孫良夫言將謂君何，猶知有君也；夫子即以此論名器假人之失，首尾相應，事截文聯。曰兩頭敘中間斷法：如鄭伯克段於鄢（隱公元年），前半克段，後半寘母，中間解經，連中隔斷；如崔杼弒其君光（襄公二十五年），傳崔杼弒君事，前後夾敘許多死亡，中以晏子一段議論爲主，是其例也。

三十曰意敘法：遙體人情，懸想事勢，設身局中，忖度揣摩，此歷史想像之法，又稱意敘法。如介之推不言祿（僖公二十四年），與母偕隱而死。將隱之前，母子之對話，誰聞而載之？鉏麑擬殺趙盾（宣公二年），竟觸槐自盡。臨死前之歎言，誰聞而記之？渾良夫夢中之譟，叫天無辜（哀公十七年），又誰聞而得之？此之謂歷史想像。推此而言，《左傳》書中之擬言、代言，何一非左丘明之歷史想像？就記言觀之，舉凡婉言、激言、憤言、冷言、悲言、名言、莊言、喜言、哭言、怒言、厲言、躁語、謔言、詼言、甘言、危言、讋言、信言、戲言、誇言、失言、泄言、隱語、哀怨語、痛切語、澆薄語之倫，要皆出於左丘明之設身揣度，所謂歷史想像之意敘法也。

外此，見於《左繡》一書所述者，尚有簇敘，如宋鮑禮于國人（文公十六年）。零敘，如三點厲之役（宣公九、十、十一年）。複敘，如兩述郎之師（桓公六年）。駕敘，如宋襄盂（僖公二十一年）。滾敘，如敗秦剞首（文公七年）等等。由此觀之，敘事諸法，可謂大備於《左傳》矣。

考《左傳》之敘事也，或筆近化工，曲肖物情，如晉重之亡（僖公二十三年），乞食載塊，極落漠；〈河水〉〈六月〉，極其昌揚。事由苦而樂，文亦由淡而濃。如城濮之戰（僖公二十八年），事則震耳駭目，文則錦簇花團；事固愈妙，文乃愈奇；蓋極變化之事，須得此巧妙之文以傳之也。若夫管仲辭饗（僖公十二年），「王曰：舅氏！余嘉乃勳」云云，則又筆調摹古，雅與事稱者矣！蓋《左氏》敘事之妙，只是如其人，如其事，如其言，而興亡得失，粲然畢陳，此之謂化工肖物而已矣。或以直筆敘曲事，愈直愈曲，如楚商臣弒其君頵（文公元年）是也。或似斷實連，似連實斷，如彭衙之戰（文公二年），先總敘大綱，即追敘前事一兩段，然後復接正傳詳敘之。而總敘中卻埋伏追敘之線，詳敘中又頂針追敘之脈，於是似咽非咽，耦斷絲連，有橫嶺斷崖之奇，自是《左氏》敘事常調也。或筆法屢變，篇各一貌，不特一篇之中，千變萬幻，各自成章；

即連類而及，亦必小作分別，匠心之慘澹經營，由此可見。或事多而文簡，事大則筆閒，如《左傳》敘各大戰，有不能詳或不必詳者，或前或後，敘其一二小事，以為點綴，而大局即已浮現，以此見《左傳》敘事之妙也。

《左氏》工於敘戰，千古無出其右者。馬驌《左傳事緯》曰：「《左氏》敘韓原、城濮、鄢陵、鞌、邲諸大戰，節次詳明，兵法燗妙，而文氣亦復鬱勃，故文士良將，皆莫不好之。」卷三頁八 王源《左傳評》稱：「千古以兵法兼文章者，唯《孫子》；以文章兼兵法者，唯《左傳》。」卷一頁九 吳闓生《左傳微》亦云：「《左氏》諸大戰，皆精心結撰而為之，聲勢采色，無不曲盡其妙，古今之至文也。」卷四頁三十 今觀《左傳》之敘戰也，往往于未戰之前，作無數翻騰，千瀾萬波，全為此役之勝負作張本；及歸至戰狀，寥寥不過數行而止 郯之戰只有七字，吳越之戰只有「越滅吳」三字；於既戰之後，又作無數舖襯，以為餘波，頗饒餘霞散綺之妙。易言之，《左氏》記諸大戰，於正面敍戰多用簡括之筆。蓋每敍一戰，戰前之蘊釀，戰後之收拾，既已曲折詳盡，至正面則一點便足，此《左氏》之文所以不平直也。大抵《左氏》之敘戰，詳於謀則略於事，若詳事則略其謀，間有謀事俱詳者，則變格也。蓋著神於虛，省力於實，所以虛實不測，靈怪百端也。

且《左氏》之敘戰，每於不要緊一二人處詳之，而傳神姿致盡在於此。閒情點染，最為此中聖手。

林琴南《左傳擷華》謂：「左氏喜爲鈎心鬥角之文，寫戰爭必寫其極瑣屑者，千頭萬緒，一一皆出以緜細之筆，令讀者眉宇軒昂。」（華登以吳師救華元評語）蓋直敘戰事，往往徑率寡味，故雜入種種情事，而後文字乃璀璨陸離，有五光十色之觀。如柏舉之戰（定公四年），敘吳楚二師既陳，其後並不徑敘戰事，乃雜入夫概之爭，司馬之死，伍員、包胥之約，鍾建、由余諸事，是其例也。此妙太史公得之，遂獨步當時。蓋《左氏》之敘戰，妙在寫情，故雖短句瑣字，亦自然生動，固與《史》、《漢》記戰之寫形寫勢不同，更與西方古典史籍之敘述戰役，渲染出發之浩蕩，攻擊之激烈，死傷之慘重，大異其趣也。

《左傳》敘戰，篇章有極長者，有極短者，而長短各極其妙。短者略而備，長者詳而核；長者奇而緩，短者簡而捷；長篇工於敘事，短篇工於敘謀，誠古今文字之極則也：「短者，如衷戎敗制（隱公九年），檇李（定公十四年）、雞父（昭公二十三年）等，或詳謀略事，或詳事略謀，或謀與事合，至簡至精。長者，如韓原、城濮、鞌、邲、鄢陵等，或先議後敘，或先敘後議，或敘議夾寫，至奇至橫，篇篇換局，各各爭新。」（《左繡》讀左巵言）《左氏》敘各大戰，用意用筆，判然各闢乾坤，無一字雷同彷彿。如晉楚三大戰，一敗兩勝，《左氏》各有所主：「城濮之戰，是結上文字，極寫子玉，只要襯出晉文之譎；邲之戰，是對面文字，極寫先穀，只要托出楚莊之霸；鄢陵之戰，是起下文字，極寫文子，只要跌出晉厲之不終。」清初魏禧評〈邲之戰〉則曰：「一篇敍事是零零碎碎，到末卻以七德及免林父作二段文字收拾。古文或前散後整，或前整後散，多用此法。」⑩《左傳》之命篇，多有別裁，猶如何之樹，隨刀改味，固無施而不可也。其詞句精雄潔鍊，簡達直捷，絕無拖滯之病；其行文虛實互藏，奇正相變，有類乎軍戰者焉。化工肖物，此又一例也。若夫「《左氏》敘戰之將勝者，必先有戒懼之意，如韓原秦穆之言，城濮晉文之言，邲楚莊之言，皆是也。不勝者，反此。」（《藝概·文概》）此則《左氏》正言若反之經世微旨也。

第三節 《左傳》之事類與品第

治《春秋》者，自漢桓譚以下諸家，皆盛贊《左傳》敘事之詳備。咸以為敘事見本末，直核稱實錄，故凡原始要終，研治中國學術之流變者，皆取資焉，不獨治春秋史者為然也。《左傳》敘事之對象雖包羅萬有，語其大者，可得而言：

《左傳》之事類，有吉、凶、軍、賓、嘉五禮之屬者，亦有不為五禮，而不外民生日用彝倫者，述之如下：郊望、雩、嘗、禘、繹、視朔、即位、公至、宮廟，此吉禮也。崩薨卒葬、賵賻襚贈、災異禬祥（日食、地震、星隕、星孛、雨雹、雨雪、大雨震、雷震、隕霜不殺草），凶禮也。戰陣（三十四戰、三十役、侵伐、圍執、救亡、遷滅；魚麗、荊尸、左右孟、左右拒、崇卒、鵞鸛、左右句卒、支離之卒）、興作（宮室、城築、時政、蒐狩、爰田、州兵、稅畝、丘賦、丘甲、刑書、竹刑、田賦）、軍旅、乞師、獻捷、歸俘，此軍禮也。朝聘、會盟、遇平、相見、來、如、至、射御，此賓禮也。昏娶、歸寧、燕享、改元、生子、即位、立君，此嘉禮也。其它，如弒殺、奔放、盜叛、禍福、卜筮之事，名言、懿行、進退、辭命之實，與夫賢君、英臣、偉士、列女之蹟，無不粲然大備於篇。千載之下，猶可彷彿其人其事，則敘事之精善使然也。

明嘉靖進士汪道昆，善古文辭，爲文簡而有法，著有《春秋左傳節文》十五卷，嘗藉畫學品題以評《左傳》之文，明穆文熙《左傳鈔評》引錄之，分《左傳》之敘事凡四品：曰神品、妙品、能品、具品是也。氣韻生動，出于天成，人莫窺其巧者，謂之神品；筆墨超絕，傳染得宜，意趣有餘者，謂之妙品；得其形似，而不失規矩者，謂之能品⑪。若夫具品者，又在三品之下，規矩準繩具體而微者也。明末孫鑛月峯評點文章，亦據畫品以言，見閔氏《分次春秋左傳》。茲將二書所評，臚列如左，以見一斑：

晉楚城濮之戰、晉楚邲之戰、晉齊鞌之戰、晉楚鄢陵之戰、吳楚柏舉之戰、雞父之戰、呂相絕秦、巢車之望諸什，敘事之神品也。穆叔如晉論樂、驪姬讒殺申生、重耳反國、晉文伐曹殺顛頡、秦晉戰於河曲、趙盾弒其君夷皋、晉師滅夏陽、荀偃伐齊師夜遁、師慧以無人謝子罕諸什，敘事之妙品也。秦伯伐晉、晉懷殺狐突、重耳徧歷諸國、趙姬請逆盾於狄、晉文納王請隧、晉文伐原、秦逆公子雍於晉、趙宣子擊敗秦師、晉人復還士會、楚子不罪解揚、晉侯夢大厲、晉厲弒三郤、欒書弒厲公、伯瑕謂穆子失辭、叔向與齊人論盟、魏獻子舉不遺親、魏獻子辭梗陽人、巫臣以夏姬適晉、晉歸楚囚鍾儀、楚殺令尹子南、楚子合諸侯於申、白公勝殺子西、晉及諸侯伐鄭盟於戲、宛射犬御張骼輔躒、崔杼弒其君、閭丘嬰申鮮虞來奔、陳僖子立公子陽生、狄人滅衛、大叔儀知甯喜之敗、子罕爲皇國父分謗、伊戾讒殺太子痤、宋華合比出奔衛；凡此，皆敘事之能品也。叔孫豹豎牛之變、南蒯叛季氏、子家不見叔孫、文公誅三罪而民服、魏顆結草、斷道之會晉執齊使、范宣子讓德、士鞅論欒氏先亡、范宣子逐欒盈、子產論實沈臺駘、子容之母知伯石之敗、楚子乾谿之變、費無極讒殺郤宛、公子光使鱄諸刺吳子、孫林父逐衛侯、厚成叔臧武仲知衛侯之入、盜殺衛侯之兄縶、公子郢辭衛、蒯聵入衛子路結纓諸篇，敘事之具品也。

至矣哉！《左傳》之爲敘事之大觀也！前人謂學文必自敘事始，而敘事之法莫備於《左傳》。吾是以知學文必自《左傳》始，且學文者而收功於《左傳》，實較收功於他書爲尤易也。此無他，《左傳》爲敘事文字之軌範故也。

註釋

①劉師培《讀左劄記》、〈古春秋記事成法考〉，詳參《左盦集》卷二。

②清顧炎武著，清黃汝成集釋，欒保群等校點：《日知錄集釋》，卷二十六，〈史記於序事中寓論斷〉，上海古籍出版社，二〇〇六年，頁一四二九。

③張高評《春秋書法與左傳史筆》，第三章〈于敘事中寓論斷〉與〈以事爲義〉，臺北：黑仁書局二〇一一年，頁八一～一二八。張高評《屬辭比事與春秋詮釋學》，第十章〈比事見義與《春秋》書法〉，臺北：新文豐出版公司，二〇一九年，頁五〇一～五八四。

④李紱《秋山論文》，列舉敘事九類：順敘、倒敘、分敘、類敘、追敘、暗敘、借敘、補敘、特敘是也。《漢文正典》條舉十一種：正敘、總敘、間敘、引敘、鋪敘、略敘、別敘、直敘、婉敘、意敘、平敘是也。其中有與他說異名同實者，如總敘即提敘，意敘即歷史想像，彼此可以相互發明，比觀可也。

⑤毛宗崗〈讀三國志法〉，總結《三國演義》的十二條敍事方法，謂《三國演義》一書，有：(一)同樹異枝、同枝異葉、同葉異花、同花異果之妙。(二)星移斗轉，雨覆風翻之妙。(三)隔年下種，先時伏著之妙。(四)橫雲斷

嶺，橫橋鎖溪之妙。(五)將雪見霰，將雨聞雷之妙。(六)浪後波紋，雨後霢霂之妙。(七)寒冰破熱，涼風掃塵之妙。(八)笙簫夾鼓，琴瑟間鐘之妙。(九)添絲補錦，移針勻繡之妙。(十)奇峰對插，錦屏對峙之妙。(十一)近山濃抹，遠樹輕描之妙。(十二)有以賓襯主之妙。參葉朗著《中國小說美學》第四章，頁一七七～一八六，里仁書局。

⑥ 章學誠〈論課蒙學文法〉，謂敘事之法，見於《左傳》者二十三：順敘、逆敘、類敘、次敘、牽連而敘、斷續敘、錯綜敘、假議論以敘、夾議論而敘、先敘後斷、先斷後敘、且敘且斷、以敘作斷、預提於前、補綴於後，兩事合一、一事合兩、對敘、插敘、明敘、暗敘、顛倒敘、迴環敘等等。其中有與他家之說異名而同實者，亦有與拙作《左傳文章義法撢微》相涉者，故皆略而不述，以免犯重。

⑦ 清章學誠著，葉瑛校注：《文史通義校注》，北京：中華書局，一九八五、二〇〇八，卷五，內篇五，〈答客問上〉，頁四七〇。

⑧ 張高評：〈比事屬辭與章學誠之《春秋》教：史學、敘事、古文辭與《春秋》書法〉，《中山人文學報》第三六期，二〇一四年一月，頁三一～五八；張高評：〈書法、史學、敘事、古文與比事屬辭：中國傳統敘事學之理論基礎〉，香港中文大學《中國文化研究所學報》第六十四期，二〇一七年六月，頁一～三三。

⑨ 張高評〈比事見義與《左傳・晉公子重耳出亡》〉，《古典文學知識》第一九七期（二〇一八年第二期）頁二三～一二二。張高評：〈《左傳》敘戰與《春秋》筆削——論晉楚城濮之戰的敘事義法〉，《古典文學知識》第一九九期、二〇一期（二〇一八年第四、第六期）。

⑩林紓《左傳擷華》於〈晏嬰請繼室於晉〉一文，評曰：敘晏子諫公，即用為「屨賤踊貴」之補義，一起手即栽入更宅一節，由更宅帶出近市，由近市帶出屨踊之貴賤，從容閒暇、一絲不曾著力。所謂「帶敘處，無擁腫之疾」，即此是也。於此可悟帶敘之法矣。

⑪唐彪《讀書作文譜．文章諸法》云：「古文之補法，如《左傳》《史記》諸傳中，凡敘一人，必詳悉備至。苟與其人有相關之事，雖事在國家，或事屬他人，必補出之，以著其是非。又前數年之事，與後數年之事，苟與其事有相關，必補出之，以著其本末。又凡文中有兩意兩事，不能於一處並寫者，則留一意一事於閒處補之，皆補法也。」

⑫語見《左繡》卷十三，頁二十一。又林紓《左傳擷華》云：「凡鉅篇文字，最忌相犯」，亦引城濮、邲、鄢陵三大戰之謀篇為例。以此見《左氏》之敘事，因事命篇，體圓而用神也。魏禧語，見《左傳經世鈔》卷八。

⑬語見元陶宗儀《輟耕錄》〈敘畫〉，引吳興夏文彥之論，說又見《圖繪寶鑑》。前乎此者，唐張懷瓘《畫斷》、《書斷》，皆以神、妙、能三品，區分書畫之優劣。汪道昆所著《春秋左傳節文》十五卷，目見屈翼鵬先生編《普林斯敦大學葛思德東方圖書館中文善本書志》，藝文印書館出版。

第十章

說話藝術之指南

詞命第十

言語者，心聲之表徵，榮辱之符契也。唐徐彥伯〈樞機論〉曰：「言者，德之柄也，行之至，志之端，身之文也。君子之樞機，動則物應，得失之見也。可以濟身，亦可以覆身，否泰榮辱一繫之。」或表情達意，或辨名正物，或排難解紛，或說服信從，言語之效用大矣哉！是故子產有辭，諸侯賴之；晏子一言，景公省刑；燭武說秦，二患以紓；聲子諷楚，伍舉復歸；辭之不可以已也如是，故孔門四科，言語居一，良有以也。①

第一節　《左傳》詞命之特徵

話語者，有聲之思想，上自公卿大夫，下至販夫走卒，不可一時無此者也。話語雖不離民生日用，然其中有術，必待講求，而後乃可通己於人。故孔子曰：「其旨遠，其辭文，其言曲而中。」《周易·繫詞下》又曰：「情欲信，辭欲巧。」《禮記·表記》又曰：「言之無文，行而不遠。」《左傳》襄公二十五年 又曰：「爲命：裨諶草創之，世叔討論之，行人子羽修飾之，東里子產潤色之。」《論語·憲問》可見修飾言詞，聖人之所重；而春秋時鄭國之詞命，先草創，後討論，再修飾而潤色之，已暗合現代修辭之進程矣②。

蓋當春秋之初，五伯迭興，禮樂征伐自諸侯出；及其末葉，陪臣竊命，禮樂征伐自大夫出；於是諸侯大夫朝聘宴饗，征伐盟會，無時無之，行人使臣，冠蓋相望。苟可以救亡圖霸者，生死以之，何況書協詞命，微言相感乎？此春秋所以重詞命之故也。孔子曰：「使於四方，不辱君命，可謂士矣。」《論語·子路》一言之不酬，一拜之不中，而兩國爲之暴骨者有之；賦詩不知，又不答，遂蹈必亡之禍者有之；一言興邦，一言喪邦，故詞不可不修，而說不可不善也。是知飾詞專對，古之所重，而春秋尤有甚之。考載語之所存，則數《左傳》爲春秋詞命之大宗焉。中國說話藝術之三大寶笈，亦推《左傳》爲無上之經典也。居今之世，應對往來極重視言語交際，《左傳》辭令可資參考者極多。

明王鏊序《春秋左傳詳節》曰：「《左傳》載二百四十二年列國諸侯征伐會盟，朝聘宴饗，名卿大夫，往來辭命，其文蓋爛然矣。於時若臧僖伯、哀伯、晏子、子產、叔向、叔孫豹之流，尤所謂能言而可法者。下是，雖疆埸之人，亦善言焉：有若展喜、瑕飴甥、賓媚人、解揚、奮揚、蹶繇是已。方伎之賤，亦善言焉：有若史蘇、梓愼、裨竈、蔡墨、醫和緩、祝鮀、師曠是已。夷裔之遠，亦善言焉：有若郯子、駒支、季札、聲子、沈尹戌、薳啓疆是已。閨門之懿，亦善言焉：有若鄧曼、穆姜、定姜、僖負羈之妻、叔向之母是已。於戲！其猶有先王之風乎！」《四部要籍序跋大全》經部丁集 蓋周監二代，郁郁乎文，迨春秋時，雖已四五百年，然其餘業遺烈，流而未滅。人臣輔政，列國相與，「猶以義相支持，歌說相感，聘覲以相交，期會以相一，盟誓以相救。」劉向《戰國策書錄》而名卿才士，咸尚考文，大夫行人，尤重詞命，「語微婉而多切，言流靡而不淫。」《史通．言語》婉麗華藻，咸有古義。如《左傳》載陳敬仲辭卿語莊公二十二年、齊桓公對賜胙無下拜語僖公九年、齊管仲辭莊王以上卿禮饗語僖公十二年、莊王命管仲語僖公十二年、鄭燭之武見秦穆公語僖公三十、楚子西辭爲商公語文公十年、晉悼公賜魏絳樂語襄公十一年、魏絳辭樂語襄公十一年、衞太叔文子謝罪語襄公二十六年、鄭子產辭邑語襄公二十六年、衞公孫免餘辭邑語襄公二十七年、齊晏子辭更宅語昭公三年、晉平公策命鄭公孫段語昭公三年、衞子魚辭從會語定公四年諸什，要皆婉而切、簡而莊、巽而直，雖短篇小品，已足窺《左傳》詞命之大凡。

若夫長篇，則如臧哀伯諫君納鼎桓公二年、陰飴甥說秦伯僖公十五年、燭之武退秦師僖公三十年、呂相絕秦成公十三年、魏絳對戮揚干襄公三年、子產獻捷襄公二十五年、聲子說楚襄公二十六年諸什，洵詞命之極致，「其文典而美，其語博而奧；述遠古則委曲如存，徵近代則循環可覆。」③其中「雖或發于感慨，然猶壯而不激，屈而不撓。詞窮矣，然且文焉，遁而飾，僞而恭，證而近正。」王鏊《春秋詞命．自序》「其詞婉而暢，直而不肆，深而不晦，精而不假鑱劘，鍊而不煩繩削，或若剩焉而非贅也，若遺焉而非欠也。」王鏊《春秋左傳詳節．序》噫！

何其善於詞也？其猶有周德之流風乎？宋呂本中謂：「文章不分明指切，而從容委曲，辭不迫切而意已獨至，惟《左傳》爲然。如當時諸國往來之辭，與當時君臣相告相誚之語，蓋可見矣。亦是當時聖人餘澤未遠，涵養自別，故辭氣不迫如此，非後世專學言語者比也。」（《呂氏童蒙訓》）洵知言也夫！蓋《左氏》所錄，要皆春秋當時口語，遠比《漢書》所錄奏議簡牘爲生動。且語言之內容風格，不僅與戰國之說士截然不同，即春秋初中晚各期，亦彼此異致。《左氏》所錄語言，可謂能忠實反映春秋各時代、各階層之特色矣！

言爲心聲，亦文化精神之所託也。語言學者指語言之功能有六：曰報導，曰實用，曰表白，曰儀式，曰邏輯，曰複合，要皆一國文化精神之具體表現也④。《左傳》所載大夫行人聘問應對之詞令，即寓含三代之文化精神。王應麟《漢制考敘》云：《左傳》載「名卿大夫講聞故實，三代文獻藹如也。納鼎有諫，觀社有諫，申繻名子之對，里革斷罟之規，御孫別男女之贄，管仲辭上卿之饗，柳下季之述祀典，單襄公之述夏令秩官，魏絳之述〈夏訓〉〈虞箴〉，郯子能言紀官，州鳩能言七律，子革倚相能誦〈祈招〉懿戒，觀射父之陳祭祀，閔馬父之稱〈商頌〉，格言猷訓，粲然可覩。齊虞人之守官，魯宗人之守禮，懍懍秋霜，夏日之嚴。劉子所云天地之中，子產所云天地之經，胥臣敬德之聚，晏子禮之善物，又皆識其大者。統紀相承，淵原相續，得夏時坤乾，見《易》象、《魯春秋》，而知三代之禮，所以扶持於未墜者，豈一人之力哉？」周代人物之性格風度，社會之禮俗思想，與夫政治之興盛衰壞，皆因詞令得以考見。蓋直接引語，爲傳統史學纂述之重要特色，《尚書》發其端，至《左傳》之擬言、代言而漸臻完善。此後遂成史書或文集中之語敘法、藉言記事之法，有類乎劇作家之處理對話；諸子百家之闡發學說，亦襲其技巧。言敘、語敘之用大矣哉！

《左傳》之詞命，溫潤婉麗，從容不迫，而語詞浩博者，多或千言。文逐聲而遂諧，語應節而遽協，要皆可歌詠諷誦者也。考其所以然者，劉知幾以爲：「非但筆削所致，良由體質素美。何以覈諸？至如鶉賁鸜鵒，童豎之謠也；山木輔車，時俗之諺也；皤腹棄甲，城者之謳也；原田是謀，輿人之誦也；斯皆芻詞鄙句，猶能溫潤如此，況乎束帶立朝之士，加以多聞博古之識者哉？則知時人出言，史官入記，雖有討論潤色，終不失其梗概者也。」《史通．言語》韓友一稱：「春秋之時，專以文諭爲功，故詞章爲最盛；戰國策士則以口舌爲功，下矣：口舌不足，復以詐力佐之，抑又下矣。」《春秋左傳杜林合註》皆持平之論也。而日本學者齋藤謙則以爲，左丘明舖張文飾太過，當時本語恐不至此，其言曰：「人多言春秋時人盡善辭令，予謂不必然。此乃《左氏》修飾之善爾，較之《公》、《穀》，則知之矣。」《拙堂文話》卷六頁七又曰：「《左氏》敘事簡古，辭令典麗，非諸子所及。但如臧哀伯諫納郜鼎，富辰諫襄王伐鄭，晏子和同之對，醫和淫疾之對，舖張太過，當時本語恐不至此，得非丘明文飾之過乎？范甯序《穀梁傳》云：

『《左氏》豔而富，其失也巫。』斯言信矣。昌黎稱為浮誇，浮誇非好字面，褒中有貶。」《拙堂文話》卷六頁八

夫春秋之惡質尚文，推崇詞令，見於載籍者多矣，即以《論語》而言，孔門四科，言語居其一，而宰我、子貢為此中翹楚（先進），邢昺《疏》曰：「若用其言語辨說以為行人，使適四方，則有宰我、子貢二人。」可見此所謂言語，指善為辭令而言。宰我利口辯辭，子貢言若辯士，而皆為春秋時人，則其時之風尚可知矣⑤。孔子曾云：「辭，達而已矣。」《論語·衛靈公》朱子以達意釋之，未免視達甚淺。此語蓋孔子戒人勿溺於文辭而忘躬行也，而淺陋者借之以為口實。不然，《易傳》《春秋》，孔子之特筆，其言若近而益遠，若肆而益深，天下之至文也，豈止達而已哉？孔子謂：「情欲信，辭欲巧。」《禮記·表記》又云：「言之無文，行而不遠。」《左傳》襄公二十五年 則知辭不止達意而已。《尚書·畢命》曰：「政貴有恆，辭尚體要」，以言乎政令之辭也。《儀禮·聘記》曰：「辭多則史，少則不達，辭苟足以達，義之至也。」以言乎禮聘之辭也。《左傳》曰：「辭之不可以已也如是，非文辭不為功，慎辭哉！」襄公二十五年 以言乎使命之辭也。記曰：「有其容，則文以君子之辭；遂其辭，則實以君子之德。」表記 以言乎相接相示之文辭也。凡謂之辭，未有不貴達者，亦未有達而猶貴枝葉者也。夫子惡巧言，而曰辭欲巧，則知辭達之旨矣⑥。孔子又曰：「不有祝鮀之佞，而有宋朝之美，難乎免於今之世矣。」《論語·雍也》則孔子之推重詞令可知，春秋之崇尚詞令可知，而齋藤謙以為不必然，非公言也。且《公》、《穀》末世傳聞之學，

其書後於《春秋》、《左傳》，故載文不可同日而語。劉知幾所謂：「如《二傳》者，記言載事，失彼菁華，尋源討本，取諸胸臆。夫自我作，故無所準繩，故理甚迂僻，言多鄙野，比諸《左傳》，不可同年。」（《史通·申左》）可謂鞭辟入裏之論也。

若夫《左傳》之富豔，昌黎目爲浮誇，有文勝質之病，此特以《五經》爲文章正統之迷古派偏見，未可據爲定論。況《左傳》文章之浩瀚流轉，波瀾壯闊，乃因物爲文，與時推移，故一變而爲戰國，再變而爲西漢。要之，《左傳》載春秋大夫行人之言，蓋據百二十國寶書以討論潤色之，溫潤者傳其溫潤，質樸者傳其質樸，富豔者傳其富豔，浮誇者傳其浮誇。其書其事，因時命篇，亦曰實錄而已矣，何有鋪張文飾之過？

第二節　《左傳》談說術舉證

吾國史籍工於記言者，莫先乎《左傳》。公言私語，蓋無所不有；聲情笑貌，亦無不曲肖。考《左傳》所以能如此者，蓋緣左丘明能有「遙體人情，懸想事勢，設身局中，潛心腔內，忖之度之，以揣以摩」之歷史想像故也。錢鍾書《管錐編》謂：「左傳記言，而實乃擬言、代言，謂是後世小說院本中對話賓白之椎輪草創，未遽過也。」⑦此眞鞭辟入裏之論！試觀今日泰西之小說技巧，特重對話之設計。以爲能化書頁爲眞實之舞臺，變人物爲活生之演員，最能創造直接感覺，而爲小說中最生動感人之部分者，莫如對話（參丁樹南譯《寫作淺談》頁八六）。今案《左傳》之對話，聲情笑貌，千載如見，信有此妙也。

嘗考小說對話之作用，一曰刻劃性格，表現情懷，爲《左傳》對話所專擅，詳下章描寫人情。二曰推進情節，逆料未來發展形勢，亦爲《左傳》藉對話以逆提、激射史事者也。三曰展示場景，替代解說，此則《左傳》借言記事之慣伎。四曰交代枝節，統攝瑣微；時遠事隔，有賴對話以統攝之，是亦《左傳》佈局之巧法也。⑧由此言之，知錢鍾書之論《左傳》記言，誠眞知灼見。《左傳》詞令之引人入勝處，殆是擬言代言之妙肖，令讀者如見其人，如聞其聲，感同身受故也。林紓謂：「昔人稱左氏，如冶女良娼，每心怪其言。今乃知盲左文章固有媚人伎倆也。」（《左傳擷華》齊侯朝晉評語）此指《左氏》詞令之曼妙移人，洵知言哉！

《荀子．非相》曾拈出「聖人之辯」，作爲談說之最高境界，其言曰：「矜莊以蒞之，端誠以處之，堅強以持之，分別以論之，譬稱以明之，欣歡芬薌以送之，寶之珍之，貴之神之」；取法乎上，可作爲辭辯之借鏡參考。方之《左傳》詞令之妙，巧變無窮，幾不可方物，信有此妙。要而言之，《左傳》談說之術，大抵有五大端：或折之以理，或動之以情，或懼之以勢，或服之以巧，或挫之以術。

語其發語出辭，或就其詞而入之者，或反其詞而折之者；亦有衆妙兼擅者。總之，大匠可示人以規矩準繩，然而不能使人巧妙。《左傳》之談說術，亦運用之妙，存乎一心而已。

原夫談說之術，本與辭章之法不殊，是故《左傳》詞氣之婉曲雋秀，設譬之微妙妥帖，駁論之穩健嚴正，託諷之肯切聳動，要皆拜文字美妙之賜也。諸篇或揣情摩意，藉事發論；或剖心觀志，賦詩斷章；或因事爲文，聲情肖物；或萬變歸宗，廻環激射；若夫呑吐往復，虛實不測，擒縱烘托，抑揚頓挫諸法，亦《左傳》詞令之所以酣暢淋漓，獵獵有風雲之氣，鏗鏗作金石之聲者也。而章次取整，撰語求工，又《左傳》詞令所以節奏天成，韻律諧和者也。至如藉言以記事，爲文之波瀾，則《左氏》所以救編年敘事之窮，另闢蹊徑，而爲後世史書樹立載言之規範者也。詳論《左傳》談說之術於後，借資參照：

一、折之以理

夫理有是非，詞命之要，在確指其是非，則彼自屈。然而是非曲直之爲物，必待理智之接受然後明，推論其大者焉。辨論其說之正誤，則是非皎然；詞令明快犀利，其成事也宜哉！可詳下章「論說」「推理」一節，此不贅述。宋呂祖謙《東萊博議》論進諫之道：「畏之，不如信之；信之，不如樂之。」（卷一，臧僖伯諫觀魚）此談說之道，不可不知也。

除此之外，詞命折之以理者，見諸《左傳》，尚有辯證法，駁斥法、解析法、矛盾法，論述如次：

㈠ 辯證法

辯證法者，乃哲學之推理方式，爲德國哲學家黑格爾（G. W. F. Hegel）所倡導。以爲人類之思維，循三步以行：初曰正，繼曰反，終曰合，重複進行以至於無窮。易言之，於一概念之中，必有另一概念與之對立；既對立矣，再由第三者爲之綜合，而成一新結論。簡言之，肯定、否定、否定之否定（即再肯定），即此觀念辯證法之一般法則⑨。

《左傳》載言，有符合語言辯證之邏輯者，如子產對士文伯論壞晉館垣（襄公三十一年），謂：「僑聞文公之爲盟主也，宮室卑庳，無觀臺榭，以崇大諸侯之館……賓至如歸，無寧菑患（正）；今銅鞮之宮數里，而諸侯舍於隸人……夭厲不戒，賓見無時，命不可知（反）；……若獲薦幣，修垣而行，君之惠也，敢憚勤勞（合）。」晏子論和同（昭公二十年），所謂之「可」、「否」、「和」，即現代辯論術中之「正」「反」「合」也。子西論不患吳（哀公元年），謂：「昔闔廬食不二味，居不重席……勤恤其民，而與之勞逸……吾先大夫子常易之，所以敗我也（正）。今聞夫差……珍異是聚，觀樂是務，視民如讎，而用之日新（反）。夫先自敗也，安能敗我？（合）」若斯之比，辯證推論之方式，皆與辯證法遙相脗合者也。⑩

㈡ 駁斥法

駁斥法者，蓋就對方立論之偏頗或謬誤，反駁而非難之，進而建立自我之論說，所謂能破能立者是也。踢倒當場傀儡，闢開另地乾坤，以破壞為手段，以建設為目的，駁斥之法也。

見於《左傳》者，如曹劌論戰（莊公十年），劌對莊公之言，三言而二否定，一肯定是也。又如子魚論戰（僖公二十二年），子魚就宋公「君子不重傷，不禽二毛；古之為君也，不以阻隘也」之迂論，一一駁斥之；進而樹立「明恥教戰」，「三軍利用」之偉論，其詞令可謂理直氣壯，金聲玉振矣。子產請焚載書（襄公十年），即就子孔言「眾怒」一語駁斥之，子孔終從其言。沈尹戌論楚人城州來必敗（昭公十九年），亦就侍者所謂「撫民」之觀點，破斥指正之。楚平王果不能霸，誠如沈尹戌所言者矣。總之，論證大前提不能成立，猶如擒賊必先擒王，是乃駁斥法之要領。

㈢ 解析法

解析法者，辨析事理之然否，以解其蔽而釋其惑，令對方心悅誠服之談說術也。

考諸《左傳》，如欒書論鄭皇戌輕楚（宣公十二年），客觀分析楚之內政與軍勢，復自剖晉國之情勢，再申斥辨白皇戌說楚之居心，於是從鄭擊楚之不可，乃昭然若揭。臧武仲戒季武子勤功（襄公十九年），則側重剖析所以銘之之意，言分天子、諸侯、大夫三層立論，總見三者無一是，而銘功之不當可知矣。子產論弗與晉環（昭公十六年），就韓宣子、鄭國及自身之立場，辨析不可與環者三，夫然後知弗與環之爲是也。此皆解析法之例。

㈣ 矛盾法

矛盾法者，確指對方語言表達之悖謬，若韓非所謂「以子之矛，陷子之盾」（難勢）；「爲名不可兩立也。」易言之，同一對象，在同一時間與同一關係下，不能具有兩種互相對立之性質，是人類思想三律之矛盾律運用於詞令者也⑪。

案諸《左傳》，如奮揚對楚王問（昭公二十年），舉君王命曰：「事建如事余」，又命殺太子建；二命既矛盾不相容，奮揚乃藉以布不二之忠心，宜乎楚王赦而歸之也。宋仲幾不受功（定公元年），其詞曰：「踐土固然」；又曰：「薛焉得有舊？」二語自相矛盾，於是仲幾辭窮而語塞，辱命以歸。子贛對陳成子（哀公十五年），實指成子所謂「寡君願事君如事衞君」之言，與齊之行事厚衞而薄魯相出入，入室操戈，遂使成子自陷矛盾，而歸魯成邑。凡此，皆指斥對方詞令之矛盾，以成其說服之目的者也。

二、動之以情

夫情有逆順，詞命之要，在顯言其逆順，搖動其感情，而後再以吾說說之。蓋人有蔽於感情者，吾即以感情激蕩之，《鬼谷子・捭闔》所謂：「審其有無，與其實虛，隨其嗜欲，以見其志意」者是也。以其人之道，還諸其人之身，揣其情而摩其意，或贊許之，或抑揚之，或恐嚇之，則說鮮有不成者。《鬼谷子・權》所謂：「人之情出，言則欲聽，舉事則欲成」是矣。詞令之動以情者，載於《左傳》者極夥，茲分抑揚、投好、私言、哭訴四者以明之：

㈠ 抑揚法

抑揚法者，蓋揣摩對方之心理，進而揚之抑之之法。先微窺其好惡，再昂揚其志意，以激其自尊；

復貶抑其氣勢，以令其憂懼。如此，則談說可行。

見於《左傳》者，詞令或用揄揚之法堅定其意，如荀息假道於虞（僖公二年），荀息料敵機先，知虞公貪貨，而宮之奇不能強諫，於是藉揄揚之法以取悅虞公，所謂「冀爲不道……則亦唯君故。今虢爲不道……敢請假道」云云，藉恭維以揚其志，兼欲博其同情也。果然虞公許其假道，則揄揚之效也。或用威嚇之法悚動其志，如叔向辭魯昭公與盟（昭公十三年），始陳晉國兵馬之盛，再行設比以責魯，終以諸侯討魯罪爲脅，於是魯人懼而聽命。或採激將之法勸勉其行，如鄢陵之戰（成公十六年），范文子不欲戰，郤至乃歷數晉敗之恥以激之。雖然，范文子老成遠慮者也，終不能「釋楚以爲外懼」。或取虛揚實抑之法以譏誚之，如陳轅宣仲勸申侯美其邑城（僖公五年），遂譖鄭伯以將叛；楚公子設服離衞（昭公元年），叔孫美其似君，而實譏之也。或據先揚後抑之法以諫諍之，如薳啓彊論辱晉（昭公五年），先徑言「可！苟有其備，何故不可？」後乃詳言晉使所以不可辱之故，蓋楚未有其備也。楚王聞言，乃曰：「不穀之過也，大夫無辱。」或執先抑後揚之法以諷戒之，如祁午勸趙文子戒楚患（昭公元年），先一抑，後一揚，是其例也。

㈡ 投好法

投好法者，察知對方之愛憎，因勢投其所好而諫說之者也。《韓非子．說難》所謂：「凡說之難，在知所說之心；知所說之心，可以吾說當之。所說者陰爲厚利，而顯爲名高者，而說之以名高；則陰收其身，而實疏之。說之以厚利，則陰用其言，顯棄其身矣。」〈難言〉篇所謂「順比滑澤」者，是投好之談說術也。

見於《左傳》者，如內史叔興對宋襄問石隕於宋、六鷁退飛之吉凶（僖公十六年），爲投其所好，乃譽言曰：「君將得諸侯而不終」；而退告舍人曰：「君失問，是陰陽之事，非吉凶所生也。」魏絳論和戎（襄公四年），引〈夏訓〉與〈虞箴〉爲說，蓋因彼時晉悼公好田，故魏絳誦而諷諫之。公孫彊說曹伯陽（哀公七年），亦因曹伯之好田弋而說之，終得寵而委以政。

《鬼谷子．捭闔篇》所謂：「捭闔之道，以陰陽試之，故與陽言者依崇高，與陰言者依卑小，以下求小，以高求大。」人情莫不好欲而避惡，故多趨陽而辭陰；知人情趨陽而辭陰，然後說無所不出，無所不入，無所不可：可以說人，可以說家，可以說國，可以說天下⑫。此則投好談說術之極致也。

㈢私言法

私言法者，不說之於大庭廣衆，而因情徇私，促膝密談者是也。《鬼谷子》曰：「說人臣者，必與之言私」；又曰：「計謀之用，公不如私。」（謀篇）《韓非子》云：「事以密成，語以泄敗。」（說難）此之謂也。

談說探私言法，見於《左傳》者，如城濮之戰（僖公二十八年），楚有三施，晉有三怨。爲破解楚子王兵謀，先軫乃運用「私許復曹衛」之法，果然曹衛告絕於楚。季文子私與韓穿言晉二命（成公八年），晏子私與叔向言歸衛侯（襄公二十六年），子服惠伯私與中行穆子言歸季孫（昭公十三年），孔子私與冉有言行田賦（哀公十一年）諸什，談說率多奏效。蓋言出于私，有彼此之交情在，繫之以情而後折之以理，故詞令易入，此進言之妙也。苟其言足以排難折衝，則未可因其私也而少之。如《左傳》所載者，雖私言之，不猶愈於公乎？

㈣ 哭訴法

哭訴法者，訴諸感性，且泣且言之談說術也。蓋萬物有情，人類尤甚；故人或不可理喻者，輒以哀情感之，冀其同情，而後再以吾說說之。

哭訴法之見於《左傳》者，如楚文夫人泣諫令尹子元尋讎（莊公二十八年），晉穆嬴日抱太子泣誦先君之遺命於朝（文公七年），魯姜大歸于齊哭訴過市（文公十八年），盧蒲嫳泣請齊侯赦己（昭公三年），申包胥哭乞秦師援楚（定公四年）諸篇，是其例也。

三、懼之以勢

夫勢有利害，詞令之要，在深明其利害，強調其勢有所不可，期使對方因恐懼而言聽計用，是又談說之一術也。《戰國策．齊策》稱：「善說者，陳其勢，言其方人之急也」；《韓非．說難》所謂：「欲陳危害之事，則顯其毀誹，而微見其合於私患也。」此之謂也。

考諸《左傳》，如宮之奇諫假道（僖公五年），先說以虞虢脣齒之勢，再駁斥晉宗神據之謬，而道之不可假瞭然，奈虞公貪貨昏蔽何！燭之武退秦師（僖公三十年），篇中說利只一層，說害却用三層，蓋極言如此之利，不如極言如彼之害之聳人聽聞也。樂豫諫去羣公子（文公七年），純用正喻夾寫法，前喻論勢論情，透言公族之不可去；後喻再就理說不可去之故，曲折反覆，最有波致。魏絳論和戎（襄公四年），前幅極言伐戎之害，後幅極言和戎之利，一反一正，五利五害，恰作首尾。薳啓彊論辱晉（昭公五年），「韓起之下」云云，歷數二十餘人，總見晉有備，勢不可辱，說得鋪張揚厲，躍躍有神。吳蹶由對楚子（昭公五年），一面籠絡，一面恐嚇，處處咬定使臣二字立論，終獲釋歸。晉歸季孫（昭公十三年），惠伯以利害動穆子，叔魚亦以利害動平子，而一以理動，一以情動。又如申包胥乞師（定公四年），末以利動之，接連三轉，總是一口咬定利害，促秦作速出師，與燭之武退師同妙。伍員諫平越（哀公元年），極力鋪說去疾不盡而長寇讎之害，爲吳許越平作反照，最是藉賓形主談說法。伍員諫遺越患（哀公十一年），極論喜賂豢吳之失，而以除疾遺類，越不爲沼作譬襯之筆。夫差終不悟，故亡國殄民，亦可哀已！凡此，皆明利害得失之勢，以爲談說之資者也，是又一法也。

夫談說之術，在因時制宜，隨事施化，或折以理，或動以情，或懼以勢，固不可一例也。若季文子論歸齊田（成公八年），即兼三者而用之：折以信義之理，動以二三之情，晉之勢已屈矣；故文分三層應轉，層層俱從理情說到勢，一層緊一層，遂令韓穿俛首結舌，無言可對，誠詞令之妙品也（參王源《左傳評》卷五頁五）。又如薳啓疆論辱晉（昭公五年），自聖王行禮，至君亦圖之，論理不可恥；韓起之下，至蔑不濟，論勢不可恥；中間晉之事君，至不然奈何，論情不可恥；亦兼理、情、勢三者而言之，誠爲《左傳》第一篇警快辯駁文字也。

四、服之以巧

夫巧有奇正，詞令之要，在妙用其奇正，如用兵然；出奇無窮，奇正還相生。蓋出其不意，攻其不備，是亦奏勝之一法也，詞命亦然。人情鮮有不好奇者，故飾辭巧說，反常合道，乃詞令之要法，固與巧言令色不同科也。《鬼谷子》曰：「說人主者，必與之言奇」；又謂計謀之用，「正不如奇，奇流而不止者也。」（謀篇）孔子亦云：「情欲信，辭欲巧。」（《禮記．表記》）良以詞令之妙，以巧不以拙也。

漢桓寬《鹽鐵論》稱：「善言而不知變，未可謂能說也。」唐劉禹錫〈上淮南李相公啓〉亦云：「巧言奇中，別白無路。」善言巧言之重要，由此可見。《左傳》詞令之妙，衆巧並有。舉其要言之，有婉言，有卑辭，有諧隱，或反諷；或疑對，或設問，或剛柔並濟，或不卑不亢，除前已述者之外，餘皆條述如次：

《左傳》詞令之出於婉言者，如魏絳辭樂（襄公十一年），先辭樂，後規諫；規諫正意也，不採單刀直入法，乃出於從容委曲之道，故其說易入。屠蒯諫飲（昭公九年），旨在諷君，乃先責樂工，再責外嬖，終責自身，而未一言及晉君，然項莊舞劍，固處處意在沛公也，如此婉曲，所以入妙。詞令之出於卑辭者，如鄭伯行成於楚（宣公十二年），志下而辭卑，言唯命者三，宜乎楚莊王許其平也；叔向謂趙孟無爭先楚（襄公二十七年），名爲楚先，實則載書亦先晉，此欲擒故縱之談說術也。詞令之出於諧隱者，如城者謳華元（宣公二年），嘲其目、嘲其腹、又嘲其鬚，語語絕倒，有三代風致；賓孟諷景王寵異子朝（昭公二十二年），以雄雞自斷其尾爲喻，暗示王宜早立子朝也。詞令之出於反諷者，如齊人謂祭仲以智免（桓公十八年），實則以多智奸滑譏之也；如華耦辭宴（文公十五年），揚先祖之罪，而《左傳》稱魯人以為敏。詞令之出於疑對者，如潁考叔受食舍肉而諫鄭莊（隱公元年），閻沒女寬置食三歎而說魏絳（昭公二十八年），要皆以所為引人疑猜，既問而後暢對之，故諫說易成。詞令之出於設問者，如陰飴甥說秦伯（僖公十五年），《左氏》假設秦伯與陰飴甥之問答，以表現晉侯得歸，全賴飴甥妙舌：問和，却說不和；然句句說不和，却正是句句說和，此所以為千古辭命之祖也。如魏絳論和戎（襄公四年），於「有窮后羿」下，橫插「公曰：后羿何如？」設辭跳脫，魏絳因答問，遂得盡其辭。此種筆意，洵為譎諫開山也。

詞令之出於剛柔並濟者，如興師問齊何故伐楚（僖公四年），設譬問罪，聲勢奪人，可謂堅強以持之矣。迨對管仲苞茅不入與昭王不復之問，則覺理屈而氣衰，詞令遂謙弱而俊冷；始則半認半推，終則前恭後倨，蓋用一開一合筆法也。子產對晉人徵朝（襄公二十二年），言蕭魚之役以前，鄭兼事晉楚，其後則一意事晉，為朝為聘為從，無敢不恭；今一不朝，則指為口實，小國懼矣，此其針鋒相對處。其中「無日不惕」，「豈敢忘職」云云，一放一收；「敝邑是懼」，「敢忘君命」云云亦然。不卑不亢，軟硬兼施，《左傳》以敘小事大，外交盟約，請戰之辭，要皆用此妙法也。

五、挫之以術

夫法有變常，詞命之要，在運化其變常，令平處不板，板處皆活，精嚴化爲疎宕，險峭變爲中庸，如此詞令方有生氣，方能萬古常新。蓋物理貴乎變化，變則生，不變則死；生則常新，死則就腐，唯詞令之妙者亦然。《左傳》辭命，號稱千古談說之祖，或顚倒主賓，或變亂奇正，或分合、順逆、平側、輕重，手法不同，甚或段段變、句句變，而其中固有不變者在。不變，則竟不變，所以令片段分明也；欲變，則又極變，所以令錯綜盡致也。細攷之，其中多有妙法焉：

《左傳》辭令之妙，巧變無窮，大要不出二種：一曰就其辭而入之，二曰反其辭而折之，或者二妙兼擅。談說之術就其詞而入之者，如陰飴甥說秦伯（僖公十五年），聲子說楚（襄公二十六年），子產論尹何爲邑（襄公三十一年），賓媚人不辱命（成公二年）諸什，是也。反其詞而折之者，如司馬子魚論戰（僖公二十五年），蔿賈不賀子文（僖公二十七年），王孫滿對楚王問鼎（宣公三年），晉師曠論石言（昭公八年）諸篇，是其例也。而展喜犒師（僖公二十六年），子產論壞晉館垣（襄公三十一年）諸文，則就其詞而入說，又反其詞而折論者，機鋒之犀利，詞令之曼妙，可謂卓絕古今矣。

外此，《左傳》詞令有賦詩斷章之法，假借古之章句，以道今之情物，功同作者之運化。說已詳本書第五章，今例證從略。賦詩引詩，春秋以來詞令之一法，而《左傳》備載之。賦詩輒斷章以取義，引詩亦非詩人之旨，「後世詞章之驅遣古語成句，往往不特乖違本旨，抑且竄易原文，巧取豪奪，如宋人四六及長短句所優為，以至集句成文之巧，政賦詩斷章之充類加厲，撏撦古人以供今我之用耳。」[13] 春秋以來文詞語詞之稱引權威者，要皆《左傳》賦詩引詩之流亞也。

《左傳》詞令，尤擅長藉言記事之法，如左丘明欲言晉重之霸乃因人成事者，乃借介之推口中發之（僖公二十三年）。鄢陵之戰，敘晉軍部勒形勢，卻藉楚子與伯州犁一問一答表現之（成公十二年）。秦晉構兵，幾無寧歲，為春秋戰爭之最劇者，左氏乃盡匯其源委於〈呂相絕秦〉口中，而出以矯誣誇詐之詞（成公十三年）。向之會，藉戎子駒支之對范宣子，以見晉官之師旅實有所缺（襄公十四年）。衛孫甯之亂，從定姜口中，直數衛侯之失，於臧孫口中，描寫衛君臣之短長，及成敗之故（襄公十四年）。晉楚弭兵（襄公三十一年），特假祁午口中表現：晉為盟主，而偷安下楚，實為國恥。趙孟執晉國柄，晉君之淫溺惑亂，趙孟實尸其咎，故左氏借醫和論疾發之（昭公元年）。其它，如藉晏子口中，述齊之所以亡（昭公二十年）；借婦人之言，以鳴悲憤哀怨之意（成公十五年），十一年）、運神於虛，省力於實，筆法天縱，所以為妙。

《左傳》詞命，又有聲情肖物者，如召陵之盟（僖公四年），以義勝干戈，而不失為玉帛，故《左氏》但敘幾段詞命，雍容不迫，而當年之情景如生。又如季札觀樂（襄公二十九年），論樂處悠揚頓宕，希微杳渺，態如雲霞之恍惚無定，調如絲竹之皦繹成章，諷而讀之，使人飄飄然有凌雲之意，詞令之妙，蓋與樂通矣。又有詞命之藉事發論者，如季文子論出莒太子僕（文公十八年），子革對楚靈（昭公十二年），子產不與韓宣子環（昭公十六年）是也。其它如迴環激射，呑吐往復，虛實反正，擒縱烘托，抑揚頓挫等，亦《左傳》詞令之所以妙絕古今者，詳參《左傳文章義法撢微》修辭各章所論，不贅。外此，則章次取整，撰語求工，爲文蓄勢，亦左氏詞命之成法：李文淵《左傳評》稱：「記言之文，左氏於一篇之中，往往詳述二次，多則四次六次，取其整也。若詳述三次，則難於對待，而章法裂矣。」（卷三荀息假道於虞評）吳闓生《左傳微》曰：「撰語絕工，《左氏》詞令之美，此等亦一秘訣。」（卷三燭之武退秦師評語）又曰：「《左氏》凡遇緊要節目，必有此洋溢汜濫之大文字，以厚集其陣，蓋爲其書中之定例。」（卷九成鱄對魏獻子舉賢評語）此之謂也。

《韓非子．說難》云：「凡說之難，在知所說之心可以吾說當之。」人稟受於天者，或理性、或感性；客觀環境，有優劣、有得失；術有巧拙，法有變常，故語言交際貴在相體裁衣，擇其可行者而說之。夫詞令之要，或折以理，或動以情，或懼以勢，或服以巧，或挫以法，亦因人制宜，因事制宜而已也。《左傳》粲然大備之，可謂盡詞令之大觀矣。然世有說之以理而不折，勸之以情而不動，諫之以勢而不懼，誘之以巧而不屈，施之以法而不挫者，則又何哉？若臧僖伯諫觀魚（隱公五年），臧哀伯諫納郜鼎（桓公二年），宮之奇諫假道（僖公五年），子魚諫用人於社（僖公十九年），富辰諫以狄伐鄭（僖公二十四年），申叔時諫子反愼戰（成公十六年），公子申諫楚昭王（昭公三十年），伍員諫平越（哀公元年），伍員諫遺越患（哀公十一年），皆其例也。謂是詞令不足以移人哉？非然也！或嬰人主之逆鱗，或以智說愚昏，接受者剛愎拒諫，其說之不入也宜哉！《韓非子》〈說難〉、〈難言〉二文可鑑也。

夫唯不順比滑澤，不察愛憎，不計利害，執守道義而為說，乃不失春秋詞令之本色。否則，不幾於戰國尚詐棄信之縱橫家言乎？由《左傳》詞令之本於道義禮信，益證《左傳》之為春秋文字也。

第二節 《左傳》詞令之種類與品第

《左傳》之詞命，就體類而言，大抵有四：一曰政令之辭，如鄭莊戒飭守臣（隱公十一年），周惠王賜齊桓命胙（僖公九年）、周靈王命晉文為侯伯（僖公二十八年）、王子朝告諸侯（昭公二十六年），是其例也。二曰禮聘之辭，如周公閱聘魯言備物之饗（僖公三十年），甯武子聘魯論宴樂（文公四年），吳季札歷聘上國論樂論人（襄公二十九年），薳罷聘魯不告楚政（襄公三十年），郯子來朝言古命官（昭公十七年），是其例也。三曰使命之辭，如展喜犒師（僖公二十六年），燭武退師（僖公三十年），子家與趙宣子書（文公十七年），王孫滿對楚成問鼎（宣公三年），解揚致命宋（宣公十五年），賓媚人說晉（成公二年），呂相絕秦（成公十三年），是其例也。四曰相接相示之辭，此為最常見，民生日用不可須臾離者也，《左傳》所載最夥，舉凡不屬前三者皆是也，如季梁勸修政（桓公六年），公子忽辭昏（桓公六年），鮑叔薦用管仲（莊公九年），蹇叔諫襲鄭國（僖公三十二年），季文子私言晉二命（成公八年），師曠論衛出君（襄公十四年），子產告范宣子輕幣（襄公二十四年），醫和論晉侯之疾（昭公元年），叔向詒子產書（昭公六年），晏子與齊侯論禮（昭公二十六年），是其選也。

左傳之詞令，依其發用言之，可別三十類：曰婉言，如陳敬仲辭卿夜飲（莊公二十二年），祝鮀論長蔡於衛（定公四年），句句委曲是也。曰激言，如鄭子家與趙宣子書（文公十七年），衛侯激諸大夫叛晉（定公八年），句句戇直激切是也。曰憤言，如鄭敗息師篇君子之言（隱公十一年），五大夫論太子申生帥師（閔公二年），憤恨滿紙是也。曰悲言，如申生謂君非姬氏居不安云云（閔公二年），宋穆公屬殤公語（隱公三年），嗚咽悲宕如見是也。曰冷言，宮之奇謂：如是，則非德民不和，神不享矣（僖公五年）；晏子云：古而無死，則古之樂也，君何得焉（昭公二十年），峭冷醒人是也。曰名言，如辛伯曰：並后匹嫡，兩政耦國，亂之本也（桓公十八年）；叔向母曰：甚美必有甚惡（昭公二十八年），名世寶訓是也。曰雋言，如邲之戰脫扃納萷（宣公十二年），崔杼弒其君篇（襄公二十五年），趣語警句，諺所謂俏皮話者是也。曰莊言，如臧武仲論邾庶其來奔（襄公二十一年），子產論壞晉館垣（襄公三十一年），齊莊正大之言也。曰喜言，加楚殺子玉，晉重聞之曰：莫余毒也已（僖公二十八年）；吳敗楚師，子西喜曰：乃今可爲矣（定公六年），喜聲如聞是也。

又如哭言，若蹇叔哭師（僖公三十二年），哀姜哭歸（文公十八年），聲淚俱下者是也。曰怒言，如先軫怒文嬴舍三帥（僖公三十二年），賓媚人責晉人（成公二年），怒容可掬者是也。曰厲言，如子產告范宣子輕幣（襄公二十二年），榮駕鵝論溝諡魯昭（定公元年），聲色俱厲者是也。曰躁語，如子西曰：今日必無晉矣（僖公二十八年）；桓子云：先濟者有賞（宣公十二年），急躁輕進之言也。曰譃言，如宋城者之謳（宣公二年），魯國人之誦（襄公四年），譃而不虐者也。曰詼言，如師慧過朝（襄公十五年），御叔飲酒（襄公二十二年），風趣詼諧者也。曰甘言，如鄭莊請制之語（隱公元年），荀息假道之說（僖公二年），所謂口蜜腹劍者是也。曰危言，如子魚諫宋襄求霸（僖公十九、二十、二十一、二十二年），宮之奇諫假道（僖公五年），事險則語險是也。曰讆言，如呂相絕秦（成公十三年），內史叔興對宋襄問石隕鷁飛（僖公十六年），將無作有之言也。曰信言，如荀息誓傅奚齊（僖公九年），聲子請復伍舉（襄公二十六年），信而有徵之言也。曰戲言，如宋閔公靳南宮長萬（莊公十一年），陳靈公戲孔寧儀行父（宣公十年），戲弄之虐言也。曰誇言，如黃人不共楚職（僖公十二年），胡子豹不事楚（定公十五年），誇飾無實之言也。曰失言，如臧紇以齊侯比鼠（襄公二十三年），齊莊放言將淫崔氏（襄公二十五年），失中之病言也。曰泄言，奮揚告太子建王將殺汝（昭公二十年），子我謂公孫將盡逐陳氏（哀公十四年），泄漏機密之言也。曰隱語，如弦高犒師，皇武子辭戍（僖公二十三年），河魚腹疾（宣公十二年），庚癸呼諾（哀公十三年），遁辭以隱意者也。曰哀怨語，如衞定姜歎太子不哀（成公十四年），晉叔向嗟己宗殆盡（昭公三年），哀怨悽惻之言也。曰痛切語，如令尹子文患越椒滅宗一抶（宣公四年），范文子憂晉國將亂（成公十六年），悲鬱痛切之言也。曰澆薄語，如邴歜謂閻職：人奪女妻而不怒，一抶女庸何傷（文公十八年）；郤克謝齊侯：此行也，君爲婦人之笑辱也，寡君未之敢任（成公三年），偷刻而傷渾厚之言也。若斯之比，因事施化，《左傳》可不謂詞令之大觀乎？

《左傳》詞令之大凡，已見上述。茲依汪道昆，孫鑛、馮李驊、吳闓生所評，分左傳之詞令爲三品，以爲研治斯學者之要刪焉：如展喜犒師、呂相絕秦、陰飴甥說秦伯、聲子說楚、季文子出莒僕、單襄公辭鞏朔獻齊捷、季札觀樂、賓媚人責晉人、子產告范宣子輕幣、王孫滿對楚成問鼎諸什，詞令之神品也。如呂甥以君命感國人，文公誅呂甥郤芮、城濮之戰、魏絳對戮揚干、戎子駒支對范宣子、宮之奇諫假道、燭之武退秦師、鄭伯行成於楚、子產獻捷於晉、子產毀晉館垣，晏子叔向論齊晉國政、蹶由對楚子、吳晉黃池之會、季文子論歸田於齊、孔子相夾谷、荀息假道於虞諸什，詞令之妙品也。如周敬王請城成周、叔弓聘晉、季孫辭晉人加籩、師己論鸜鵒來巢，郤缺勸宣子歸衛侵地、子產辭子圍逆女、椒舉如晉求諸侯、伍員申包胥復楚興楚、鄭七子賦詩、子產對晉問駟乞立故、管仲辭上卿禮、崔杼弒莊公、石碏諫寵州吁、晉人復衛侯、甯武子不答賦、子魚論長衛於蔡、衛子木論吳不可絕、衛侯告於成周、臧孫知宋之興、周史知陳氏大於齊諸什，詞令之能品也。外此，則片言短語，可採者多，洵乎舌華之實錄，而詞令之珍藪矣。

註釋

①言語者，單稱有微殊，合舉則無別也。《周禮．大司樂》注：「發端曰言，答述曰語。」說文言部：「直言曰言，論難曰語」，是其例也。孔門所謂修辭，多指修飾文辭，如孔子曰：「辭，達而已。」《論語．衛靈公》又曰：「晉爲伯，鄭入陳，非文辭不爲功。」《左傳》襄公二十五年 又曰：「修辭立其誠，所以居業也。」《易．乾．文言》又曰：「情欲信，辭欲巧。」《禮記．表記》曾子曰：「出辭氣，斯遠鄙倍矣。」《論語．泰伯》是其證也。

②今人所謂修辭，譯自英語Rhetoric，希臘語意爲流水，蓋取口若懸河之意，乃指言談或演說之方術而言。《論語》所載鄭國之爲詞命，恰與之相合。鄭以蕞爾小國，介乎大國之間，相安無患者，修飾詞命之效也。

③清蒲起龍《史通通釋》〈申左〉注云：如僖伯諫君觀魚、富辰諫王納鼎、王孫勞楚而論九鼎、季札觀樂而談國風，其所援引，皆據禮經。又云：如郯子聘魯，言少昊以鳥名官；季孫行父稱舜舉八元八愷；魏絳答晉悼公，引虞人之箴；子革諷楚靈王，誦〈祈招〉之詩，其事明白，非是厚誣。又曰：如呂相絕秦，述兩國世隙；聲子班荊，稱楚材晉用；晉士渥濁諫殺荀林父，說文公敗楚於城濮有憂色；子服景伯謂吳云，楚圍宋，易子而食，析骸而爨，猶無城下之盟；祝佗稱踐土盟晉重耳，魯申蔡甲午之類，是徵近代也。頁四一九～四二○。

④參閱高敬達撰〈語言的功能〉，載《教育文摘》十三卷一、二期。

⑤宰我之善爲說辭，詳參《論語·陽貨》，〈大戴記五帝德〉、《韓非子·顯學》、《史記·仲尼弟子列傳》諸篇。子貢利口巧辯，參見《左傳》哀公七年、十二年、十五年，《論語·述而》，《荀子·天道》，《孟子·公孫丑》，《史記·仲尼弟子列傳》，《韓詩外傳》卷九，《說苑·善說》各篇。

⑥文見清方以智《文章薪火》引明楊愼《譚苑醍醐》，又云：「意有淺言之而不達，深言之而乃達者；詳言之而不達，略言之而乃達者；正言之而不達，旁言之而乃達者；俚言之而不達，雅言之而乃達者。故東周西漢之文最古，而其能道人意中事最徹。今以淺陋爲達，是烏知達哉？」其說甚確，通達之見也。

⑦語見錢鍾書《管錐編》頁一六六，詳參本編「傳記文學」一節。

⑧「對話」於小說中之重要性，可參閱丁樹南譯《寫作淺談》頁八六～頁八九，《續集》頁一一〇～頁一一一；李曼瑰《編劇綱要》第四章；張志澄編譯《短篇小說作法研究》第十一章。

⑨關於黑格爾之辯證法，詳參郭爲著《理則學》第十四章，林夏著《策略之策略》第三章第一節，林本著《邏輯導論》第十三章第一節。

⑩本節所述「折之以理」、「動之以情」、「服之以巧」諸文例，多採自洪明達著《先秦說話術研究》第二、三、四章，再按以己意。不敢掠美，謹誌於此。

⑪ 人類思想三大律為同一律、矛盾律、排中律，詳參戴華山著《語意學》第八章〈兩值思想〉，頁一二五～頁一三〇。

⑫ 《鬼谷子》所謂陽，指人之所欲，如長生、安樂、富貴、尊榮、顯名、愛好、財利、得意、喜欲等，皆是也。凡能使人趨於死亡者，即是陰，如死亡、憂患、貧賤、苦辱、棄損、亡利、失意、有害、刑戮、誅罰等，皆是也。人之性，喜陽而惡陰，背亡以趨存，詳許富宏《鬼谷子集校集注》，〈捭闔〉第一，北京中華書局，頁一七～二一。

⑬ 語本錢鍾書《管錐編》「左傳正義」四六，頁二三四。

第十一章 戰國縱橫之肇端

論說第十一

考古詩之變，一變爲春秋之辭命，再變爲戰國縱橫家之言，三變而爲漢人之辭賦，《文史通義．詩教上》言之詳矣。夫辭命者，春秋名卿大夫之所重，朝覲聘問之所用，利害榮辱一繫焉。故孔子曰：「使於四方，不辱君命，可謂士矣。」《論語．子路》又曰：「不有祝鮀之佞，而有宋朝之美，難乎免於今之世矣。」《論語．雍也》又曰：「爲命：裨諶草創之，世叔討論之，行人子羽修飾之，東里子產潤色之。」《論語．憲問》又曰：「使乎！使乎！」《論語．憲問》可見春秋之尙辭令，早已蔚爲風氣；其後行人之辭命寖盛，始衍化爲戰國縱橫之習。

第一節　《左傳》與《國策》風格之比較

王源《左傳練要》（《左傳評》）謂：「《左傳》自襄公以後，文字簡鍊奇奧不及前，而浩瀚流轉，波瀾橫溢過之，已開戰國西漢門戶。蓋所見異詞，所聞異詞，所傳聞異詞。」卷八，頁十六 吳汝綸亦云：

《左傳》於「定六年以後，文字多簡峭，與前若小異。」《左傳微》卷十一頁十五引 學者或昧斯理，遂疑《左傳》爲戰國文字，如朱熹稱：「《左傳》之文，自有縱橫意思。」《朱子語類》卷八十三 鄭樵謂：「《左氏》序〈呂相絕秦〉、〈聲子說楚〉，其爲雄辯狙詐，眞游說之士，捭闔之辭。」六經奧論 是其例也。殊不知《左傳》之閎麗鉅衍，乃與時推移，因物爲文，固不可據此謂《左傳》文章之升降如此也。清陳震《左傳日知錄》曰：「《左氏》述語，有刪潤而無徑造，惟人言近說士，故述之爲文，遂相似耳。此可以觀世風之升降，不關《左》文也。」哀公二十四年評 王源《左傳練要》則云：「文字隨時升降，不能自作主張者，庸手也；不論人事之遠近，聞與見之異同，只有一副面具以爲文字者，亦庸手也。然則奈何？曰：因物爲文，乃至文耳。」卷八，頁十七 蓋《左氏》據百國史書以爲傳，雖有討論潤色，而質者徵其質，文者見其文，時中而已，直書而已，因物爲文，終不失梗概也，此之謂信史，此之謂實錄。況《左傳》與《國策》之風格，亦迥然不侔，焉可混同爲一？

清朱軾《左繡．序》稱《左傳》文章：「近《莊》、《列》詭譎之風，啓戰國縱橫之習」，此但謂近風啓習，不謂《左傳》與《莊》、《列》、《國策》同時也。《左傳》之文，固與戰國之文不同，諸家言之詳矣：清崔述曰：「戰國之文恣橫，而《左傳》文平易簡直，頗近《論語》及《戴記》之〈曲禮〉、〈檀弓〉諸篇，絕不類戰國時文，何況於秦？」《洙泗考信餘錄》卷三左子 曾鏞亦云：「以文而論，《左氏》

豔而富，昔人既言之。而其辭氣從容溫雅，視戰國之文，兩不相侔。」又云：「《左傳》中凡論春秋成敗得失之宗旨，此皆縱橫者流所竊笑爲迂闊之言，而不屑言者也。」（《左傳會箋．總論》引）劉熙載《藝概．文概》則云：「《左傳》善用密，《國策》善用疏。《國策》之章法筆法奇矣，若論字句之精嚴，則左公允推獨步。」要之，《左傳》之文，從容溫雅，一本於聖人之言，風格淳厚；視戰國之文，縱橫馳驟、辭鋒犀利、詭譎變化而莫測者，迥不相侔也。

文章之風格，既判若涇渭如彼，而《左傳》與《國策》思想之表現，亦雲泥懸絕若此。《墨子．天志上》曰：「今天下之士君子之書，不可勝載，言語不可盡計，上說諸侯，下說列士，其於仁義，則大相遠也。」袁彥伯云：「春秋之時，禮樂征伐，霸者迭興，以義相持，故道德仁義之風，往往不絕。雖文辭音制，漸相祖習，然憲章軌儀先王之餘也。」（《後漢紀》卷二十三）蓋《左傳》之文風思想，憲章道德，標榜仁義，善道禮樂，稱美詩書，此自公卿問對，君子論贊，可以窺其端倪①。而《國策》之思想則不然，功利熾，而仁義銷矣；游說行，而廉恥衰矣；譎詐盛，而忠厚之風息矣。方孝孺〈讀戰國策〉謂：《國策》所載，非不博且富也；「欲一簡之合乎道，而不可得。豈惟不合乎道，欲一簡如《左氏》所傳公卿大夫之言，亦不可得矣。先王之遺澤餘化寖盡，而國家繼之以亡，豈不哀哉！」呂祖謙亦稱：「吾讀《戰國策》，然後知詭辯初不足恃。」（《東萊博議》卷二隱公辭宋使）蓋戰國策士之言，多主於利害，非義理之所存；

是以皆縱橫捭闔，譎誑相輕傾奪之說，至於賊害忠信，覆亂邦家。故《國策》文章之奇，足以悅人耳目；而其機變之巧，足以壞人心術，此其所以異於《左傳》也②。

尋春秋所以變爲戰國，《左傳》所以衍爲《國策》，亦可得而言。明李夢陽〈刻戰國策序〉稱：「或問：周何以有戰國也？李子曰：文禍之也。先王以禮之必文也，制辭焉，出乎邇，加乎遠，通乎其事，達諸其政，廣之天下，益矣，于是重辭焉。流之春秋，號曰辭令，其末也弊，巧譎相射，遂爲戰國。」《詩》曰：「辭之輯矣，民之協矣；辭之繹矣，民之莫矣。」（《大雅·板》）孔子曰：「言之無文，行而不遠。」（襄公二十五年）子產有辭，諸侯賴之（襄公三十一年）；子貢有辭，存魯亂齊；春秋之尙文輕質，由此可見矣（參劉師培文章學史序）。

春秋之詞命，衍爲戰國之縱橫，有自來矣，章學誠《文史通義》言之極切，其言曰：「觀春秋之辭命，列國大夫聘問諸侯，出使專對，蓋欲文其言以達旨而已。至戰國而抵掌揣摩，騰說以取富貴，其辭敷張而揚厲，變其本而加恢奇焉，不可謂非行人辭命之極也。孔子曰：『誦《詩》三百，授之以政，不達；使於四方，不能專對，雖多奚爲！』是則比興之旨，諷諭之義，固行人之所肄也。縱橫者流，推而衍之，是以能委折而入情，微婉而善諷也。」（詩教上）戰國之文，麗藻豔說，籠罩雅頌，其煒曄之奇意，蓋出乎縱橫之詭俗也（《文心雕龍·時序》）。文章如此，時風世俗亦隨之遞變。朱一新嘗論春秋與戰國思想之不同，曰：「承數百年敎澤之遺，春秋時人心雖日趨功利，而流風善政，猶有存者，賢士大夫莫不明天人之故。雖當於學術衰息之時，猶思自見於世也。迨縱橫家出，而盡掃之，但存一自私自利之心，禮義廉恥皆所不恤。其爲說益曼嫿無窮，其爲禍亦益烈矣。」（《無邪堂答問》卷三頁十三）

必先明乎《左傳》與《國策》之風格不同，春秋與戰國之政俗各異，夫然後知《左傳》文章，「近《莊》、《列》詭譎之風，啓戰國縱橫之習」者，實乃因物爲文，摹神寫生，直述其情耳。故以之觀世風則可，以之論《左》文，則大不可也。

第二節 《左傳》為《國策》縱橫之開山

縱橫家者流，本於古者行人之官（《漢書·藝文志》）。然會同朝覲，以書協禮事，亦太史之職（《周禮·春官·太史》）。左丘明，魯太史也，爲《春秋》作傳，參考羣書，復緣歷史想像，載語浩博，多或千言。雖有討論潤飾，要不失梗概云。

蓋春秋之時，天子微，諸侯僭；大夫強，諸侯脅，於是朝覲會盟，無歲無之。強國爭伯，弱國圖存，行人使臣，相望於道，《左傳》述之詳矣。維時，如〈呂相絕秦〉成公十四年、〈燭武退師〉僖公三十一年、〈王孫勞楚〉宣公三年、〈包胥乞師〉定公四年、〈伍員罷楚〉昭公三十年，乃至於子產有辭之能應付大國襄公三十一年，其捭闔閎肆，皆戰國策士之前驅，已開縱橫之先河。視《國策》之雄健橫絕，多有似之者。然煒燁而不流於譎誑，此其所別也。蓋世變升降，史職傳實，故《左傳》之閎麗鉅衍如是，不過爲說士寫生耳，蓋不若此，則非實錄矣。

《史通．言語》稱：「戰國虎爭，馳說雲湧，人持弄丸之辯，家挾飛鉗之術，劇談者以譎誑爲宗，利口者以寓言爲主，若《史記》載蘇秦合縱，張儀連橫，范雎反間以相秦，魯連解紛而全趙是也。」此種詭譎之風氣，最爲戰國縱橫之特色。今考察《左傳》之文，有爲《國策》開山者，凡三十餘則，論之如次：

如滕薛爭長隱公十一年，寡人若、君若，兩路往復，意亮而舌鬆，《國策》活計，盡在此子耳《左繡》。甯母服鄭僖公七年，兩若字，正對他一若字，一反一復，利害了了，國策全得此筆法，無不暢之意，無不爽之辭僖公七年。夏大旱僖公二十一年，左氏鋒穎文字，實爲《國策》濫觴；然總見圓秀蘊藉，蓋有停蓄氣，自深穩也陳震《左傳日知錄》。又如子魚論戰僖公二十二年，論得盡勁而淨，此與《戰國策》同法；但彼率此鍊，彼薄此濃《三研齋左傳節鈔》。鄭師入滑僖公二十四年，忽用縱句，在《左》文爲小變，便近戰國，其文機只在之也兩字

《三研齋左傳節鈔》。秦人圍商密僖公二十五年，以瑣碎之文，寫詭秘之事，語簡而明，筆輕而活，《國策》亦時效此種，便苦其澀《左繡》。先軫論戰僖公二十八年，私許復曹衞以攜之，執宛春以怒楚，開《國策》捭闔之法，《國策》許多秘密，不出于此《左繡》。豎侯獳說晉文復曹僖公二十八年，《國策》代請說君等機趣，疑都從此脫化《左繡》。又如燭之武退秦師僖公三十年，看他急急進步處，將實影虛，虛者皆實矣。戰國策士，全祖此法《左傳約編》；《國策》有其圓警，而無其簡潔雋逸《左繡》；此等神筆，妙入戰國人手，一瀉無餘，那得此神韵風味《左傳日知錄》？

又如郤子遽卒文公十三年，峭逸遒宕，使筆如口，已開蒙莊蹊徑。然《莊》有其靈快，無其堅緻也《左傳日知錄》。王孫滿對楚王問鼎宣公三年，讀此，視《國策》〈顏率欺齊〉篇，便小樣《左繡》。申叔時諫縣陳宣公十一年，看他全借譬喻簸弄，生姿作態，風趣無窮，此爲諷諫之上乘，《國策》之開山《左繡》。晉欒書帥師救鄭成公六年，快如《國策》，穎若《漆園》《左傳日知錄》。魏絳論和戎襄公四年，「有窮后羿」突說四字，卻又縮住，使人乍聞而疑，細聆而悟。《國策》「海大魚」，便是此種筆意，洵爲譎諫開山《左繡》。石奧論歸鄭良宵襄公十三年，《左氏》最是以一筆寫數意，轉折曲鬯，而句又勁捷，《國策》往往好學此種，而流於晦澀《左繡》。

又如師慧過宋朝襄公十五年，嬉笑怒罵，絕妙嘲謔，洵爲《國策》開山《左傳日知錄》。宋人或得玉襄公十五年，則爲《漆園》開山《左傳日知錄》。聲子說楚（襄公二十六年），縱橫捭闔，曲折淋漓，無不達之詞，無不暢之意《左傳評卷七》；開戰國說士之風，而談理典則，徵事詳贍，渾浩流轉，猶是元氣未漓人語，《國策》遠不逮也《左繡》。蔡侯如晉（襄公二十八年），矯曲雄宕，而風味仍爾渾雅。襄公以後，此種屢見，當位置《國語》、《國策》間《左傳日知錄》。子產壞晉館垣（襄公三十一年），刀鋒箭鏃之筆，而澤以深厚，行以跌宕，是謂大雅《左傳日知錄》；語不甚腴，而婉轉流動，頗與《戰國》相近。第此終是鍊出語，其調不同。《戰國》透快，此蘊藉《三研齋左傳節鈔》。

又如叔向對晉罕虎（昭公三年），一告一對，都以兩意往復，都是極簡雋之筆，其圓整非《國策》所到也《左繡》。吳蹶由犒楚師（昭公五年），一面籠絡，一面恐喝，此等文，實爲《國策》開山。然則，雋終讓前人獨步也《左繡》。薳啓疆論辱晉（昭公五年），啓疆進言之妙，確是戰國策士之雄，此傳則純乎戰國文字矣《左傳評卷八》。晉人來治杞田（昭公七年），議論文機全與戰國相似，但鍊縱法稍異耳《三研齋左傳節鈔》。又如薳啓疆賀楚王與魯弓（昭公七年），語語稱賀，卻語語恐喝，此等文亦《國策》之藍本也《左繡》。又如南蒯將叛（昭公十四年），文藝流動，已近戰國，其意致微婉則《左氏》《三研齋左傳節鈔》。沈尹戌勸誅費無極（昭公二十七年），文直而快逸，頗近戰國《三研齋左傳節鈔》。但《國策》皆詼詭談笑之文，此則痛哭流涕之文，會當有別《左繡》。又如魏獻子辭梗陽人（昭公二十八年），間架絕近《國策》矣，然蘊藉雅馴，無優俳諔詭之氣，則非後人所能學步者《左傳日知錄》。子太叔對士景伯（昭公三十年），最是持矛刺盾秘訣，兩說窮舌端，《國策》勝場（《左繡》）。

又如齊侯衞侯次于垂葭（定公十三年），句調全類戰國（三研齋左傳鈔評）。齊陳乞僞事高國（哀公六年），激勸恐喝，一筆提破，縱橫捭闔，曲折詭祕，《國策》風調（《左繡》）。齊師伐我（哀公十一年），是《左氏》辭，戰國調（三研齋左傳節鈔）。吳徵會于衞（哀公十二年），其調疎快，頗近戰國（《三研齋左傳節鈔》）。又如魯夏對魯哀公問獻禮（哀公二十四年），妙在囫圇回個「無之」，待其責詰，然後一一破解。此種說法，大爲《國策》開山，亦文章風會之所趨也（《左繡》）。又如子贛對衞使（哀公二十六年），子貢此段詞令，妙與前篇同，皆《國策》之開山也。悼之四年（哀公二十七年），《左氏》傳《春秋》，詳敘吳越及智伯事，便是《戰國策》過文（《三研齋左傳節評》）。楚申無宇執亡閽（昭公七年）「得天下而封汝，求諸侯而則紂」，乃立言洞中機竅處。《國策》茅蕉諫始皇遷太后，止以天下爲言，故一投而入（《左傳日知錄》）。

若斯之比，《左傳》文多有似《國策》之沉快雄雋者，唯蘊藉雅馴，濃鍊堅緻，獨《左傳》爲能。蓋緣後之襲前，非前之取後，實風會之所趨乃爾。世有疑《左傳》爲戰國文字者，可以此解之。

第三節 《左傳》為論說文字之先導

《文心雕龍．論說》云：「詳觀論體，條流多品：陳政，則與議說合契；釋經，則與傳注參體；辨史，則與贊評齊行；銓文，則與敘引共紀。」又云：「說者，悅也；兌為口舌，故言咨悅懌，過悅必偽。」《左傳》者，後世論說文之鼂叢乎！舉凡釋經、辨史、陳政、詮文之體，議說、傳注、贊評、敘引之用，莫不粲然大備。若夫詞令之煒燁，不惟千古之祖，亦後世出辭應對、語言交際之指南也，說具前章，不贅；此節但言論說談辯。

《左傳》，為羽翼《春秋》經而作者也，杜預〈春秋序〉所謂「或先經以始事，或後經以終義，或依經以辨理，或錯經以合異，隨義而發。」或直書其事，或兼述其義，或釋《春秋》不書之義，堪與《春秋》相表裏。釋經若此，蓋與論體無異矣。《左傳》多引君子時賢之言作斷，或以辨章史事，或以贊評人物，後世史書之論贊胎源於斯，亦論體也。《左傳》之敘事也，每夾議論以相發明，其法或先敘後斷、或先斷後敘、或前案後斷、或前斷後案、或先敘後議、或先議後敘、或敘議兼行、或敘議夾寫、或以敘為議、或敘議各自成文、或兩頭敘中間斷、或一案兩斷、或一事兩斷；此劉勰述論體，所謂「詮文，則與敘引共紀」者也③。若夫陳政，《左傳》在在皆敷析治道，提供資鑑者也，而發明義理在其中，褒貶人物亦在其中。《左傳》論說高妙處，尤在於敘事中寓論斷。顧炎武《日知錄》卷二十六所謂「不待論斷，而於序事之中即見其指者」；太史公司馬遷固然能之；史公所宗師之《左傳》，尤爲斯法之開山。由此觀之，謂《左傳》爲論說文之先導，誰曰不宜？

依據宋眞德秀《文章正宗》，錄《左傳》論說之可法者如下，以爲取法之資：如富辰諫以狄伐鄭(僖公二十四年)，此有周之臣諫王之辭也。如石碏諫寵州吁(隱公三年)、臧僖伯諫觀魚(隱公五年)、臧哀伯諫納郜鼎(桓公二年)、宮之奇諫假道(僖公五年)、管仲論受鄭子華(僖公七年)、司馬子魚論用人於社(僖公十九年)、臧文仲論卑邾(僖公二十二年)、臼季請用冀缺(僖公三十三年)、季文子論出莒僕(文公十八年)、申叔時論縣陳(宣公十一年)、伯宗論伐狄(宣公十五年)、魏絳對晉侯(襄公三年)、魏絳請和戎(襄公四年)、魏絳辭賜金石之樂(襄公十一年)、師曠論衛人出君(襄公十四年)、穆叔論立子裯(襄公三十一年)、北宮文子論威儀(襄公三十一年)、晉司馬侯論三不殆(昭公四年)、女叔齊論魯侯不知禮(昭公五年)、薳啓疆論辱晉(昭公五年)、芋尹無宇對楚子(昭公七年)、屠蒯諫晉侯(昭公九年)、申無宇論城陳蔡不羹(昭公十一年)、晏子諫誅祝史(昭公十二年)、晏子論和同(昭公二十年)、晏子論禮可以爲國(昭公二十六年)、晏子論禳彗(昭公二十六年)、鮑文子諫伐魯(定公九年)、伍員諫吳王許越成(哀公元年)、陳逢滑論與吳(哀公元年)、子胥諫伐齊(哀公十一年)；凡此，皆春秋諸臣論諫君王之辭也。

又如郤缺請歸衛地(文公七年)、臧孫紇論詰盜(襄公二十一年)、祁奚請免叔向(襄公二十一年)、聲子請復椒舉(襄公二十六年)、子產論尹何爲邑(襄公三十一年)、子產論晉侯疾(昭公元年)、祁午戒趙文子(昭公元年)、沈尹戌論費無極(昭公二十七年)、史墨論季氏出君（昭公三十二年）；凡此，皆春秋諸臣論諫執政之辭也。

又如甯嬴論陽處父不沒（文公五年）、季文子論齊侯無禮（文公十五年）、劉康公論成子不敬（成公十三年）、子產論伯有爲厲（昭公七年）、子服惠伯論黃裳元吉（昭公十二年），閔子馬論學（昭公十八年）、子太叔對趙簡子問禮（昭公二十五年），羊舌職論用士會（宣公十六年）、仲尼論賞仲叔于奚（成公二年）、叔孫豹論三不朽（襄公二十四年）、子太叔論甯喜置君（襄公二十五年）、子罕論向戌去兵（襄公二十七年）、申無宇論公子圍（襄公三十年）、子羽論諸大夫譏公子圍（昭公元年）、叔向論楚令尹不終（昭公元年）、晏嬰叔向論齊魯（昭公三年）、孟僖子語大夫（昭公七年）、叔向論楚克蔡（昭公十一年）、叔向論楚子干得國（昭公十三年）、仲尼論政寬猛（昭公二十年）、沈尹戌論子常城郢（昭公二十二年）、仲尼論晉鑄刑鼎（昭公二十九年）、子西論夫差將敗（哀公元年）、仲尼論用田賦（哀公十年）、叔向母論娶申公巫臣氏（昭公二十八年）。凡此，皆春秋諸賢論說之辭也。

其它尚有《左傳》假君子以發論者，多寓褒貶予奪之意，說詳下文「評論」。此《左傳》論說之大凡也。春秋詞命之要，後世論說之體，略備於是。

轉相發明，可以顯微闡幽；創造性詮釋，可以另闢谿徑，再造輝煌。今持後世論說之法，以規範解讀《左傳》之文章，古學今詮，亦頗有可言者。考《左傳》論說之方式，以劉奇《論理古例》詮衡之，大要可分七類：曰駁論、曰辯論、曰推論、曰評論、曰理論、曰敘論、曰諷論，詮序如下：

一、《左傳》論說之類別

㈠ 駁論

凡破斥謬誤、扭曲、似是而非之理論，期使眞理醒豁不疑者，是謂駁論。議論句法，宜有翻騰，宜有起落，宜逐層駁難，逐層解釋，所謂「踢倒當場傀儡，劈開立地乾坤」者是也。

《左傳》所載，如宮之奇諫假道（僖公五年），中間虞公自解自寬於吾宗神據兩層，宮之奇乃層層駁難之，遂成絕妙波瀾文字。司馬子魚論戰（僖公二十二年），此是《左氏》開手第一篇精妙之駁難文字，看其先一句掃倒，然後層層抉摘，一轉一緊，臨了卻作宕漾之筆；於緊處得鬆，尤能令意味悠然有餘。君子論逆祀失禮（文公二年），篇中層層論斷，無一字放鬆，駁難文字也。司城子罕論弭兵（襄公二十七年），反駁前文，就兵不可去一意反覆申說，能破能立之文也。司馬侯論許楚召晉諸侯（昭公四年），先接口疾翻，下再逐層破險、破馬、破多難，層次分明乃爾。凡此，皆《左傳》之駁論文字也。

㈡ 辯論

凡辯正言行，解釋誤會，維護眞理正義之文字，是謂辯論文。

見諸《左傳》者，如臧武仲論詰盜（襄公二十一年），妙在季孫緊接武仲曰「不可」、「不能」，先作駁難，便合臧孫辯說「四封」「司寇」之語，一反一復，持矛刺盾，愈覺鬆快動人，是絕妙辯駁文字。子產獻捷於晉（襄公二十五年），隨難隨解，字字機鋒四出，卻字字入情入理，是一首分辨文字。子產壞晉館垣（襄公三十一年），前難後解，妙在難中句句授人以解，解中卻又句句藏得難在，是極有機鋒之詰辯文字。又如薳啓彊論辱晉（昭公五年），駁楚虔王辱晉之無情理，啓彊先以詼諧順應一「可」字，便接連說兩「不可」字，處處作反撲之筆，處處提掇「備」字。開合頓跌，鋪張揚厲，是《左傳》最警快之辯駁文字。申無宇執亡閽（昭公七年），將亡字引出盜字，將盜字轉出盜有所在，一篇辯駁文字，卻以諷刺隱語作結，有春山出雲之妙。詹桓伯辭晉（昭公九年），先指示晉不當與周爭田，後詔誥晉不當率戎伐潁，委婉中不失嚴正，是一篇詰責文字。凡此，皆《左傳》之辯論文字也。

㈢ 推論

推論者，由已知推未知之謂也，或稱推理。推論式者，日本譯爲三段論法，或稱三段論式，即每一辯辭，果持之有故，言之成理，輒可析爲三段：陳述原則者曰大前提，指點即事者曰小前提，合二者而成結論。

《左傳》所載，推論式極夥，舉要言之，如孟獻子曰：「郤氏其亡乎！禮，身之幹也；敬，身之基也。郤子無基……不亡何爲？」成公十三年 季文子曰：「史佚之志有之曰：『非我族類，其心必異』。楚雖大，非族也，其肯字我乎？」成公四年 此定言論式也。又如華元曰：「吾聞之：『君子見人之厄則矜之，小人見人之厄則幸之』，吾見子之君子也，是以告情於子也。」宣公十五年 此假言論式也。又如子產曰：「其鄉校中人所善者，吾則行之；其所惡者，吾則改之。是吾師也，若之何毀之？」襄公三十一年 此兩端論式也。又如文子曰：「吾先君之亟戰也，有故。秦狄齊楚皆強，不盡力，子孫將弱。……唯聖人能外內無患。自非聖人，外寧必有內憂。盍釋楚以爲外懼乎？」成公十六年 此帶證論式也。又如仲尼曰：「惟器與名，不可以假人，君之所司也。名以出信，信以守器，器以藏禮，禮以行義，義以生利，利以平民，政之大節也。若以假人，與人政也。政亡，則國家從之。」成公二年 此聯鎖論式也。又如太子忽曰：「無事於齊，吾猶不敢。今以君命奔齊之急，而受室以歸，是以師昏也。民其謂我何？」桓公六年 此逼進論式也。④

晉獻公使太子申生伐東山皋落氏，以十二月出師，衣之偏衣，佩之金玦。《左傳》閔公二年，載狐突歎言，宋洪邁《容齋隨筆》卷六稱：「八十餘言，而詞義五轉。」狐突歎言，泛說時、衣、佩作兩層，切論再就時、衣、佩作三層推拓。五層邏輯推衍，愈轉愈緊，歸結到此行也，功必無成。其語反復，其意痛切。

㈣ 評論

評論者，側重於史事或人物之批評，或褒貶抑揚，或比較批判。見於《左傳》者，每有發論，假君子以稱之，此顯而易見者。如《左氏》論周鄭交質（隱公三年）、秦伯用孟明（文公三年）、秦伯以三良爲殉（文公六年）、莒恃陋不備（成公九年）、祁奚能舉善（襄公三年）、范宣子能讓（襄公十三年）、駟歂殺鄧析（定公九年）、邾黑肱來奔（昭公三十一年），其最著者焉。其它如季文子論歸田於齊（成公八年），大義不過數語揭明，然後就他罪案層層翻剔，剝骨見髓，如老吏斷獄。又如女叔齊論禮儀（昭公五年），先虛問虛答一遍，然後實說。論斷文字要有實理，又須有虛神，最宜規摹此等，皆《左傳》評論文字之例也。至於《左傳》藉歷史人物之代言，以之論事評人，無處不有，是皆評論之文也。

就《左傳》一書而言，針對歷史人物、歷史事件作評論，最具特色。綜論其樣式，大抵有三：曰作者抒論，曰聖賢重言，曰經義闡釋，詳參〈《左傳》史論之風格與作用〉，⑤不贅。

㈤ 理論

凡就人或事發表觀點，分析利害，論議可否，提供解決之道者，是謂理論。

《左傳》所載極多，舉其要者言之，如季梁論戰（桓公六年），此是《左傳》第一首有主腦有波瀾文字，後來如曹劌、宮之奇等議論，總不出此。前段忠民、信神並提，後段特提民字，重申民乃神之主，事神在乎成民，語語老辣可觀。晉侯使太子申生帥師（閔公二年），通篇以議論爲章法，諸人共九段議論，妙在藉言記事，絕不旁著一語，寫得語語透切，總見太子不可帥師，只爲申生死孝張本。師曠論衞出君（襄公十四年），先一反一正申說，再從「天生民」說起，展出大議論。《左氏》議論文字，大概都用先虛領，後實發，使文意盡而復起，展拓不窮也。叔孫豹論不朽（襄公二十四年），突說世祿非不朽，文仲乃不朽；後又申說三立是不朽，祿大非不朽，反正各寫兩番，總以一順一逆爲章法，此《左傳》理論文字之例也。

(六) 諷諭

凡以譬喻之法，委婉之言，詼諧之趣，滑稽之文發論，以諷諫他人，裨補世教者，是謂諷諭。孔子曰：「諫有五，吾從諷之諫。」⑥ 蓋知夫禍患之萌，深睹其事未彰而諷告焉，此智之性也，故孔子稱之。

諫諍見於《左傳》者，有正言喻言之不同，如〈郜鼎〉篇，句句切直，是正言也；如申叔時諫縣陳宣公十一年，全借譬喻襯托正意，生姿作態，風趣無窮，最爲諷諫之上乘。句句比方，是喻言也《左繡．讀左巵言》。

喻言，即諷諫也。如郤缺諷趙孟歸衛田文公七年，藉古者九功之德皆可歌，以諷今宣子無德莫可歌，反說輕撲，宜乎宣子悅歸衛田也。臧孫諫伐晉襄公二十四年，以鼠比君，兩兩對說，魯君怒遂止。子產論尹何爲邑襄公三十一年，前後都用譬喻指點：以操刀、製錦、射御三者爲邑作喻，便出色不板腐。晏嬰諫繁刑昭公三年，以踊貴屨賤爲諷諭；伍員諫越患哀公十一年，以心腹之疾、如獲石田爲喻言，斯皆諷諭之例也。

蓋明主或可以理奪，然若實說道理，則非板即腐，令人昏昏唯恐臥。故善諫者往往就近取譬，閒閒布置，不露一毫風色，而聞者自然相悅以解。故孔子曰：「唯度王而行之，吾其從諷諫矣乎？」《家語．辨政》良有以也。諷諫之外，諫法尚多，要亦論說之體也，例可參前所列目，不贅。

諍諫之見於《左傳》者，或諫諍其君王，或論諫其公卿，或議對君上，要皆後世奏議體之先河。詳參本書第一章〈體裁．奏議體〉。

(七) 敘論

敘論者，一邊敘事，一邊發議之謂也。《左傳》最多此體，《史通．載言》稱《左傳》：「言事相兼，煩省合理」；記言，多出以議論。已詳第八章〈敘事法〉二十九「夾敘法」中，此從略。《左傳》

論說之體，雖不止此，然可觀者，大致不外是。覩此，《左傳》之為論說文之先導，可以考見矣。

二、《左傳》論說之品第

後世文章，如論、駁、難、辨、議、說、解、考、原、喻、語諸論辨體式，要皆源於《左傳》也。史傳之臧否人物，裁斷是非，綜論事理，剖陳得失，大抵以《左傳》為最大宗。本書第一章〈文章體裁之集林〉，枚舉《左傳》名篇三十餘則，可以互參。

《左傳》論說之文，多警快透闢，機鋒四溢，可為後世宗法。茲據諸家評文，分論說為四品：凡敘事論說，已至出神入化之至高境界者，謂之神品。其次，則筆墨精妙，技法嫻熟，得心應手之作，謂之妙品。掌握敘說對象之本質特徵，能供臨摹學習者，謂之能品。具品，清包世臣《國朝書品》稱為佳品，指眾美具體而微，略有可觀者。舉例如次，辨章學術，考鑒源流者，得以覽焉。

如季梁論戰（桓公三年）、秦伯獲晉君（僖公十五年）、介之推不言祿（僖公二十三年）、晏子不死君難（襄公二十五年）、季文子出莒僕（文公十八年）、楚歸晉知罃（成公三年）、薳啓疆論辱晉（昭公五年）、季札觀樂（襄公二十九年）諸什，《左傳》論說之神品也。

如申繻論名、曹劌論戰、叔孫豹論不朽、叔孫豹不賄樂桓子、晉侯使荀躒佐下軍、叔向不隱叔魚、聲子說楚復伍舉、子革對楚靈王、管仲諫用鄭世子華、子產獻捷於晉、晏子辭邑、衆仲論州吁之敗諸什，此《左傳》論說之妙品也。

又如石碏諫寵州吁、獻公嬖驪姬、獻公爲太子城曲沃、獻公使太子帥師、士蔿爲二公子築蒲屈、秦輸粟於晉、子魚論戰、文公復曹伯、晉楚邲之戰、范武讓政、晉大夫出奔齊、司馬侯論杞田不可盡歸、劉定公論趙孟、鄭游吉如晉送少姜之葬、子囊論晉不可伐、趙文子以信服楚、平王當璧、子常殺費無極、子皮餼粟以得民、史墨論季氏出君、伍員三師肄楚諸什，此論說之能品也。

又如御孫諫刻楹用幣、臧武仲戒武子銘功、孟懿子敬叔學禮於仲尼、郯子論名官、荀息傅樊齊、秦伯納夷吾、臾駢不報賈季之怨、魏絳論和戎、鄭敗息師、子雅復放盧蒲嫳、晏子諫誅祝史、晏子不禳彗星、伍員諫遺越患、郤缺勸宣子還衛、晉及衛戚田；凡此，皆《左傳》論說之具品也。

註釋

①詳參日人津田左右吉著《春秋の思想史的研究》，第七章〈儒教思想によつへ作られた說話〉（依據儒教思想所作之論說），頁三〇七～頁三四八。該書以爲《左傳》乃西漢末年作品，其說無足取，唯其資材可參耳。

②方孝孺〈讀戰國策〉云：「觀乎十二國之所載，繁辭瑰辨，爛然盈目。乃求其指意，非謀以奪人之國，則以搖人之位；非間人之骨肉，則眩惑人之事。或大言倨禮以激之，或佯疑曲問以入之，或卑聲曲體以冀其哀，或正貌詐心以釣其名，或揣其志而詭其計；非不博且富也，欲一簡之合乎道，而不可得。」其它，關於《戰國策》之思想內涵，可參閱王覺〈題戰國策〉，李文叔〈戰國策書後〉，長孫無忌《鬼谷子·序》，陸隴其《戰國策去毒·序》。

③例詳《左繡》各篇評文，或參閱張傑譔〈左筆發凡〉，載民國二十六年四月《光華大學半月刊》五卷八期。

④前提結論，各爲一命題，語氣皆爲直敘者，謂之定言論式，持論之常式也。兩詞相倚，後詞之信否繫乎前詞者，謂之假言論式，嚴復譯爲有待之詞。以二假言命題合爲第一前提，以選言命題爲第二前提，據此以推理者，是謂兩端論式。於尋常論式中，省略其命辭者，謂之省略論式。於前提中兼陳理由者，謂之帶證論式。取二命題以上連爲前提，以求最後之結論者，謂之聯鎖論式。凡藉二命題以推論，形似三段論式，但其大小前提

之關係，並非互相包孕，僅如階梯之推進者，謂之逼進論式。凡數量之比較，程度之差池，皆可於此項論式見之。按：以上定義與例證，本劉奇著《論理古例》，可參看中編「推理論」各章。

⑤詳參張高評〈《左傳》史論之風格與作用〉，輯入《左傳之文韜》，高雄：麗文文化公司，一九九四年，頁九三～一六三。

⑥五諫之說，不知何所始，殆孔子前已有之矣。《孔子家語．辨政》以為：譎諫、戇諫、降諫、直諫、諷諫五者；《說苑．正諫》以為：正諫、降諫、忠諫、戇諫、諷諫；《白虎通．諫諍》謂是諷諫、順諫、闚諫、指諫、陷諫；其它何休《公羊傳注》，《舊唐書．百官志》略同。五諫之外，尚有兵諫、持諫、箴諫、死諫、尸諫、碎首諫、引裾諫、扣馬諫之目，詳參趙虛吾編著《諫話》頁一二七～頁一四四。

第十二章

描繪神貌之逸品

描寫第十二

夫描繪之爲體，所由來久矣！《詩經》之擬狀，《楚辭》之圖形，荀卿之體物，漢賦之模山範水，南北朝之窺情風景，鑽貌草木，乃至於唐宋詩文詞賦之詠物寄情，要皆其類也。《文心雕龍》有〈物色〉篇，評論春秋以來描景寫物之一斑，但言寫景文發生之由，與夫遷變之迹而已，不免局促未溥。考諸先秦載籍，最擅長描繪神貌者，《左傳》其一也，而諸家論不及此。因思補苴罅漏，張皇幽眇，學者之天職。用乃不揣固陋，論次《左傳》描繪神貌之大凡於後，以待方家斧正。

《左傳》之描寫文字，大要凡三：或描繪人情，或表現事情，或摹擬物情。其描繪人情，則後世小說戲曲刻劃個性之圭臬；其表現事情，則後世史乘載記敘事傳神之軌範；其摹擬物情之畢肖，則後世詩文詞賦曲寫毫介之濫觴也。《文心雕龍·物色》所謂：「寫氣圖貌，既隨物以宛轉；屬采附聲，亦與心而徘徊」，《左傳》有之。後世之描寫文，濫觴於詠物，漢大賦如司馬相如、揚雄等之狀寫園林宮殿，六朝詠物賦之巧構形式、模山範水，素爲常人所嫻熟。然《左傳》之寫物，與秦漢以後殊科。一言以蔽之，曰以敘事爲描寫而已也。唐劉知幾《史通·雜說上》稱：

《左氏》之敘事也，述行師，則簿領盈視，哤聒沸騰；論備火，則區分在目，修飾峻整；言勝捷，則收獲都盡；記奔敗，則披靡橫前；申盟誓，則慷慨有餘；稱譎詐，則欺誣可見；談恩惠，則煦如春日；紀嚴切，則凜若秋霜；敘興邦，則滋味無量；陳亡國，則淒涼可憫。或腴辭潤簡牘，或美句入詠歌，跌宕而不群，縱橫而自得。若斯才者，殆將工侔造化，思涉鬼神，著述罕聞，古今卓絕。①

《史通》歷數《左傳》敘事之美妙處，在述行師、論備火，言勝捷、記奔敗、申盟誓、稱譎詐、談恩慧、紀嚴切、敘興邦、陳亡國諸方面。推崇《左傳》之體物傳神處，即在描繪人情、表現事情、摹擬物情。考察《左傳》之表達方式，要在以敘事之筆調，展現描寫場景之氛圍而已。與漢魏以降，賦、詩、詞之體物詠物，寫法迥不相同。

明韓敬撰《孫月峯先生左評分次經傳．序》云：「丘明躬爲魯太史，博綜諸故籍，而以憤世爲救世之具，此脈則得之孔氏心眼，通靈照攝千古。故其狀君子，若入其純忠懇義之裏；狀奸逆、若睨其陰畫、腹箅、遂邪、垂欲之初；狀理道，若貫綜其冥默、往復、消長、天人之際。他若言戰猶在軍，言禮猶爲儐；言占對，不啻口出；言禱筮妖邪，等之我居蓍蔡，身尸鬼神矣。宜後之讀者，可游目鼓喙而領含之者。」此以若、猶、不啻諸詞，切寫其體物妙肖。誠如錢鍾書《管錐編》所云：「設身局中，潛心腔內，忖之度之，以揣以摩」，以之形容《左傳》描寫神貌之一斑。要之，《左傳》善於描情寫事，故能令人瞻言而見貌，即字而知神，堪稱如椽妙筆，寫生能手矣。質言之，摹情、狀事、寫物三者之中，情事二者尤爲《左氏》擅場；寫物雖不多覯，然若有所及，要皆卓爾可觀，足爲後世法。空言無徵，請論證如下：

第一節　《左傳》之表現事情

《孟子・離婁上》稱：孔子作《春秋》，「其事，則齊桓、晉文」，何謂也？清馮李驊《左繡・讀左卮言》釋之曰：「《左氏》有絕大線索：于魯，則見三桓與魯終始，而季氏尤強。于晉，則三晉之局，蚤定于獻公之初。于齊，則田齊之機，蚤決于來奔之日。三者爲經，秦、楚、宋、衛、鄭、許、曹、邾等紛紛，皆其緯也。洵乎魯之《春秋》，其事則齊桓、晉文，一言以蔽之矣。」《春秋》之爲霸史，《左傳》歷史敘事有如實之呈現。

《左傳》之工於表現事情，千載如見，固夫人而知之者，劉知幾《史通・雜說上》言之詳矣。劉氏稱美《左傳》，以爲「工侔造化，思涉鬼神，著述罕聞，古今卓絕。」細案《左傳》之敘事記言，眞得化工之巧，具生意之全，乃知劉氏之論，洵非過情之譽。如《左傳》薄在位之無能也，則曰「肉食者鄙，未能遠謀。」（莊公十年）其稱強暴之無道也，則曰「封豕長蛇，薦食上國。」（定公四年）述開創，則曰「篳路藍縷，以啓山林。」（宣公十二年）表奢侈，則曰慶氏之車，「美澤可鑑。」（襄公二十八年）惡詈，則曰「中壽，爾墓之木拱矣！」（襄公三十二年）巧譬，則曰「鮑莊子之智不如葵，葵猶能衞其足。」（成公十七年）萬之多力，則曰「以乘車輦其母，一日而至」；「飲之酒而犀革裹之，比及宋，手足皆見。」（莊公十二年）犖之多力，則曰「能投蓋於稷門」；（莊公三十二年）舍之多力，則曰「解其左肩，猶援廟桷，動於甍，以俎壺投殺人而死。」（襄公二十八年）「齊桓公遷邢于夷儀，封衞於楚丘。邢遷如歸，衞國忘亡。」（閔公二年）則安集可知矣。「冬十月乙亥齊桓公卒，十二月乙亥赴，辛巳夜殯。」（僖公十八年）則草草可知矣。「師人多寒，王巡三軍，拊而勉之，三軍之士皆如挾纊。」（宣公十二年）則感悅可知矣。「室如懸磬，野無青草。」（僖公二十六年）則凋敝可知矣。「當陳隧者，井堙木刊。」（襄公二十五年）則殘破可知矣。「中軍下軍爭舟，舟中之指可掬也」；「餘師不能軍，宵濟，亦終夜有聲。」（宣公十二年）則亂軍爭渡，兵敗混亂之狀可知矣。「張幕矣」，「徹幕矣」，「甚囂且塵上矣。」（成公十六年）則敵方戰情之虛實可知矣。「易子而食，析骸以爨。」（宣公十五年）則窮困之情可知矣。

至如晉敗秦師於殽（僖公三十三年），讀原軫語，讀欒枝語，讀先軫破欒枝語，讀文嬴語，讀先軫怒語，讀孟明謝陽處父語，讀秦伯哭師語，逐段細細讀，逐段如畫，其描摹語言之傳神如此！齊師伐魯北鄙（襄公十八年），敘晉師，只寫得略字；敘齊侯，只寫得無勇字；其它遁者遁，追者追，攻者攻，焚者焚，繪畫軍情，歷歷如見。又如公侵齊門於陽州（定公八年），文寥寥數百餘，然一時敗狀，窮形盡相出之。死者死，逃者逃，尺幅有千里之勢。又如白公勝之亂（哀公十六年），寫楚人遇葉公，或勸之胄，或諫免胄，繪亂中望治之殷，淋漓盡致。鄭伯享晉趙武（昭公元年），一幅鄭宴趙孟圖，人人聲情笑貌俱繪出，眞寫生妙手。至曰：「國家之敗，由官邪也；官之失德，寵賂章也。」（桓公二年）又曰：「國將亡，必多制。」（昭公六年）則百世不易之至理名言，古今敗亡無不如此也。《左傳》敘事記言之傳神逼肖，有如此者。②

以上所述，乃求之於形迹者，已摹寫傳神若是；顧《左傳》之妙，尤在無字句處。馮李驊讀《左繡．讀左卮言》所謂：「左氏敘事述言論斷，色色精絕，固不待言，乃其妙尤在無字句處。凡聲情意態，緩者緩之，急者急之，喜怒曲直，莫不逼肖，筆有化工。若只向字句臨摹，便都不見得。」誠哉斯言乎，眞見道之論也！若夫《左傳》敘事之神妙不測，已詳〈敘事〉章，此不復贅述。

第二節 《左傳》之描繪人情

左傳描繪人情之妙，藉形寫神，較狀事尤不多讓。描寫文字，猶相體而裁衣，明鏡以鑑物也；欲狀何人，即當肖其人之口吻。林琴南《左傳擷華》稱：「《左氏》每敘一人，必宛肖此一人之口吻。能深心體會，自能悟出其妙。」哀公十四年齊陳逆之亂評 今考《左傳》之描寫人物，類能應物象形，隨類傳彩，傳移模寫，維妙維肖。非設身處地，史筆如椽，何能氣韻生動，入情入理如此哉③？前人謂：畫家寫形易，寫聲難；文家寫聲易，寫形難陳震《左傳日知錄》文公元年評，《左傳》則二難兼勝，情態俱出，眞寫生之妙手也。

夫人必有情，情根於性，見諸於外謂之神。人物之描寫，在透過聲情笑貌，以表現其個性、思想、志趣，與行動；易言之，即在表現人物之情志與個性而已！細考《左傳》一書之描寫人物，目視心度，信有此妙。其刻劃個性也，則如〈鄭伯克段〉隱公元年，武姜之好惡昏僻，鄭莊之忌刻奸狠，叔段之貪癡，祭仲之深穩，公子呂之迫切，潁考叔之敏妙，情狀一一如見。又如衛元咺出奔晉僖公二十八年，衛成之疑忌，元咺之勉強，叔武之友愛，甯子之忠藎，從者之挑隙，鬚眉無不若生④。又如蘧伯玉之磊落襄公十四年，子產之仁愛襄公二十五、三十一年、昭公十六、二十年，孔子之知禮定公十年，子貢之口辯哀公七年，賢人君子之形象，栩栩如見其人。乃至於齊桓之正義僖公四、五年，宋襄之迂闊僖公二十五年，晉文之詭譎僖公二十五、二十八年，楚莊之雄鷙宣公十二年，秦穆之周壹（僖公三十三年，文公二、三年）、晉悼之英爽（成公十八年），夫差之驕侈淫佚（哀公元年），句踐之智勇深沉（哀公元年），春秋之霸王英主，如在目前。與夫目夷之仁賢（僖公九年），子玉之輕躁（僖公二十八年），孟明之堅忍（僖公三十三年、文公元、二、三年），先穀之剛愎（宣公十二年），皆躍然紙上，千古如生。馮李驊《左繡・讀左卮言》謂：「《左傳》大抵前半出色寫一管仲，後半出色寫一子產，中間出色寫晉文公、悼公、秦穆、楚莊數人而已。讀其文，連性情心術聲音笑貌，千載如生，技乃至此！」是也。

其他如宮奇之達心而懦（僖公二年），荀息之忠貞不疑（僖公九年），申生之恭孝（閔公二年），介推之廉隅（僖公二十四年），魏犨之勉勇（僖公二十八年），孫叔敖之儒雅風流（宣公十二年），范文子之達識遠憂（成公十六年），季文之盡忠（襄公五年），魏絳之嚴正（襄公三、四、十一年），叔梁紇、狄虒彌、堇父之武勇（襄公十年），師曠之敏達（襄公十四年，昭公八年）、祁奚之耿直（襄公二十一年），叔向之高直（襄公二十一年、昭公六、十一年），張骼、輔躒之從容閒暇（襄公二十四年），晏嬰之忠愛（襄公二十五年，昭公三年）、華元之詼諧（宣公二年），師慧之滑稽（襄公十五年），季札之心慧識高、學博辭敏（襄公二十九年），魯昭之童心（襄公三十一年），郲莊之卞急好潔（定公三年），申包胥之忠而有禮（哀公元年），伍子胥之忠孝兩全（哀公元、十一年），亦《左傳》刻劃個性之選也。

《左傳》不獨工於描敘善性，尤擅長描寫惡質，如華父督之狹邪（桓公元年），晉惠之忌克，慶鄭之幸禍（僖公十五年），商臣之戾虐（文公元年），邴歜、閻職之詛毒（文公十八年），趙穿、南蒯之驕橫（文公十二年，昭公十二年）、長魚矯、欒王鮒、豎牛、陳乞、陽生、子常、崔慶之狡獪陰險（成公十七年、襄公二十一年、昭公四年、哀公六年、昭公二十七年、襄公二十七年）、向戌之貪婪（襄公二十六年），右宰穀之卑鄙（襄公十四年），叔孫之昏悖（昭公四年），伯石之做作（襄公三十年），陽虎、侯犯之譎詐恣橫（定公八、九、十年），齊頃之兒戲（宣公十七年），郤克之忿悁（宣公十八年），是其例也。

左氏最善於描寫賊智、奸人口吻，又工畫忠肝義膽，均能曲繪成形，其妙在直抉肺肝爲寫照，亦以圖寫面貌爲傳眞也。吳闓生《左傳微》稱：「《左氏》每述至誅奸時，意興勃然，皆其忠鯁之天性也。」（卷九頁三）如費無極之姦邪，去朝吳、出蔡侯朱、喪子建、殺伍奢（昭公十三年、二十一年），楚國由是致亂，《左傳》狀其奸計弄權，令人不寒而慄。又評〈申包胥乞師〉謂：「字字切到，如親見秦庭之哭。非左公忠肝激烈，血性過人，亦不能曲肖如此。」（卷十、頁十三）蓋誅奸諛於既死，發潛德之幽光，彰善黜惡，固史家之天職也，故《左氏》摹繪小人之嘴臉如此，傳眞君子之神貌若彼，要非徒然也。

外此，《左氏》亦善擬婦人性氣，如穆姬曰：「若晉君朝以入，則婢子夕以死。」云云（僖公十五年），絕似婦人嬌賴口語。江芊曰：「呼！役夫！宜君王之欲殺女而立職也！」（文公元年）婦人性氣，千載如見。季姒曰：「公若欲使余，余不可，而抶余！」（昭公二十五年）浪婦假撇清口角，亦栩栩如生。又如驪姬泣曰：「賊由太子！」又曰：「皆知之！」（僖公四年）婦舌厲階，婦心毒狠，情態俱出，而用筆簡約若此，謂之四字獄、三字獄可矣！

《左傳》之摹寫情志，喜、怒、哀、樂、愛、惡、欲，皆肖其聲；蘇軾所謂嬉笑怒罵皆成文章者，《左傳》有之。如鄭伯克段於鄢（隱公元年），前半寫鄭莊，俱是含毒聲，其辭音節甚短；後半則哀哀孺慕之音，其詞音節舒緩，以此見莊公之悔也。又如楚太子商臣殺成王（文公元年），寫極戾虐人，極悖逆事，便作極亢厲之筆，所謂化工肖物者也。晉楚城濮之戰，晉勝楚敗，楚令尹子玉自殺（僖公二十八年），《左傳》敘之曰：「晉侯聞之，而後喜可知也。曰：『莫余毒也已！』」《左繡》引徐揚貢曰：「文貴察聲，喜怒皆肖其聲。此結有喜聲傳出。」《史記・淮陰侯列傳》敘高祖知韓信已死，「且喜且憐之」，似本此。

又如季札來聘（襄公二十九年），歌〈周南〉以下，字字是反復想像光景；舞〈象箾〉以下，語便著實。蓋歌屬聞，故虛說；舞可見，故實言（語本孫月峯意）。《左氏》爲之傳眞，不惟詞氣之妙與樂舞相通，即摹繪季札之神吻，亦使其人如在目前，聲如盈耳。又如楚白公勝之亂（哀公十六年），子西之癡絕，白公之黠絕，俱從筆端描出，而口胳逼肖乃爾。且此篇生氣遠出處，最有俠烈氣慨；不如是，不足盡白公之爲人也。

蓋言爲心聲，行爲志趣，故商臣蠭目豺聲，子上知爲忍人（文公元年）；越椒熊虎之狀，而豺狼之聲；令尹子文謂「弗殺，必滅若敖氏」（宣公四年）；伯石聲如豺狼，叔向母謂其必滅羊舌氏（昭公二十八年）。單子言徐，叔向料其必死（昭公十一年）；趙孟語偷，穆叔及劉子斷其不久（襄公三十一年、昭公元年）。是聲音之道，與言行相通，唯《左氏》知道能曲肖其妙！若夫七情六慾之形容，《左傳》多藉言以顯露之，已見前〈詞命〉章，不贅，互參可也。明周天球言：「寫生之法，妙在得化工之巧，具生意之全。」（鄭昶《中國畫學全史》頁四〇七引）《左傳》有之；是以能「狀難寫之景，如在目前；含不盡之意，見於言外」也。

第三節 《左傳》之摹擬物情

《左傳》之描寫景物，爲數不豐，然多見風致，固不可因其少而忽之也。今擇寫火災、畫鬼神、狀牲蓄三類言之，以窺一斑。

一、寫火災

古語有之：「畫咸陽宮殿易，畫楚人一炬難。」此謂描物寫態之難也。《左傳》寫火政，凡三則，要皆赫赫奕奕，歷歷如見。

若樂喜救宋災（襄公九年），從火所未至寫起，末以表火道應之，次以奔火所相對，最爲詳核精博。一時誠惶誠恐，劍及屨及情景，千載如生。再如子產禦鄭火（昭公十八年），未寫火，先寫風；寫得風勢極猛，便令火勢十分奕奕！畫咸陽一炬圖者，應得此筆訣（《左繡》評語）。藉賓形主，烘雲托月之妙有如此者。細察之，寫火字十有五，或寫始燃，或寫已往，或寫將來，極錯綜之致。而使字八，帶敘二十三事，顯然指揮若定，分層負責神理，活繪子產救災有方，豫變有識，左公眞寫生能手也。又如桓宮、僖宮災（哀公三年），馮李驊《左繡》推崇爲寫火之極筆，評曰：看連點五至字，寫盡倉皇拉雜景象。其妙只在「火踰公宮」！一踰字將天火之幻，之猛，之速，一筆勾出，自令變出非常，聲勢洶湧。而百忙中，又先著「救火者皆曰顧府」一筆，便于五至字前托起一層。此時已自人山人海，亂軍無主。然後連片寫出五位官員，各出一語，各行一事，分頭指揮，卻渾是一齊動手神理。此是寫火之極筆，具此靈奇，誰謂畫咸陽一炬難也？（卷二十九頁十一）王源《左傳評》亦稱：救火者五人，而至有先後，命有繁簡。序其至，峰巒簇擁；序其命，椒蘭郁芬，古雅絕倫（卷十，頁十七）。

以上三篇，皆寫火，而筆法各異，然皆色澤紛披，而美妙同契。《左氏》固無施而不可。

二、畫鬼神

《左氏》好奇，多敘鬼神，蓋所以垂戒勸也④。俗謂畫鬼神容易，以人未之見也；然此特繪其形耳，於氣韻乎何有？《左傳》之畫鬼神，則異於是。恍惚疑似，陰氣滿紙，事愈幻，則文愈平；文愈平，則境愈幻，虛實不測，靈怪百端，所以高妙也。

如彭生化豕（莊公八年），離奇荒誕，令人如入妖狐鬼境。齊襄公眼見大豕，而從者明見彭生，要皆妖鬼幻化也。且「豕人，奇稱；又是豕，又是人。寫怪異，便字字作怪異筆墨。」（《左繡》卷三頁八）又如狐突遇恭太子（僖公十年），前若敘人神蹤鬼跡，竟與生人無異，絕無牛鬼蛇神之狀，豎毛肌粟之情；至後方點「遂不見」三字，於是通篇俱恍惚滅沒，滿紙鬼氣矣。（《左傳評》卷二頁十一）前文寫得分明，後篇寫得模糊，寫鬼神固當作此若明若滅之筆也。（《左繡》卷五）又如役人妖言（僖公十六年），寫來活是篝火狐鳴，使人吃驚打怪。其神致全在「有夜」二字也。寫妖孽，便純是妖孽氣息，奇極（《左繡》卷六）。又如晉景夢大厲（成公十年），逼眞寫出一迷離幻境，窅冥荒誕，陰風颯起，讀者毛髮俱豎，畫鬼魅如生，眞聖手也。林紓《左傳擷華》稱：起處「被髮及地，搏膺而踊」八字，雖以《酉陽雜俎》之筆，不能到也云云，其傳眞有如此者。又如鄭人相驚以伯有（昭公七年），起句突如其來，情狀踴躍；其次摹繪鄭人之驚，曰「皆走，不知所往」，寫至盡頭矣；忽斷，又序一厲，曰益懼，曰愈懼，一路寫來，無限驚愕惶駭，能寫人寫不出處。

蓋《左氏》畫鬼，筆筆凌空，極變化之妙；且說奇如常，然愈見其奇，此其所以卓也。《左傳》雖好寫鬼神，然不可與稗官野史同日而語者，蓋有益資鑑勸懲，學者美之爲春秋之實錄者，正坐此耳。

三、狀牲畜

《左傳》描寫牲畜之狀態，並無專篇。擇其差可言者，如慶鄭論小駟（僖公十五年），頗言馬性，其中「亂氣狡憤，陰血周作，張脈僨興，外彊中乾，進退不可，周旋不能」云云，寫盡馬之桀驁不馴、臨陣惶惑，文字古奧似《內經》，摹神若伯樂，細膩入毫髮。《左氏》細心觀物如此，令人歎服！又如蔡墨說龍性（昭公二十九年），詳寫龍知，首言豢龍、御龍，證古有其官，故當有其物；繼引《周易》，明龍之情態，曰潛龍、曰見龍、曰飛龍、曰亢龍、曰羣龍、曰龍戰，終則贊之曰：若不朝夕見，誰能物之？是史墨所言爲眞龍矣！非象徵華夷民族融和之圖騰矣。⑥考之甲骨鐘鼎，龍字多作實物之形，知史墨之說信而有徵，豈可因後世之未見而疑之？且《左傳》亦載：「鄭大水，龍鬥于時門之外洧淵。」（昭公十九年）足爲憑據！外此，《左氏》之寫物，如六鷁退飛（僖公十六年），困獸猶鬬（宣公十二年），尾大不掉（昭公十一年），雞介金距，雄雞斷尾（昭公二十五年），亦能活繪牲畜情態。雖一言半語，亦足珍貴云！

其它，尚有圖寫服飾者，如「雨雪，王皮冠秦復陶，翠被豹舄，執鞭以出。」（昭公十二年）粧飾極侈，設色亦濃至，可以想見楚靈王顧盼自雄光景！又如鄭子臧好聚鷸冠（僖公二十四年），奇裝異服，作怪卻是作死！兩引《詩》以證服衷服稱，又引《書》以解稱字。小題大作，於無可出色處，偏要寫得濃至，亦《左氏》本色也。

又有描繪射箭者，多用短句，如楚越椒之亂（宣公四年），「伯棼射王，汏輈，及鼓跗，著於丁寧。又射，汏輈，以貫笠轂」；兩射甚猛，一在王下，一在王上，如雷如霆，似眞似幻，皆寫越椒之狼子野心。又如炊鼻之役（昭公二十六年），齊子淵捷從洩聲子，「射之，中楯瓦，繇朐汏輈，七入者三寸。聲子射其馬，斬鞅、殪，改駕。」《左傳微》引劉培極評語曰：「文事往往以寫景眞切爲聖境。漢、唐、宋、明諸家於此等處，百變其用，常成詣極之文。」卷四，頁十一 其推崇爲何如也！

又有圖寫人物之形貌者，如寫商臣：「蜂目而豺聲，忍人也。」文公元年 寫華元：「睅其目，皤其腹，于思于思。」宣公二年 寫越椒：「熊虎之狀，而豺狼之聲，是乃狼也。」宣公四年 寫豎牛：「人黑而上僂，深目而豭喙。」昭公四年 是其例也。本師黃永武《字句鍛鍊法》云：「就繪景摹狀而言，必須化抽象爲具體，變虛泛爲踏實。」頁一四〇《左傳》之描寫人物，信有此妙矣。

第四節 《左傳》描寫法舉例

《左傳》之寫事，設身局中，筆肖化工；傳人，則窮神盡相，隨類傳彩；畫物，則化虛爲實，渲染眞切；而皆便宜行文，傳眞妙肖，誠不可以一方體之。此固左公之多才，而亦描寫之得法也。考其描寫之方，除前已述及者之外，尙多有之，舉例論次如下：

《左傳》之描寫，有所謂特寫法者：凡描寫不盡者，只須於極小處一點便成，最是用筆簡妙法，如《左傳》描述諸大戰，每於不要緊一二人處詳之，而傳神姿致，盡在於此。林琴南《左傳擷華》稱：「左氏喜爲鉤心鬥角之文，寫戰爭必寫其極瑣屑者。千頭萬緒，一一皆出以緜細之筆，令讀者眉宇軒昂。」華登以吳師救華元評語 唐順之《稗編》所謂：「其事繁碎，則其言愈簡」，此之謂也。它若魯昭公十九歲矣，猶有童心，「比及葬，三易衰，衰衽如故衰。」襄公三十一年 點一筆，而童心在目，是其例也。

又有借映法者，借彼以映此，若繪畫然：畫美人，則花草皆帶韻；畫虎豹，則木石皆帶勁。如慶鄭論小駟 僖公十四年，句句說小駟，卻是句句寫惠公，將蹲沓背憎之忌克人性情舉動，刻畫無遺。又如城濮之戰 僖公二十八年，寫晉文公譎而不正，不特晉君臣口口道義，卻又心心功利。即局外點綴，閒處著筆，亦皆具詭譎之氣。若張璪畫松，雙管齊下，最得文家佈景之妙！

又有夾寫之法，於敘事之中，步步著描寫之筆，開後人無數法門。加魏絳對戮揚干 襄公三年，授書、讀書，另一排場，妙在插入「魏絳將伏劍，士張止之」二語；便是一面授書，一面伏劍；一面止之，一面讀書。緊接下文，一面讀畢，一面跳出。猶張璪畫松，雙管齊下；倉皇急遽間，寫得一時情事，奕奕紙上，眞寫生能手。若移在讀書後，則不惟文章失勢，晉國君臣英氣勃勃處，俱描寫不出《左繡》評語。後世正史野史之夾寫，多脫胎於是。

又有閃現描寫之法：以累積複述之法，作分散之描寫是也⑦。加樂喜救火 襄公九年，子產禦災 昭公十八年，皆連用八「使」字，而二賢之備患善任如見。又如戎子駒支對范宣子 襄公十四年，凡七寫「我諸戎」，辭氣激昂而不失婉轉，栩栩如生矣！又如左氏刻劃白公勝之個性（哀公十六年），藉葉公與子西之對話以表現之，一則曰吾聞勝也詐而亂，再則曰吾聞勝也信而勇，三則曰吾聞勝也好復言，三句翩躚有致，勝之個性乃凸顯無遺！蓋閃現之法，能增強印象，又能使章法結構謹嚴，所以可取！

一般描寫人物，視角不外三者：或由作者敘述，或由人物自述，或經由他人觀察而描述。前者以全知全能之觀點，從事描述，最為經見，不贅。其次由人物自述，多藉擬言、代言之對話以表現之，如晉獻使太子申生帥師（閔公二年），歷敘先友、狐突、子養、罕夷、先丹木、羊舌大夫議論，或正或反，止懷一憂慮太子不立之意。妙在不旁著一語，而諸將聚謀之紛紛若若，如在目前。又如楚公子設服離衞（昭公元年），序列叔孫穆子、子皮、子家、子羽、國子輩十人，旁觀指點竊議，光景如昨。後世白話小說及院本賓白寫七嘴八舌情形，庶有足嗣響者⑧。左公蓋設身處地，依傍性格身分，假之喉舌，想當然耳。錢鍾書謂：「《左傳》記言，而實乃擬言代言，謂是後世小說院本中對話賓白之椎輪草創，未遽過也。」（《管錐編》頁一六五～一六六）藉自述語言，以表現人物性格，是謂戲劇法（dramatic method），最為生動，已詳前文與〈詞命〉章。蓋「言者，德之柄，行之至，志之端，身之文也。」（徐彥伯樞機論）是以能刻畫人物若是之歷歷。其三，借乙口敘甲事，則純乎小說筆法矣。《左傳》之描繪情狀，有不直書甲之運為，而假乙眼中舌端出之者，如晉重耳之當王，借僖負羈妻與叔詹之詞令以見之僖公二十三年；而晉文得國，報施甚疏，左氏則藉狄人歸季隗、介之推不言祿僖公二十四年、魏犨顛頡之怒罵僖公二十八年，以譏其負心，俱用旁觀之筆，從賓見主之法。又如晉楚鄢陵之戰成公十六年，楚子登巢車以望晉軍一段，晉軍動靜，皆從楚成王目中寫出，如海市蜃樓，幻化萬狀，而摹寫鬚眉畢露，最是花團錦簇之文，此左公旁觀虛寫之極筆也。蓋旁觀描寫之妙，既可鋪陳場面，又能推進情事，一舉兩得，所以爲高也。明董其昌論畫云：「畫人物，須顧盼語言」，文中有畫，《左傳》有之。

就刻劃性格而言，最忌抽象與虛泛，必期具體落實，其要法則在運用譬喻⑨。細考《左傳》描寫人物情性，多景象鮮明，如臧文仲以蜂蠆有毒，狀邾小而毒僖公二十二年；子上論商臣，蜂目而豺聲，以爲忍人文公元年；賈季謂趙衰，冬日之日也；趙盾，夏日之日也文公七年，以見彼可愛與可畏之性。子文謂越椒狼子野心宣公四年，叔向母亦謂伯石狼子野心昭公二十八年，明其狠戾無人性也。又如臧孫斥齊侯似鼠，晝伏夜動，襄公二十三年謂其畏人也。又如孔子謂鮑莊子智不如葵，葵猶能衞其足成公十七年；申包胥稱吳爲封豕長蛇定公四年，謂其貪害如蛇豕也；富父槐曰：無備而官辦也，猶拾瀋哀公三年，謂如覆水之不可收拾也⑩。意象皆鮮明浮現，明喻之效驗也。

人物之描寫，近世小說頗重顯露人物心理之變化。考諸《左傳》，已有雜糅情感之描述，如子羽謂子皮：子招樂憂云云（昭公元年）；叔向謂王其不終乎？今王樂憂云云（昭公十五年）；樂祁謂宋公與昭子，其皆死乎？哀樂而樂哀，皆喪心也云云（昭公二十五年）；此所謂樂憂、樂哀、哀樂，即柏拉圖論雜糅不純之樂趣時，所言亦甜亦苦，如怒亦挾喜，哀亦兼樂；蒙田嘗以蘋果之酸而甘者喻之者是也⑪。它如享曹太子，初獻，樂奏而歎。施父曰：「曹太子其有憂乎？非歎所也。」（桓公九年）蓋曹太子或殷憂親病，不能自掩，故樂奏而歎，亦左氏哀樂心理之描述也。又如城濮之戰（僖公二十八年），初寫晉文公聽輿人之誦而疑焉，繼則寫其猶夷楚惠之未報，終則敘其懼楚之深層心理表現，遂有「楚子伏己而盬其腦」之夢。決戰前對晉文心理狀態之詳細描繪，史書實不多見。決戰後，晉師三日穀，文公猶有憂色；及楚殺子玉，公喜然後可知也。左公刻劃晉重之疑懼憂喜心理，竟靈動如生乃爾。

外此，《左傳》於人物之描寫，又有工筆略筆之分，如寫五伯，寫子產，寫叔向，寫晏嬰，寫管仲，多鉅細靡遺，餘則略焉。描述興功，表現性格，輒喜用排比對照之法，旁筆襯托之方，詳《左傳文章義法撢微》，此從略。要之，左公之描寫，曲折盡相，無微不著，情躍躍如見，氣勃勃如生，語娓娓如聞，當日景態，活畫畢露於紙上，洵寫生之聖手也。

註釋

①唐劉知幾著，清浦起龍釋：《史通通釋》，卷十六，〈雜說上〉，上海古籍出版社，頁四五一。

②游國恩著《先秦文學》頁一二三～頁一二四。參考《左傳評》、《左繡》、《才子古文讀本》、《左傳微》、《左傳擷華》、《讀左補義》諸篇所評。

③南齊謝赫《古畫品錄．序論》，謂畫有六法：一曰氣韵，生動是也；二曰骨法，用筆是也；三曰應物，象形是也；四曰隨類，傅彩是也；五曰經營，位置是也；六曰傳移，模寫是也；引見錢鍾書《管錐編》第四冊，頁一三五三，主張句讀標點當如是。蓋文章之道，與繪事相通，因借用其語，以言《左傳》之描寫人物。

④參考明王孫雲《醉竹園左傳鈔》，清魏禧《左傳經世鈔》，評隱元〈鄭伯克段於鄢〉篇。又參考清陳震《左傳日知錄》，評僖公二十八年〈衞元咺出奔晉〉篇。

⑤詳參錢鍾書《管錐編》，頁一八二～頁一八三，〈左氏之怪巫〉——鬼、神、鬼神。

⑥聞一多指出：作爲中國民族象徵的「龍」的形象，是蛇加上各種動物而形成的。以蛇爲主體，「接受了獸類的四腳，馬的頭，鬣和尾鹿的角，狗的爪，魚的鱗和鬚」，這意味著以蛇圖騰爲主的遠古華夏氏族部落，不斷戰

勝、融和其他氏族部落、蛇圖騰不斷合併其他圖騰逐漸演變而成龍。參閱李澤厚：《美的歷程》，一〈龍飛鳳舞〉，天津社會科學院，二〇〇一，頁八～一二。

⑦關於閃現描寫法，詳威廉著，張志澄編譯《短篇小說作法研究》第十章，〈人物描寫〉（續），頁一〇九～頁一一一。

⑧詳參錢鍾書《管錐編》頁二二六，〈七口八舌之記言〉，列《長生殿》、《儒林外史》、《紅樓夢》以爲證。

⑨說參黃師永武著《字句鍛鍊法》頁一四〇，八，〈以踱實字代虛泛字〉。又參考丁樹南譯《寫作淺談二集》頁六三，〈性格刻劃〉。

⑩錢鍾書《管錐編》頁二四五，謂「拾瀋」，即收覆水，博徵載籍，頗足參閱。

⑪錢鍾書《管錐編》頁二二六～頁二二七，〈雜糅情感〉。

參考書目

一、專著之屬

㈠ 左傳類

春秋左傳注疏　周左丘明傳　晉杜預注　唐孔穎達疏　藝文印書館《十三經注疏》本
春秋左傳杜林合註　晉杜預注　宋林堯叟註釋　學海出版社
左氏摘奇　宋胡元質摘錄　新文豐出版公司影印《宛委別藏》鈔錄影宋本
春秋臣傳　宋王當　通志堂經解（傳是樓經解）本　清徐乾學等輯　納蘭成德校刊　大通書局
左傳類對賦注　宋徐晉卿著　清高士奇注　原哈佛燕京圖書館藏
讀左漫筆　明陳懿典著　學海類編（《百部叢書》第二十四）　藝文印書館
左氏兵略三十二卷　明陳禹謨著　臺北武學書局

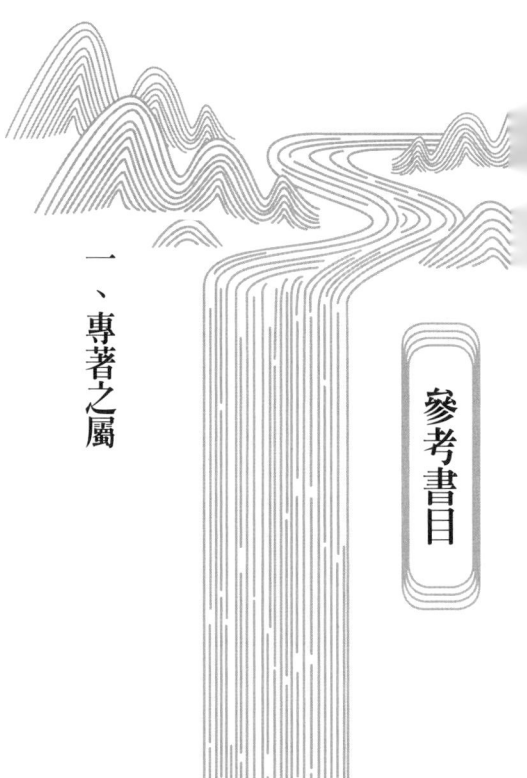

春秋左傳屬辭　明傅遜　文淵閣《四庫全書》本
讀左管窺　清趙青藜著　涇川叢書（《百部叢書》第九十八）　藝文印書館
左氏兵法二卷　清李元春評輯　《青照堂叢書》第七十一～七十二冊　中央研究院藏本　又《正統謀略學彙編》初輯第十四冊　老古出版社
左氏春秋考證二卷　清劉逢祿著《皇清經解》第三三〇冊　藝文印書館
左氏春秋僞傳辨八卷　清王樹枏著　《清代稿本百種彙刊》第十八冊　中央研究院藏本
春秋左氏傳舊注疏證　清劉文淇著　中文出版社
左傳古本分年考一卷　清俞樾著　《春在堂全書》第一〇二冊
左傳輯釋　日本安井衡著　廣文書局
左氏會箋　日本竹添光鴻著　鳳凰出版社影印《漢文大系》本　又，巴蜀書社
春秋左傳讀　章太炎著　學海出版社
左傳五十凡例　駱成駫，中央研究院傅斯年圖書館藏，民國十六年上沅新刊本
左傳禮說　張其淦著　臺北力行書局
高本漢左傳注釋　瑞典高本漢（Bernhard Karlgren）原著　陳舜政譯　中華叢書編審委員會
春秋の思想史的研究　日本津田左右吉著　東京岩波書店
左傳通論　方孝岳著　臺灣商務印書館
左氏春秋義例辨九卷　陳槃著　《中央研究院歷史語言研究所專刊》
春秋左傳注　楊伯峻著　北京中華書局

春秋左氏傳地名圖考　程發軔著　廣文書局
周秦諸子述左傳考　劉正浩著　臺灣商務印書館
兩漢諸子述左傳考　劉正浩著　臺灣商務印書館
春秋左氏傳杜注釋例　葉政欣著　嘉新水泥公司研究論文
漢儒賈逵之春秋左氏學　葉政欣著　臺南興業圖書公司
東漢時代之春秋左氏學　程南洲著　文津出版社
左傳文藝新論　高葆光著　臺中中央書局
左傳虛字集釋　左松超著　臺灣商務印書館
左傳賦詩引詩考　楊向時著　中華叢書編審委員會
春秋左氏傳雜考　日本上野賢知著　東洋文化研究所
左傳國語引詩說詩之研究　夏鐵生著　臺大中文研究所碩士論文
春秋左傳鼓詞六十九冊　不著撰人　抄本　中央研究院藏
春秋三傳傳禮異同考要　李崇遠著　嘉新水泥公司研究論文
左傳載語之禮義精神研究　李啓原著　高雄師院國文研究所碩士論文
左傳眞僞考　高本漢著　陸侃如譯　新月書店
左傳論文集　于大成、陳新雄主編　木鐸出版社
左傳君子曰非後人所附益　鄭良樹撰　《竹簡帛書論文集》　北京中華書局
再論左傳君子曰非後人所附益　鄭良樹撰　《竹簡帛書論文集》　北京中華書局

左傳之文韜　張高評　高雄麗文文化公司

左傳之武略　張高評　高雄麗文文化公司

春秋書法與左傳學史　張高評　五南圖書公司　又，上海古籍出版社

春秋書法與左傳史筆　張高評　里仁書局

春秋左傳學史稿　沈玉成、劉寧　江蘇古籍出版社

敘事與解釋——《左傳》經解研究　張素卿　書林出版公司

《春秋》經傳研究　趙生群　上海古籍出版社

左海鉤沈　劉正浩　東大圖書公司

語用學與《左傳》外交辭令　陳致宏　萬卷樓圖書公司

原史文及文獻研究　過常寶　北京大學出版社

杜預《春秋經傳集解》研究　方韜　中國社會科學出版社

《左傳》評點研究　李衛軍　中國社會科學出版社

《左傳》的書寫與解讀　李惠儀著　文韜、許明德譯　江蘇人民出版社

左傳英華　張高評　萬卷樓圖書公司

(二) 春秋類

春秋釋例　晉杜預著　臺灣中華書局

春秋集傳纂例　唐陸淳　清錢儀吉《經苑》本　大通書局

春秋傳　宋程頤　臺灣中華書局
春秋集解　宋蘇轍　清錢儀吉《經苑》本　大通書局
春秋傳　宋胡安國　《四部叢刊續編》本　臺灣商務印書館
春秋後傳　宋陳傅良　通志堂經解（傳是樓經解）本　清徐乾學等輯　納蘭成德校刊　大通書局
春秋集義　李明復　文淵閣《四庫全書》本　臺灣商務印書館
春秋本例　宋崔子方　通志堂經解（傳是樓經解）本　清徐乾學等輯　納蘭成德校刊　大通書局
春秋集傳詳說　宋家鉉翁　文淵閣《四庫全書》本　臺灣商務印書館
春秋胡傳附錄纂疏，元汪克寬　文淵閣《四庫全書》本　臺灣商務印書館
春秋本義　元程端學　文淵閣《四庫全書》本　臺灣商務印書館
春秋師說　元趙汸　通志堂經解（傳是樓經解）本　清徐乾學等輯　納蘭成德校刊　大通書局
春秋屬辭　元趙汸　通志堂經解（傳是樓經解）本　清徐乾學等輯　納蘭成德校刊　大通書局
春秋通論　清方苞　文淵閣《四庫全書》本　臺灣商務印書館
春秋直解　清方苞　文淵閣《四庫全書》本　臺灣商務印書館
春秋大事表　清顧棟高　鼎文書局　又，吳樹平等點校本，中華書局
寶甓齋札記　清趙坦　《皇清經解》本
春秋大事表　清顧棟高著　鼎文書局　又北京中華書局
春秋屬辭辨例編　清張應昌　《續修四庫全書》本，上海古籍出版社
皇清經解續編　清王先謙編　藝文印書館

通志堂經解（傳是樓經解）　清徐乾學等輯　納蘭成德校刊　康熙十九年刊本　臺北大通書局
皇清經解（學海堂經解）　清阮元編　勞崇光補刊　藝文印書館
春秋日食集證　馮徵著　臺灣商務印書
春秋大義述　楊樹達　上海古籍出版社
春秋辨例　戴君仁著　中華叢書編審委員會
春秋要領　程發軔著　蘭臺書局
春秋吉禮考辨　周何著　嘉新水泥公司研究論文
春秋異文考　陳新雄著　嘉新水泥公司研究論文
春秋古經洪詁補正　林耀曾著　嘉新水泥公司研究論文
春秋學史　趙伯雄　山東教育出版社
春秋學史　戴維　湖南教育出版社
春秋筆法論　李洲良　中國社會科學出版社
經典解釋與文化創新——《公羊傳》「以義解經」探微　平飛　人民出版社
公羊學發展史　黃開國　人民出版社
比事屬辭與古文義法——方苞「經術兼文章考論」　張高評　新文豐出版公司
屬辭比事與《春秋》詮釋學　張高評　新文豐出版公司

二、評點之屬

㈠ 文評

春秋左傳注評測義七十卷　明凌稚隆著　萬曆十六年吳興凌氏刊本　國家圖書館（原中央圖書館）藏本

史記評林　明凌稚隆輯　蘭臺書局

左傳鈔評十二卷　明穆文熙評著　清雍正二年朝鮮錦城刊本　國家圖書館（原中央圖書館）藏本　又師大東北大學寄藏書

閔氏分次春秋左傳十五卷　明孫鑛評點　萬曆四十四年吳興閔氏刊朱墨套印本　國家圖書館（原中央圖書館）藏本

左傳釋　清金聖歎著　《金聖歎全集》　鳳凰出版社

天下才子必讀古文　清金聖歎著　《金聖歎全集》　鳳凰出版社

貫華堂第六才子書西廂記　清金聖歎著　《金聖歎全集》　鳳凰出版社

左傳評（左傳練要）十卷　清王源著　新文豐出版公司　又《四庫全書存目叢書》　臺南莊嚴文化公司

左傳義法舉要一卷　清方苞口授　清王兆符傳述　廣文書局影印《榕園叢書》本

左傳分國纂略十六卷　清盧元昌評閱　康熙二十八年八詠樓刊本　中央。研究院藏本

古文晰義　清林雲銘編著　廣文書局

古文觀止　清吳楚材、吳調侯編著　臺灣中華書局

左傳約編二十一卷　清鄒美中輯評　道光二十六年西林山房刊本　中央研究院藏本

左繡三十卷　清馮李驊、陸浩評輯　文海出版社影印康熙五十九年書業堂鐫藏本

左傳翼三十八卷　清周大璋著　文盛堂翻刻遂初堂本　中央研究院藏本

讀左補義五十卷　清姜炳璋著　文海出版社影印乾隆三十三年同文堂藏板本

左傳日知錄八卷　清陳震著　清乾隆年間稿本　國家圖書館（原中央圖書館）藏本

左傳評三卷　清李文淵評　《貸園叢書》初集冊三　中央研究院藏本

會心閣春秋左傳讀本十二卷　清豫山編　咸豐三年編者手寫本　清許乃普等手書題跋　國家圖書館（中央圖書館）藏本

三研齋左傳節鈔十五卷　清不著撰人　朱墨精寫本　國家圖書館（中央圖書館）藏本

左傳擷華　林紓著　高雄復文圖書出版社

左傳微　吳闓生著　臺灣中華書局

左傳集評（一—四冊）　李衛軍編著　北京大學出版社

㈡ 史評

春秋左氏傳說　宋呂祖謙著　《通志堂經解》卷二六四、二六五　臺北大通書局影印本　又　學原書局

春秋左氏傳續說　宋呂祖謙著　文淵閣《四庫全書》本　臺灣商務印書館

足本東萊左氏博議　宋呂祖謙著　廣文書局影印光緒十四年錢塘瞿氏校刊足本

文章正宗二十六卷　宋眞德秀輯　明唐順之批點　明嘉隆年間刊本　楊守敬題識　故宮博物院藏

又臺灣商務印書館《四部叢刊三編》本

春秋左傳詳節句解三十五卷　宋朱申著　明孫鑛批點　朝鮮舊刊本　國家圖書館（原中央圖書館）藏

左氏始末十二卷　明唐順之著　徐鑒評　明萬曆四十二年劍江徐氏刊本　國家圖書館（中央圖書館）藏

春秋左翼四十三卷　明王震著　萬曆癸卯烏程王氏原刊本　國家圖書館（原中央圖書館）藏

醉竹園左傳鈔四卷　明王雲孫輯　萬曆三十八年刊本　東海大學圖書館藏本

續春秋左氏傳博議二卷　清王夫之著　廣文書局影印《船山遺書》本

左傳經世鈔二十三卷　清魏禧輯　清彭家屏參訂　清乾隆間刊刻《續修四庫全書》本　上海古籍出版社

左傳事緯十二卷　清馬驌著　廣文書局　又齊魯書社

左傳紀事本末五十三卷　清高士奇著　北京中華書局

左氏節萃十卷　清淩璿王編　中央研究院藏本

左說條貫十八卷　清曹基編次　康熙壬辰序刊本　中央研究院藏本

評點春秋左傳綱目句解六卷　清韓菼重訂　師大寄藏東北大學叢書

批註春秋左傳句解二卷　清韓菼重訂　臺北書局

史記集評　清吳汝綸評　臺灣中華書局

左傳分國集註　民國韓席籌編註　華世出版社　又江蘇人民出版社

三、經學之屬

十三經注疏（附校勘記）　清阮元刊刻　藝文印書館影印清嘉慶江西南昌府學原刻本

春秋繁露義證　漢董仲舒著　蘇輿注　河洛圖書公司

說文解字注　漢許愼著　清段玉裁注　藝文印書館

經典釋文　唐陸德明著　鼎文書局

易程傳/易本義　宋程頤/朱熹著　世界書局

詩集傳　宋朱熹注　臺灣中華書局

四書纂疏（附引得）　宋朱熹集註　趙順孫纂疏　啓聖圖書公司影印。《通志堂經解》本

經義考　清朱彝尊著　臺灣中華書局《四部備要》本

授經圖　清朱睦㮮著　臺灣商務印書館

尚書今古文注疏　清孫星衍著　臺灣中華書局

古文尚書疏證　清閻若璩著　《續皇清經解》本　藝文印書館

禮記集解　清孫希旦集解　蘭臺書局

詩毛氏傳疏　清陳奐疏　臺灣學生書局

詩經通解　清林義光著　臺灣中華書局

經學通論　清皮錫瑞著　河洛圖書公司　又北京中華書局
經學歷史　清皮錫瑞著　河洛圖書公司　又北京中華書局
新學僞經考　康有爲著　臺灣商務印書館
兩漢經學今古文平議　錢穆著　東大圖書公司
經典常談　朱自清著　華聯出版社
十三經概論　蔣伯潛著　中新書局
經學通志　錢基博著　學人雜誌社
讀經示要　熊十力著　廣文書局
說文解字引經考　馬宗霍著　臺灣學生書局
先秦經籍考　江俠菴譯　新欣出版社
古籍導讀　屈萬里著　臺灣開明書店
先秦漢魏易例述評　屈萬里著　臺灣學生書局
尚書釋義　屈萬里著　中華文化出版事業委員會
閻毛古文尚書公案　戴君仁著　中華叢書編輯委員會
禮學新探　高明著　香港中文大學聯合書院中文系
古漢語通論　王力著　泰順書局
古代漢語　王力著　泰順書局
漢語史稿　王力著　泰順書局

漢語史論集　王力著　泰順書局
漢語詩律學　王力著　上海教育出版社
易經研究　徐芹庭著　五洲出版社
先秦諸子易說通考　胡自逢著　文史哲出版社
穀梁范注發微　王熙元著　嘉新水泥公司研究論文
從公羊學論春秋的性質　阮芝生著　臺大文史叢刊
許愼之經學　黃永武著　臺灣中華書局
周秦名字解詁彙釋補編　周法高著　中華叢書編審委員會
語言學論叢　林語堂著　民文出版社
古音學發微　陳新雄著　文史哲出版社
古漢語語法學資料彙編　鄭奠、麥梅翹主編　泰順書局

四、史學之屬

國語　傳周左丘明著　嶄新校注本　據《四部備要》排印清代士禮居翻刻明道本爲底本　參校《四部叢刊》影印明代翻刻公序本　臺北九思出版社
戰國策　漢劉向輯錄　新校增補本　里仁書局

戰國策正解　日本橫田維孝著　臺北河洛圖書公司
竹書紀年八種　不著傳人　梁沈約注　世界書局
史記會注考證　漢司馬遷著　日本瀧川資言考證　藝文印書館　又萬卷樓圖書公司、大安出版社
漢書補注　漢班固著　唐顏師古注　清王先謙補注　藝文印書館
後漢書集解　南朝宋范曄著　唐李賢注　清王先謙集解　藝文印書館
三國志集解　晉陳壽著　南朝宋裴松之注　盧弼集解　藝文印書館
晉書　唐房玄齡著　藝文印書館
史通釋評　唐劉知幾著　清浦起龍釋　呂思勉評　華世出版社
宋元學案　清黃宗羲、清全祖望著　河洛圖書公司
明儒學案　清黃宗羲著　河洛圖書公司
繹史　清馬驌著　廣文書局
文史通義校注　清章學誠著　葉瑛校注　北京中華書局　華世出版社
史記探原　清崔適著　廣城出版社
清儒學案　徐世昌主編　世界書局
古史辨　顧頡剛等編著　明倫出版社
先秦政治思想史　梁啓超著　臺灣中華書局
中國文化史　梁啓超著　臺灣中華書局
中國近三百年學術史　梁啓超著　臺灣中華書局

中國歷史研究法（附補篇）　梁啓超著　臺灣中華書局
先秦諸子繫年　錢穆著　香港中文大學出版社
國史大綱　錢穆著　臺灣商務印書館
中國近三百年學術史　錢穆著　臺灣商務印書館
中國史學名著　錢穆著　三民書局
國史要義　柳詒徵著　臺灣中華書局
史諱舉例　陳垣著　文史哲出版社
春秋史　童書業著　齊魯大學國學研究所專著彙編之五
先秦史　呂思勉著　臺灣開明書店
漢書藝文志講疏　顧實著　臺灣商務印書館
春秋會盟政治　劉伯驥著　中華叢書編審委員會
春秋國際公法　洪鈞培著　文史哲出版社　北京中華書局
中國上古史綱　張蔭麟著　正中書局
中國史學史　金靜庵（毓黻）著　國史研究室
兩漢思想史卷一，卷二，卷三　徐復觀著　臺灣學生書局
中國思想史論集　徐復觀著　臺灣學生書局
歷史哲學　牟宗三著　臺灣學生書局
不見于春秋大事表之春秋方國稿一、二　陳槃著　中央研究院史語所專刊

先秦時代的傳播活動及其對文化與政治的影響　張玉法著　嘉新研究論文
中國遠古史述要　任映滄編述　中國政治書刊出版合作社
古代中國文化與中國知識分子　胡秋原著　學術出版社
中國史學史　李宗侗著　華岡出版社
中國古代社會史　李宗侗著　中華叢書編審委員會
中國上古史論文選輯　許倬雲主編　國風出版社
中國上古中古文化史　陳安仁著　西林出版社
史記漢書儒林傳疏證　黃慶萱著　嘉新水泥公司研究論文
史學方法論　杜維運著　華世出版社
史學方法論文選集　杜維運、黃俊傑合編　華世出版社
與西方史家論中國史學　杜維運著　史學出版社
黃梨洲及其史學　張高評著　高雄師院國文研究所叢刊之二　文津出版社

五、諸子之屬

管子　傳周管仲著　唐房玄齡注　臺灣中華書局四部備要
莊子集解　戰國莊周著　清郭慶藩輯　河洛圖書公司

荀子集解　戰國荀況著　清王先謙注　藝文印書館
墨子閒詁　戰國墨翟等著　清孫詒讓注　河洛圖書公司
吳子今註今譯　傳戰國吳起著　傅紹傑著　臺灣商務印書館
韓非子集解　傳戰國韓非著　清王先慎注　文光圖書公司
呂氏春秋集釋　傳戰國呂不韋輯　許維遹注　世界書局
鬼谷子注　戰國鬼谷子著　晉陶弘景注　世界書局
鬼谷子集校集注　戰國鬼谷子著　許富宏集注　北京中華書局
淮南鴻烈集解　漢劉安著　劉文典集註　臺灣商務印書館
鹽鐵論　漢桓寬撰　臺灣中華書局《四部備要》
潛夫論　漢王符著　臺灣中華書局《四部備要》
孔子家語　漢王肅注　臺灣中華書局
說苑　漢劉向編　臺灣中華書局《四部備要》
新序　漢劉向編　臺灣中華書局《四部備要》
白虎通疏證　漢班固著　清陳立疏證　吳則虞點校　北京中華書局
申鑒　漢荀悅撰　藝文印書館
中論　漢徐幹撰　藝文印書館
桓譚新論　漢桓譚著　臺灣中華書局《四部備要》
風俗通義　漢應劭著　臺灣中華書局《四部備要》

論衡　漢王充著　北京大學歷史系注釋小組點校　北京中華書局
世說新語校箋　南朝宋劉義慶著　楊勇箋校　明倫出版社
顏氏家訓　北齊顏之推著　臺灣中華書局《四部備要》
四書集註　宋朱熹注　世界書局
朱子語類　宋黎靖德編　王星賢點校　北京中華書局　文津出版社
呻吟語　明呂珅著　河洛圖書公司
述學內外篇　清汪中著　臺灣中華書局《四部備要》
原儒　熊十力著　明倫出版社　中國人民大學出版社
縱橫家研究　顧念先著　中國學術著作獎助委員會
諸子考索　羅根澤著　香港學林書店
論理古例　劉奇著　臺灣商務印書館
諫話　趙虛吾著　陽明雜誌社
策略和策略　林夏著　新亞出版社
中國兵學大系　李裕日選輯　世界兵學社
歷代重要戰爭兵略論　蘇宗哲著　自印本
漢書藝文志諸子略箋證　徐文助撰　油印本
理則學　郭爲著　學海出版社
先秦兩漢之陰陽五行學說　李漢三著　鐘鼎文化出版公司

語意學概要　徐道鄰著　友聯出版社

理則學導論　林本著　臺灣開明書店

先秦說話術研究　洪明達著　高雄師院國文研究所碩士論文

傳統文化与經營管理論文集　張高評主編　里仁書局

六、筆記之屬

習學記言　宋葉適著　上海古籍出版社影印文淵閣《四庫全書》本

習學記言序目　宋葉適著　北京中華書局

容齋隨筆　宋洪邁著　臺灣商務印書館　又，明明出版社。又，上海古籍出版社　北京中華書局

郡齋讀書志　宋晁公武著　廣文書局

直齋書錄解題　宋陳振孫著　廣文書局。又，徐小蠻腰等點校，上海古籍出版社，一九八七年

困學記聞　宋王應麟撰　翁元圻注　臺灣商務印書館

點校鶴林玉露　宋羅大經著　臺灣開明書店

焦氏筆乘（正續編）　明焦竑著　臺灣商務印書館

隨園隨筆　清袁枚　鼎文書局　又，王英志主編《袁枚全集》，江蘇古籍出版社

丹鉛雜錄　明楊慎著　臺灣商務印書館

日知錄集釋　清顧炎武著　清黃汝成集釋　欒保、呂宗力校點　明倫出版社　又上海古籍出版社
陔餘叢考　清趙翼著　世界書局
十駕齋養新錄　清錢大昕著　臺灣商務印書館
經義述聞　清王引之著　臺灣中華書局
經傳釋詞　清王念孫著　華聯出版社
古今僞書考　清姚際恆著　顧頡剛點校本　華聯出版社
癸巳類稿　清俞正燮著　世界書局
癸巳存稿　清俞正燮著　臺灣商務印書館
東塾讀書記　清陳澧著　文光圖書公司
助字辨略　清劉淇著　臺灣開明書店
古書疑義舉例五種　清俞樾等著　泰順書局
越縵堂日記　清李慈銘著　文光圖書公司
古書讀法略例　孫德謙著　臺灣商務印書館
僞書通考　張心澂著　宏業書局
無邪堂答問　朱一新著　廣文書局
管錐編　錢鍾書著　北京中華書局　香港太平圖書公司　臺北書林出版公司
續僞書通考　鄭良樹編　臺灣學生書局

七、文學、文論

㈠ 文心雕龍

文心雕龍注　梁劉勰著　范文瀾注　明倫書局

文心雕龍札記　黃侃著　新亞書院中文系

文心雕龍研究　王更生著　文史哲出版社

文心雕龍讀本　王更生注譯　文史哲出版社

文心雕龍批評論發微　沈謙著　聯經出版事業公司

文心雕龍研究論文選粹　王更生編纂　育民出版社

㈡ 古代散文

正續文章緣起註　梁任昉撰　明陳懋仁註　廣文書局

文境秘府論　日本遍照金剛著　蘭臺書局

文則　宋陳騤著　莊嚴出版社

文章指南　明歸有光著　廣文書局

升菴集・論文　明楊慎　王水照編《歷代文話》第二冊　復旦大學出版社

文章薪火　清方以智　王水照編《歷代文話》第四冊　復旦大學出版社

秋山論文　清李紱　王水照編《歷代文話》第四冊　復旦大學出版社
古文辭類纂評註　清姚鼐著　王文濡評　臺灣中華書局
讀書作文譜/父師善誘法　清唐彪著　偉文圖書公司
漢魏六朝專家文研究　劉師培著　臺灣中華書局
韓柳文研究法　林紓著　廣文書局
古文詞通義　王葆心著　臺灣中華書局
上古秦漢文學　柳存仁著　臺灣商務印書館
先秦文學　游國恩著　臺灣商務印書館
太史公書義法　孫德謙著　臺灣中華書局
桐城吳氏古文法　吳闓生選評　臺灣中華書局
駢文與散文　蔣伯潛著　世界書局
中國散文史　陳柱著　臺灣商務印書館
桐城文派文學史　葉龍著　香港龍門書店
什麼是傳記文學　劉紹唐等著　傳記文學社
中國文化之垂統　Raymond Dawson原著　張潤書譯　復興書局
古代中國文學　Burton watson著　羅錦堂譯　華岡出版部
古文法纂要　朱任生著　臺灣商務印書館
評註文法津梁　宋文蔚著　蘭臺書局

古文筆法百篇　李扶九選　東海出版社

實用文章義法　謝无量著　華正書局

古文通論　馮書耕、金仞千著　中華叢書編審委員會

文章例話　周振甫著　蒲公英書店

散文結構　方祖燊、邱燮友著　蘭臺書局

寫作淺談（正、續集）　丁樹南譯　臺灣學生書局

㈢ 駢文

駢體文鈔　清李兆洛著　廣文書局

六朝麗指　孫德謙著　育民出版社

六朝文論　廖蔚卿著　聯經出版事業公司

駢文概論　金秬香著　臺灣商務印書館

中國駢文史　劉麟生著　臺灣商務印書館

駢文衡論　謝鴻軒著　廣文書局

中國駢文發展史　張仁青著　臺灣中華書局

礲　文藝美學

藝概　清劉熙載著　廣文書局

藝舟雙楫文譜　清包世臣著　臺灣商務印書館

中國畫學全史　鄭昶編著　臺灣中華書局
文藝心理學　朱光潛著　臺灣開明書店
文藝美學　王夢鷗著　遠行出版社
藝術的奧秘　姚一葦著　臺灣開明書店
中國藝術精神　徐復觀著　臺灣學生書局
美學原理　克羅齊著　正中書局
二度和諧及其他　施友忠著　聯經出版事業公司
美的歷程　李澤厚　天津社會科學院

(四) 詩學

潛溪詩眼　宋范溫　人民文學出版社《歷代詩話》本　木鐸出版社
苕溪漁隱叢話　宋胡仔編著　廖德明校點　人民文學出版社
詩人玉屑　宋魏慶之著　世界書局
古詩源　清沈德潛著　新陸書局
古謠諺　清杜文瀾著　世界書局
詩經欣賞與研究初集　裴普賢、糜文開著　三民書局
詩學箋註　姚一葦譯註　臺灣中華書局
詩論分類纂要　朱任生著　正中書局

中國詩學（設計篇）　黃永武著　巨流圖書公司
中國詩學（鑑賞篇）　黃永武著　巨流圖書公司
中國詩學（考證篇）　黃永武著　巨流圖書公司
中國詩學（思想篇）　黃永武著　巨流圖書公司

(五) 文學

文學蜜史　褚傳誥著　廣文書局
中國文學發展史　劉大杰著　臺灣中華書局　又　華正書局
插圖本中國文學史　鄭振鐸著　新欣出版社
中國文學發展史　林文庚著　清流出版社
中國文學批評史　郭紹虞著　文史哲出版社
中國文學批評史（改寫本）　郭紹虞著　明倫出版社
先秦文學史參考資料　閻簡弼著　泰順書局
隋唐文學批評史　羅根澤著　臺灣商務印書館
中國文學欣賞舉隅　傅庚生著　地平線出版社
文學概論　馬宗霍著　臺灣商務印書館
文學手冊　傅東華主編　大漢出版社
文學研究法　姚永樸著　廣文書局

文學論　劉永濟著　臺灣商務印書館
中國文學八論　劉麟生等著　文馨出版社
中國文學大綱（上冊）　易君左著　信明出版社
中國文學雜論　楊鴻烈著　僶勉出版社
中國文學論集　徐復觀著　臺灣學生書局
中國文學批論通論　傅庚生著　經氏出版社
中國文學流變史　李日剛著　白雲書屋
中國文學論　程兆熊著　大林出版社
中國人的文學觀念　劉若愚著　賴春燕譯　成文出版社
文學概論　王夢鷗著　藝文印書館
中國文學欣賞　糜文開、裴普賢著　三民書局
新文學概論　本間久雄著　章錫光譯　臺灣商務印書館
文學概論　涂公遂著　安邦書局
文學論　韋勒克等著　王夢鷗等譯　志文出版社
比較文學研究之新方向　李達三著　聯經出版事業公司
比較文學的墾拓在台灣　古添洪、陳慧樺著　東大圖書公司

㈥ 神話

山海經箋疏　晉郭璞傳　清郝懿行箋疏　臺灣中華書局

中國神話研究　沈雁冰著　新陸書局

神話論　林惠祥著　臺灣商務印書館

中國古代神話　袁珂著　香港龍門書店

中國古代神話研究　日本森安太郎著　王孝廉譯　地平線出版社

中國神話　李亦園主編　地球出版社

從比較神話到文學　古添洪、陳慧樺編著　東大圖書公司

文化人類學　林惠祥著　臺灣商務印書館

㈦ 小說

東周列國志　明余邵魚原撰　馮夢龍改撰　清蔡元放刪定　三民書局

明毛宗崗〈讀三國志法〉　三國演義會評本　北京大學出版社

中國小說史　郭箴一著　臺灣商務印書館

中國小說史料　孔另境著　臺灣中華書局

中國小說發達史　譚嘉定著　启業書局

中國小說史略　周氏（魯迅）　明倫出版社

中國小說史　孟瑤著　傳記文學社

中國古典文學論叢（冊三）　神話與小說之部　王夢鷗等著　中外文學月刊社

中國古典小說論集第一輯　林以亮等著　幼獅文化事業公司

小說面面觀　佛斯特撰　李文彬譯　志文出版社

長篇小說作法研究　陳森譯　幼獅文化事業公司

短篇小說作法研究　威廉著　張志澄編譯　臺灣商務印書館

中國小說美學　葉朗著　里仁書局

(八) 戲劇

貫華堂第六才子書西廂記　清金聖歎　《金聖歎全集・詩詞曲卷》鳳凰出版社

中國俗文學史　鄭振鐸著　明倫出版社

戲劇原論　李朴園著　長歌出版社

編劇綱要　李曼瑰著　長歌出版社

現存元人雜劇本事考　羅錦堂著　順光出版公司

說戲曲　曾永義著　聯經出版事業公司

(九) 修辭學

修辭鑑衡　元王構著　商務萬有文庫薈要〇六四七

中國修辭學　楊樹達著　樂天出版社
修辭學發凡　陳望道著　臺灣學生書局
修辭學講話　陳介白著　信誼書局
國文修辭學　宋文翰著　新陸書局
古書修辭例　張文治著　臺灣中華書局
體裁與風格　蔣伯潛著　世界書局
章與句　蔣伯潛著　世界書局
字與詞　蔣伯潛著　世界書局
字句鍛鍊法　黃永武著　洪範書店
文章破題技巧及修辭方法之研究　徐芹庭著　成文出版社
修辭學　傅隸樸著　正中書局
修辭學發微　徐芹庭著　臺灣中華書局
修辭學　黃慶萱著　三民書局
馬氏文通　清馬建忠著　河洛圖書出版社

八、總集之屬

藝文類聚　唐歐陽詢等編著　文光出版社

舌華錄九卷　明曹臣撰　萬曆末年原刊本　吳興劉氏嘉業堂叢書　國家圖書館（原中央圖書館）藏本

古今圖書集成（理學彙編經籍典春秋部）　清陳夢雷、蔣廷錫纂　鼎文書局

四庫全書總目提要　清永瑢、英廉、阮元等撰　藝文印書館

古文辭類纂　清姚鼐　臺灣中華書局

策（國）學備纂（經部春秋類）　清吳炎亮輯　文史哲出版社

經史百家雜鈔　清曾國藩著　文海出版社

四部要籍序跋大全　華國出版社

國學略說　章炳麟著　河洛圖書公司

十三經引得并序　洪業等編　南嶽出版社

國學概論　程發軔著　正中書局

國學概論　傅隸樸著　中華叢書編審委員會

六十年來之國學　程發軔主編　正中書局

國學導讀叢編　周何等編著　康橋出版事業公司

國學方法論叢　黃章明、王志成編　學人文教出版社

九、別集之屬

韓昌黎全集　唐韓愈著　臺灣中華書局《四部備要》本

歐陽文忠集　宋歐陽修著　臺灣中華書局《四部備要》本

淨德集　宋呂陶著　文淵閣四庫全書本　臺灣商務印書館

魏叔子文集　清魏禧著　北京中華書局

望溪文集　清方苞著　文淵閣《四庫全書》本　臺灣商務印書館

惜抱軒全集　清姚鼎著　文淵閣《四庫全書》本　臺灣商務印書館

章氏叢書　清章學誠著　漢聲出版社

崔東壁遺書　清崔述著　河洛圖書公司

龔定盦文集　清龔自珍著　《四部叢刊》初編本　臺灣商務印書館

章氏遺書　章炳麟著　世界書局

王國維遺書　王國維著　上海古籍出版社

劉申叔先生遺書　劉師培著　華世出版社

畏廬論文等三種　林紓著　文津出版社

拙堂文話　日本齋藤謙著　文津出版社

傅孟眞先生集　傅斯年著　聯經出版事業公司

胡適文存　胡適著　遠東圖書公司
陳世驤文存　陳世驤著　志文出版社
高明文輯　高明著　黎明文化事業公司

十、期刊之屬

(一)《左傳》學研究論文

左筆發凡　張傑撰　《光華大學半月刊》五卷八期
左傳之研究　衛聚賢撰　《國學論叢》一卷一、二號
國語之研究　衛聚賢撰　《古史研究》第一輯
論左傳之眞僞及其性質　陸侃如撰　北大研究院《國學月刊》一卷七、八期
跋陸侃如「論左傳之眞僞及其性質」　衛聚賢撰　北大研究院《國學月刊》一卷七、八期
論左傳與國語的異點　馮沅君撰　《新月》一卷七期
讀「論左傳與國語異點」以後　衛聚賢撰　《新月》一卷八期
左傳眞僞與上古音　林語堂撰　《語絲》四卷二七期
我們的朋友（評林語堂「左傳眞僞與上古方言」）衛聚賢撰《新月》一卷七期
論左傳之性質及其與國語之關係　楊向奎撰　《史學集刊》二期

國語與左傳問題後案　童書業撰　《浙江省圖書館館刊》四卷一期

左傳國語原非一書證　孫次舟撰　《責善半月刊》一卷四、六、七期

左傳與國語　卜德撰　《燕京學報》一六期

國語眞僞考　孫海波撰　《燕京學報》一六期

劉向歆父子年譜　錢穆撰　《燕京學報》七期

左傳「君子曰」研究　楊向奎撰　《文瀾學報》二期

左傳漢初出張蒼家說　孫德謙撰　《學衡》三〇期

左氏述春秋盟會　盛熙撰　《武漢大學歷史學報》一期

左傳毛詩之互證　林彥博撰　《古學叢刊》四期

讀左分類選目　陸修祜撰　《國專月刊》二卷三期　三卷三期

春秋左傳纂言　顧實撰　《國專月刊》二卷五期

左丘明傳春秋考　牟潤孫撰　《民主評論》四卷一一、一二期

左傳「著者」問題的商榷　徐道　撰　《民主評論》四卷一五期

論左傳凡例與劉歆之關係　陳槃撰　《民主評論》八卷二期

論國語與左傳的關係　張以仁撰《中央研究院歷史語言研究所集刊》第三三本

從文法語彙的差異證國語左傳二書非一人之作　張以仁撰　《中央研究院歷史語言研究所集刊》三四上

從左傳看中國早期敘事文　王靖宇撰　《中華文化復興月刊》九卷五期

關於左傳「君子曰」的一些問題　張以仁撰　《孔孟月刊》三卷三期

左傳國語史記之比較研究　劉節撰　《說文》五卷一、二期　又《中華文化復興月刊》一三卷二期轉載
太史公左氏春秋義述　劉正浩撰　《師大國文研究所集刊》第六號
左氏前傳釋義　劉正浩撰　臺灣師範大學《國文學報》二期
左傳古史證　葉政欣撰《成功大學學報》第五卷、第六卷《中國學術年刊》第一期
春秋比事與左氏占驗　簡翠貞撰　《孔孟學報》二〇期
左傳史論　莊雅州撰　《孔孟學報》二一期
左傳之文學價值　李威熊撰　《孔孟月刊》一七卷五期
孔子在中國史中之地位　馮友蘭撰　《燕京學報》第二期
先秦說詩的風尚和漢儒以詩教說詩的迂曲　屈萬里撰　新加坡《南洋大學學報》第五期　一九七一年
說史　胡適撰　《大陸雜誌》一七卷一一期
錄鬼簿校注　鍾嗣成著　馬廉校注　《國立北京圖書館館刊》一〇卷一、二、三、四、五號
春秋時代歌詩考　白惇仁撰　《孔孟月刊》一二卷二期
西周至戰國之散文　錢穆撰　《新亞書院中國文學系年刊》第二期
諸子與經學　于大成撰　《孔孟月刊》一四卷一二期、一五卷五期
高本漢中國文字論說商榷　周行之撰　《師大國文研究所集刊》第一七號
曾國藩文學理論述評　莊雅州撰　《師大國文研究所集刊》第一七號
司空圖詩品研究　蕭水順撰　《師大國文研究所集刊》第一七號
韓愈之思想及其文論　簡添興撰　《師大國文研究所集刊》第二三號

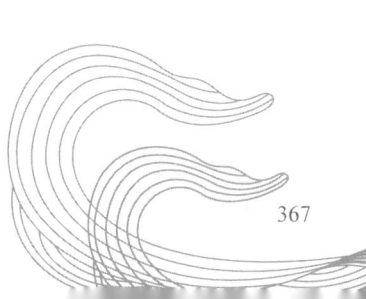

傳記學　杜維運撰　《大學生活》四卷六期
中華民國第三屆比較文學會議專刊　《中外文學》七卷六期、七卷七期
楚辭中的山水景物——中國山水詩探源之二　王國瓔撰　《中外文學》七卷六期、七卷七期
漢字做爲詩的表現媒介　杜國清譯　《中外文學》八卷七期
劉勰論文的觀點試測　王夢鷗撰　《中外文學》八卷八期
論漢字作爲詩的表現媒介　杜國清撰　《中外文學》八卷九期
語言的功能　高敬達撰　《教育文摘》一三卷一、二期
先秦的說服傳播理論　方鵬程撰　《報學》五卷一期
陰陽五行家思想之述評　郭爲著　《高雄師院學報》七期
論左傳之文學特色　劉莉君撰　《孔孟月刊》一八卷一二期
談左傳的對照律　簡宗梧撰　《中央日報·文史》一二五期
春秋經傳概論　張高評撰　《屏女學報》五期
左傳之語文學價值　張高評撰　《屏女學報》六期
以詩樂作爲國際語言的春秋時代　謝志雨撰　《中央日報·副刊》一九六九年十一月五～六日
左傳之論說文價值　張高評撰　《中華文化復興月刊》一四卷一期
左傳描寫文之價值　張高評撰　《中華文化復興月刊》一四卷七期
左傳敘事文擅微　張高評撰　《孔孟學報》四一期
左傳的作者及成書時代考辨　蔣立甫撰　《文學遺產》增刊十四輯

左傳編撰考　趙光賢撰　《中國歷史文獻研究集刊》第一、二集

左傳的眞僞和寫作時代問題考辨　胡念貽撰　《文史》第十一輯

論劉歆作左傳　徐仁甫撰　《文史》第十一輯

左傳之敘事文　伊根撰　張端穗譯　《東海大學中文學報》第三期

中國小說的起源　前野直彬撰　鍾行憲譯　《幼獅月刊》三五卷四期

〈《左傳》史論之風格與作用〉，張高評，《成大學報》二十三期（人文社會篇，一九八八年十一月），頁一～五七。

(二)《春秋》學研究論文

春秋弒君三十六辨　王秉謙撰　《學術界》二卷三期

春秋昏禮餘論　周何撰　臺灣師範大學《國文學報》二期

比事屬辭與章學誠之《春秋》教：史學、敘事、古文辭與《春秋》書法　張高評　《中山人文學報》第三十六期，二〇一四年一月。

書法、史學、敘事、古文與比事屬辭：中國傳統敘事學之理論基礎　張高評　香港中文大學《中國文化研究所學報》第六十四期，二〇一七年六月。

《春秋》《左傳》《史記》與敘事傳統，張高評，《國文天地》第三十三卷第五期，二〇一七年十月。

比事見義與《左傳　晉公子重耳之出亡》，張高評，《古典文學知識》二〇一八年第二期（總第一九七期），二〇一八年三月。

屬辭見義與中國敘事傳統，張高評，《中國古籍文化研究．稻　耕一郎教授退休紀念論集》上卷（東京：早稻田大學中國古籍文化研究所），二〇一八年三月。

《左傳》敘戰徵存兵法謀略——《城濮之戰》之敘戰與資鑑，張高評，南京鳳凰出版社《古典文學知識》二〇一八年第三期（總第一九八期），二〇一八年五月。

《左傳》敘戰與《春秋》筆削—論晉楚城濮之戰的敘事義法（上、下），張高評《古典文學知識》二〇一八年第四期（總第一九九期，二〇一八年七月）、二〇一八年第六期（總第二〇一期，二〇一八年十一月）。

《春秋》直筆書滅與《左傳》以史傳經——以楚滅華夏爲例，山東大學《漢籍與漢學》第二期（總第三期），二〇一八年十月。

《左傳》敘事見本末與《春秋》書法〉，張高評，中央研究院文哲所「經學史重探(1)——中世紀以前文獻的再檢討」第二次學術研討會論文，二〇一八年十一月。

史外傳心與胡安國《春秋》詮釋法，張高評，《經學文獻研究集刊》第二十輯，二〇一八年十二月。

北宋《春秋》學之創造性詮釋——從章句訓詁到義理闡發〉，張高評，《中國典籍與文化論叢》第十九輯，二〇一八年。

《春秋》直書滅華與《左傳》資鑑之史觀——以直書華夏相滅、狄吳滅華爲例，張高評，《高雄師大國文學報》第二十九期，二〇一九年一月。

《春秋》經傳的研究思路與特色——張高評教授訪談錄，張高評，《寶雞文理學院學報》第三十九卷第一期(總第一八七期)，二〇一九年二月。

「趙盾弒其君」之書法與史筆〉，張高評，南京鳳凰出版社《古典文學知識》二〇一九年第二期（總第二〇三期），二〇一九年三月。

屬辭比事與《春秋》宋學之創造性詮釋〉，張高評，《杭州師範大學學報》（二〇一九年第三期）。

《史記》互見法與《春秋》敘事傳統，張高評，《國文天地》第三十五卷第三期（總第四一一期），二〇一九年八月。

《左傳》〈聲子說楚復伍舉〉鑑賞，張高評，《國文天地》第三十五卷第四期（總第四一二期），二〇一九年九月。

「《左傳》〈秦晉韓之戰〉及其敘事義法——《春秋》比事屬辭與《左傳》敘戰之書法〉，張高評，南京鳳凰出版社《古典文學知識》二〇一九年第五期（總第二〇六期），二〇一九年九月。

筆記頁

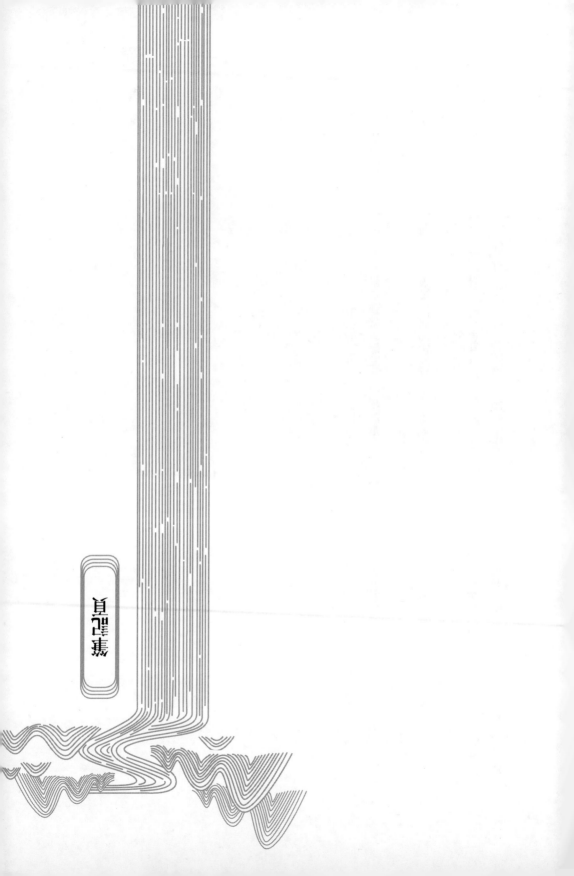

筆記頁

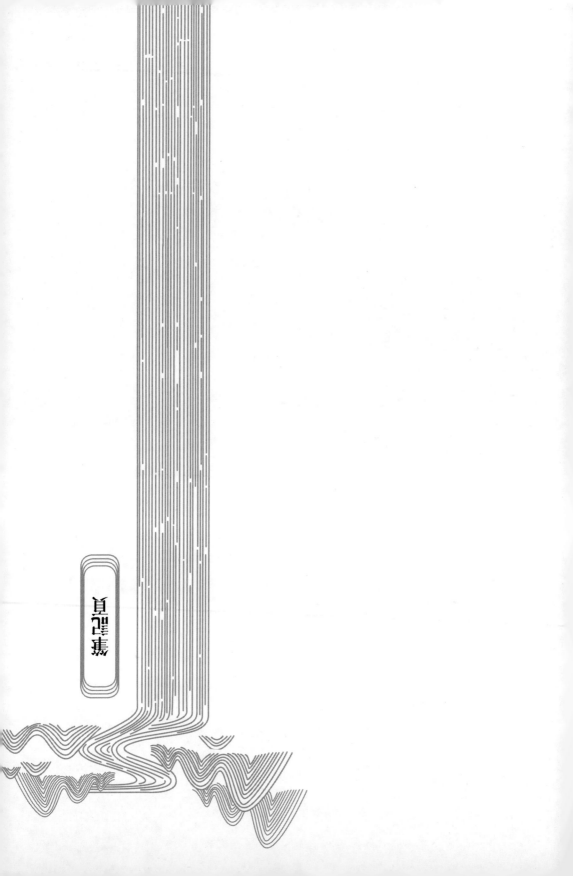

筆記頁

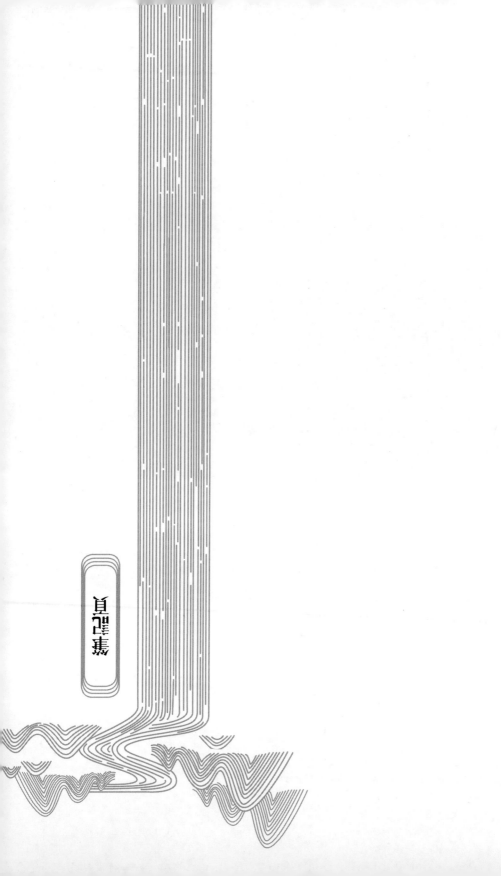

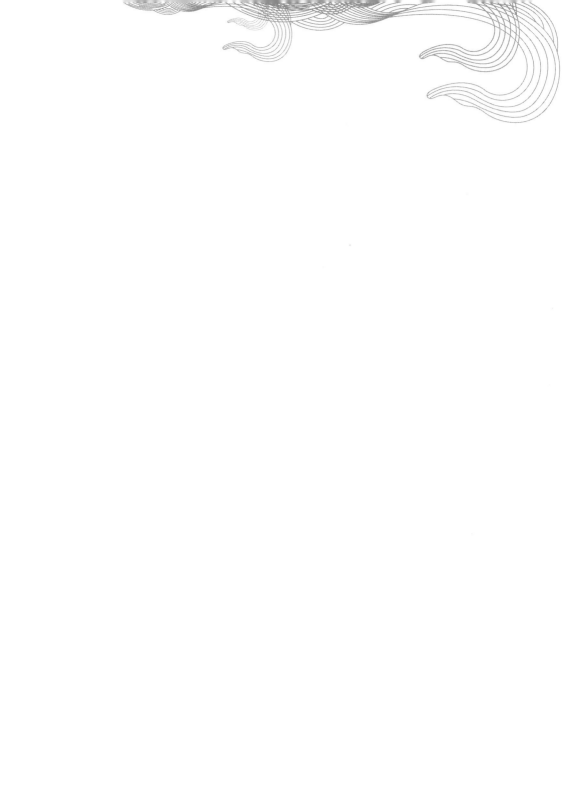

國家圖書館出版品預行編目資料

張高評解析經史二：左傳之文學價值／張高評著. -- 初版. -- 臺北市：五南，2019.10
面；　公分
ISBN 978-957-763-693-5（平裝）

1.左傳　2.研究考訂

621.737　　108016164

1X5U

張高評解析經史二：左傳之文學價值

作　　者 — 張高評（205.2）
發 行 人 — 楊榮川
總 經 理 — 楊士清
總 編 輯 — 楊秀麗
副總編輯 — 黃文瓊
責任編輯 — 吳雨潔
封面設計 — 姚孝慈
封面書名書法題字 — 黃宗義
美術設計 — 劉好音
出 版 者 — 五南圖書出版股份有限公司
地　　址：106台北市大安區和平東路二段339號4樓
電　　話：(02)2705-5066　　傳　　真：(02)2706-6100
網　　址：http://www.wunan.com.tw
電子郵件：wunan@wunan.com.tw
劃撥帳號：01068953
戶　　名：五南圖書出版股份有限公司

法律顧問　林勝安律師事務所　林勝安律師

出版日期　2019年10月初版一刷
定　　價　新臺幣550元

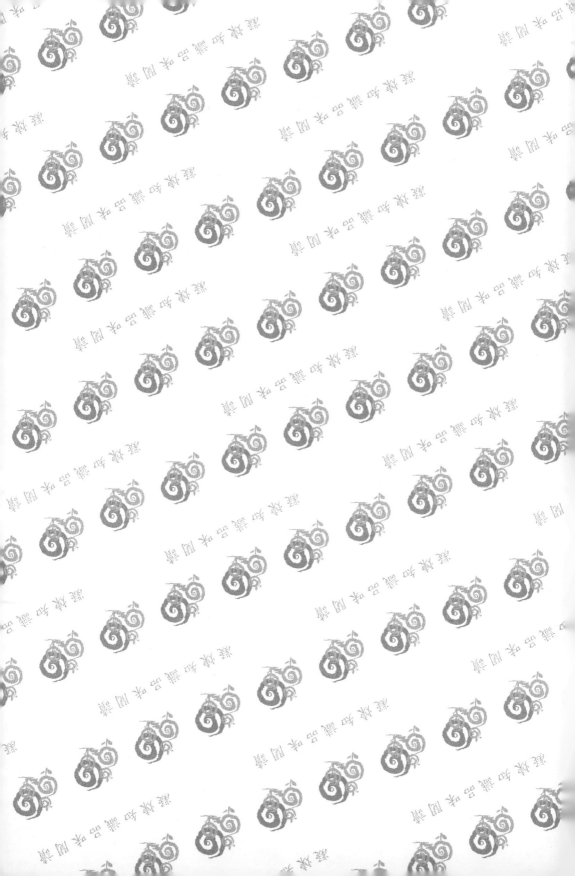